기본 한자어 명사의 사용양상에 대한 연구

저자 소개(著者 简介)

설정

여, 1990년 6월 15일, 2019년 8월 단국대학교 한국어교육전공 박사.
화북수리수전대학교 강사.

薛晶

女, 出生于1990年6月15日, 2019年8月获檀国大学韩国语教育专业博士学位, 现就职于华北水利水电大学, 讲师职称。

기본 한자어 명사의 사용양상에 대한 연구

초판 1쇄 인쇄 2025년 8월 11일
초판 1쇄 발행 2025년 8월 21일

지은이 설정(薛晶)
펴낸이 이대현
편집 이태곤 권분옥 임애정 강윤경
디자인 안혜진 최선주 김다윤 | **마케팅** 박태훈
펴낸곳 도서출판 역락 | **등록** 1999년 4월 19일 제303-2002-000014호
주소 서울시 서초구 동광로46길 6-6 문창빌딩 2층(우06589)
전화 02-3409-2060(편집부), 2058(영업부) | **팩스** 02-3409-2059
전자우편 youkrack@hanmail.net | **홈페이지** www.youkrackbooks.com

字數 188,108字

ISBN 979-11-7396-211-0 93710

정가는 뒤표지에 있습니다.
파본은 교환해 드립니다.

기본 한자어 명사의 사용양상에 대한 연구

설정(薛晶) 著

역락

머리말

본 연구의 목적은 한국어 기본 한자어 명사 목록을 대상으로 SJ-RIKS 코퍼스 확장판(SJ-RIKS Corpus Extension, 약 1억 1천 어절)을 이용하여, 구어 8개와 문어 6개 사용역에서 기본 한자어 명사의 실제 사용 양상을 살펴보고 한국어 학습자들이 기본 한자어를 상황에 맞게 적절히 활용할 수 있도록 하는 데에 있다.

한국어 어휘의 50%이상이 한자어로 이루어져 있다는 점에서는 학계의 이견이 거의 없다. 이처럼 큰 비중을 차지하고 있는 한자어에 대한 연구도 다양한 각도에서 진행되어 왔다. 그러나 필자가 아는 한 기본 한자어 명사의 사용 양상을 기존 세종말뭉치(약 1천만 어절)가 아니라, 1억 어절 이상의 대규모 말뭉치를 이용하여 조사한 연구는 거의 없다. 특히 본 연구는 연구 대상 한자어를 198개의 기본 한자어로 제한하였다. 또 이 책은 기존 연구에서는 다루지 않았던 총 14개의 사용역을 연구 분야로 확장하였다. 각각 구어는 강연, 강의, 대화, 독백, 발표, 방송, 상담, 토론의 8개 사용역이고, 문어는 신문, 잡지, 준구어(대본), 책(소설), 책(학술), 책(총서류)의 6개 사용역을 분석 대상으로 한다.

말뭉치에 관한 것으로 'SJ-RIKS 코퍼스 확장판'에서 고빈도와 사용역 별 빈도 차이가 큰 어휘 목록을 살핀 뒤 사용역에서의 사용 양상 특징을 확인할 수 있다. 구어에서 활용도가 높은 '발표' 사용역과 활용도가 낮은 '대화'

사용역이 있고, 문어에서 활용도가 높은 '신문' 사용역과 활용도가 낮은 '책(소설)' 사용역이 있음을 확인할 수 있다. 구어와 문어에서 동일하게 기본 한자어 명사의 활용도가 높은 사용역은 정보를 전달하는 목적으로 하는 사용역이다. '발표'와 '신문' 사용역은 모두 공식적인 정보를 전달하기 위한 사용역이다.

또한 말뭉치를 통해 선정된 기본 한자어 명사 뒤에 결합한 명사구에 대한 분석을 한다. 기본 한자어 명사는 사용역의 현황뿐만 아니라 뒤에 결합한 명사구의 사용역 현황도 살펴본다. 198개 기본 한자어 명사 뒤에 결합한 명사구는 등급별로 분석하였다. 본 연구를 통하여 우리는 첫째, 기본 한자어 명사는 SJ_RIKS 코퍼스 확장판에서 사용역별 빈도가 상당히, 유의미할 정도로 차이가 있었다. 둘째, 기본 한자어 명사의 유형 빈도와 출현 빈도는 전체 어절 수와 상관없이 나타났음을 확인할 수 있다. 즉 어절 수가 많이 나타나는 사용역에서 기본 한자어 명사도 많이 나타나는 것이 아니라는 것이다. 셋째, 기본 한자어 명사 뒤에 결합한 명사구는 중·고급 특히 중급이 많이 나타난다는 것을 확인할 수 있다.

차례

표 차례

그래프 차례

제1장

서론

1.1 연구 목적

본 연구는 한국어 기본 한자어 명사 목록을 대상으로, SJ-RIKS 코퍼스 확장판[1](SJ-RIKS Corpus Extension, 약 1억 1천 어절)을 이용하여, 구어 8개와 문어 6개 사용역에서 기본 한자어 명사의 실제 사용 양상을 살펴보고, 학습자들이 기본 한자어 명사를 상황에 맞게 적절히 활용할 수 있도록 하는 데에 목적이 있다. 그리고 이러한 결과의 한국어교육학적 의의도 간단히 검토해 보겠다.

한국어 어휘의 50%이상이 한자어로 이루어져 있다는 점은 학계의 이견이 거의 없다.[2] 그러나 필자가 아는 한 기본 한자어 명사의 사용 양상을 기존

1 21세기 세종계획에서는 원시 현대국어 말뭉치 약 1억 3천만 어절을 구축하였으나 형태 분석은 15백만, 동음이의어 분석은 12백만 어절에 대해서만 주석 작업을 수행하였다. SJ-RIKS 코퍼스 확장판은 21세기 세종계획에서 수행하지 못한 원시 말뭉치 전체를 대상으로 형태 분석을 완성한 자료이다.(김일화·양경용, 2015: 75-76)

2 국립국어원 『표준국어대사전』에서는 한자어가 58.5%, 고유어가 25.9%, 외래어가 5.4%,

세종말뭉치(약 1천만 어절)가 아니라, 1억 어절 이상의 대규모 말뭉치를 이용하여 조사한 연구는 거의 없다. 그리고 본고는 기존 연구에서는 다루지 않았던 총 14개의 사용역을 연구 분야로 획정하였다. 각각 구어는 강연, 강의, 대화, 독백, 발표, 방송, 상담, 토론의 8개 사용역이고, 문어는 신문, 잡지, 준구어(대본), 책(소설), 책(학술), 책(총서 류)의 6개 사용역을 분석 대상으로 한다.

지금까지 한국어교육학계에서 한국어 어휘에 대한 연구는 주로 주제별, 기능별, 교재별 차이 등에 관한 연구가 많이 이루어졌다. 예를 들어 김중섭 외(2016)에서는 한자어 등급 기술의 영역을 주제, 기능, 언어기술, 언어지식, 문화, 평가의 6영역으로 구분하여 고찰하였다. 김중섭 외(2017)에서도 주제별 등급화가 시도되었다. 특히 여기서는 한국어 교재에서의 한자어 출현 등급과 등급별 중복을 모두 검토하였다. 다만 연구의 대상으로 선정된 한국어 한자어의 양이 너무 많은 것이 단점이다(총 10,636개). 여기에는 한국어 교육 현장에서 활용도가 많이 떨어지는 어휘들이 다수 포함되어, 학습자에게 비현실적인 학습 부담을 야기할 가능성이 있기 때문이다. 또한 교사 입장에서도 학습자들에게 적절한 기본 어휘를 다시 선별해야 하는 수고로움을 초래하기 때문이다.

이러한 상황을 고려하여, 고초(2016) "한·중 한자어 비교사전 구축을 위한 기초 연구"[3]에서 제시한 한자어 총수를 579개 중 198개로 제한하였다. 고초(2016)의 표제어로 선정된 어휘는 현대 국어 사용 빈도 조사1(2002, 국립국어

혼종어가 10.2%로 보고하고 있다.

3 고초(2016), "한·중 한자어 비교사전 구축을 위한 기초 연구", 이 연구에서 한국 한자어와 현대 중국어 어휘의 비교에서 끝나는 것이 아니라 서로 비교된 자료를 한·중 한자어 비교사전 개발에 적용하여 표제어 배열에서 표제어의 미시 정보 기술에 이르기까지 학습자를 고려한 사전을 구축해 보았다.

원)과 현대 국어 사용 빈도 조사2(2005, 국립국어원)에서 추출된 핵심영역의 한자어와 어휘묶음(lexical bundles)에서 포함한 한자어이며, 총 579개를[4] 선정하고 등급정보는 '한국어 교육용 어휘'[5]의 기준에 따라 초·중·고급을 표시하였다. 본 연구는 고초(2016)의 198개 초급 어휘를 대상으로 살펴보도록 한다.

외국인 학습자들이 의사소통이나 작문을 할 때 한자어 명사 어휘가 어느 사용역에서 고빈도로 사용되고 있는지를 아는 것은 그들에게 실질적인 도움을 줄 수 있다. 그리고 교수-학습 상황에서도 단순한 의미 제시보다는 사용역을 활용한 교수방법이 의사소통을 더욱 자연스럽게 만들어 주기도 한다. 이에 대한 근거로는 다음 두 가지를 들 수 있다. 첫째, 한국어 사전에 등재되어 있는 한자어는 뜻풀이와 그 한자어가 사용된 예문만 제시되어 있을 뿐 어느 상황에 사용되는지에 대한 정보가 없다. 둘째, 같은 의미라도 구어/문어, 성별의 차이 등 상황에 따라 쓰임이 다를 수 있어 학습자들이 실제 활용에서 부담을 느낄 확률이 높다. 따라서 외국인이 한국어를 공부할 때 구체적인 상황에 따른 사용 양상이 필요하다.

'사용역(registers)'이라는 개념은 Halliday(1964:87~94)에서 시작되었는데

4 고초(2016)는 어휘의 사용 빈도수를 제일 중요한 기준으로 삼고 허철(2010)과 장석배(2015)에서 총 579개의 표제어를 가져왔다. 허철(2010)의 어휘목록은 국립국어원 현대 국어 사용 빈도조사1(2002)과 현대 국어 사용 빈도 조사2(2005)는 세종계획에 의해 제작된 말뭉치 자료를 기본으로 하여 말뭉치 자료 통계 프로그램을 이용하여 작성한 것으로 어휘의 사용 빈도수가 제일 중요한 기준이었다. 허철(2010)에서 이 두 자료에 의하여 추출된 핵심영역에 사용된 569개의 한자어를 주요 표제어로 선정한다. 그리고 그 자료 구축의 범위가 문학, 역사, 철학뿐만 아니라, 일반 신문과 잡지, 교과서 등으로 비교적 넓으며, 또한 자료 생성 시기가 1999년 이후의 것을 주로 하고 있어 현대 국어 생활의 상황을 살펴보기에 적절하다. 장석배(2015)에서 학술 서적, 소설, 신문, 구어 각 250만 어절씩, 총 1,000만 어절 말뭉치를 구성하고, 이 말뭉치로부터 N-gram 언어 모델을 사용하여 어휘묶음을 추출하였다. 고초(2016)는 주로 위의 추출된 어휘묶음 목록에서 한자어가 포함된 어휘묶음만을 다시 찾아 정리하여 사전에서 579개 표제어로 선정하였다.

5 한국어 교육용 어휘는 강현화(2014a, 2014b, 2015)를 참고하였다.

그는 '언어 사용에 따라 구별되는 변이형'을 언어 사용역으로 보았고 현재에도 이를 기본적인 틀로 활용한 연구가 진행되고 있다. 사용역을 살펴보면 언어가 사용되고 있는 상황에서 특정한 언어 형식이 어느 분야에서 더 많이 쓰이고 있는지를 보여줄 뿐만 아니라 분포도 알 수 있다.[6] 김민국(2011:53)에서는 '장르'나 '텍스트'보다 넓은 개념으로 언어가 사용되는 환경이나 상황을 포함하는 것을 '사용역'이라 보았다. Biber(2009:2~5)는 일반적으로 특정한 언어 사용 상황과 관련된 변이를 가리키며 상황 맥락이나 언어 자질을 통해 구체화되는 것을 '사용역'이라고 정의하였고 이와 관련된 개념으로 장르를 비교하였다(홍혜란, 2016:13~16 재인용).[7] '장르'는 완결된 텍스트를 표본으로 하여 특정한 표현이나 수사 구조에 대한 형식을 나타내며 특정한 위치에 일회적으로 출현하는 언어적 특성을 가지고 있다. '사용역'은 발췌된 텍스트를 표본으로 하며 어휘, 문법적인 자질을 가지고 있다는 언어적 특성이 있고 다양한 텍스트에서 빈번하고 광범위하게 출현하여 중요한 의사소통 기능을 제공한다.

6 언어가 사용되는 '상황'은 일반적인 의사소통 상황으로 '상담', '강의', '토론' 등 두 명이나 세 명 이상의 사람이 모였을 때 이루어지는 대화 상황을 말한다.

7 Biber(2009: 2) 사용역·장르·문체의 개념.

특성 정의	사용역	장르	문체
텍스트상의 초점	발췌된 텍스트 표본	완결된 텍스트	발췌된 텍스트 표본
언어적 특성	어휘-문법적 자질	특정한 표현, 수사 구조, 형식을 나타냄	어휘-문법적 자질
언어적 특성의 분포	다양한 텍스트에서 빈번하고 광범위하게 출현	보편적으로 텍스트의 특정한 위치에서 일회적 출현	다양한 텍스트에서 빈번하고 광범위하게 출현
해석	자질이 사용역에서 중요한 의사소통 기능을 제공함	관습적이고 예측되는 형식이지만 항상 기능적이지 않은 장르와 연관됨	직접적으로 기능적이지 않으나 미학적인 가치가 있어 선호함

본 연구의 목적은 기본 한자어 명사가 사용되는 의사소통 환경에서 출현되는 양상을 살펴보고 적절한 상황에 적절한 기본 한자어 명사를 선택하여 자연스러운 의사소통을 하게 하는 것에 있으므로 '장르'의 개념이 아닌 '사용역'의 개념을 사용하도록 한다.

사용역을 알아보기 위해서는 '말뭉치(Corpus)'가 구축되어야 한다.[8] 한국에서는 1987년에 연세대학교 언어정보 연구원에서 구축한 '연세 한국어 말뭉치'를 시작으로 한국과학기술원 언어공학연구센터에서 구축한 'KAIST 말뭉치', 고려대학교 민족문화 연구소에서 구축한 'SJ-RIKS 코퍼스', 'SJ-RIKS 코퍼스 확장판', 국립 국어연구원에서 '21세기 세종 말뭉치' 등 다양한 말뭉치가 구축이 되었다. 이들 말뭉치를 살펴보면 단어의 빈도, 앞 문장과 뒤 문장의 공기 관계 등의 연어 정보, 문어·구어 파일을 따로 분석한 사용역의 분포를 알 수 있다. 이러한 말뭉치를 기본으로 사용역을 활용하여 교수-학습하게 된다면 외국인 학습자들이 사전에서 찾은 어휘가 담화 상황이나 작문 상황에 적절하지 않아서 발생하는 오류를 감소시킬 수 있을 것이다. 이 책이 SJ-RIKS 코퍼스 확장판을 이용하는 이유도 여기에 있다. 따라서 본 연구는 외국인 학습자들이 의사소통 과정에서 적절한 기본 한자어 명사를 선택하여 표현하고자 하는 바를 정확하게 할 수 있도록 도움을 줄 것으로 생각한다. 그리고 기본 한자어의 생산성 측면에서 어떤 종류의 어휘와 결합 관계를 이루는지를 살펴보고자 한다. 기본 한자어와 결합 관계를 이루는 어휘들의 목록은 한국어 어휘교육 측면에서 매우 중요한 의의를 가진다. 어휘를 안다는 것은 해당 어휘뿐만 아니라 그 어휘와 관계를 맺는 어휘들 간의 관계,

---

8 말뭉치란 해당 언어의 쓰임을 담고 있는 언어 자료로서 다양한 목적에 따라 구축되며 책이나 신문 등 다양한 형태로 존재할 수 있다. 말뭉치는 각 단어의 쓰임을 볼 수 있으며 공기 정보와 같은 언어 현상을 알 수 있고 분야별 언어 현상을 관찰할 수 있는 언어 자원으로 이용되기도 한다.(윤준태·최기선 1999: 2).

적절한 활용법을 안다는 것을 의미한다. 어휘들 간의 결합 관계는 특히 외국인 학습자들에게 매우 유용한 정보가 될 것이다.

1.2 연구 대상 및 방법

일반적으로 기본어휘란[9] 해당 언어의 의사소통에서 가장 기본적이고 핵심적인 어휘를 이른다. 한편, '기초어휘'(basic vocabulary, Grundwortschatz)는 '가장 기본적이고 핵심적이며 일상적으로 널리 쓰이는 단어들의 총체'이다. 즉 '일상생활에서 쓰이는 횟수가 매우 잦고 사용 범위가 넓으며 따라서 역사적으로 보았을 때에도 그 목록이 잘 변하지 않는 특성을 지닌 것을 말한다. 형태론적으로는 파생이나 합성 등 이차 조어의 근간이 되는 최소한의 필수어'(임지룡 1991, 김종학 1995 외 참고)라고 규정할 수 있다.[10] 기초어휘로 선정된 것들은 일반적으로 모국어의 제1차 습득 어휘 목록으로 간주되는 것들인데 이는 외국어로서의 한국어 교육에서 필수 '습득' 어휘 목록으로 활용된다. 또한 김종학(1995)에서는 이를 어원 연구, 어휘 체계의 변천 양상 파악 등 통시적인 어휘 연구의 기초 자료로도 활용될 수 있다고 하는 등 그 쓰임새가 매우 큰 자료이다.

'기본어휘'(fundamental vocabulary)는 어떤 목적에 따라 인위적으로 선정되며 공리성을 지닌 어휘 집단을 말한다(임지룡 1991). 따라서 본 연구에서 제시한 어휘 조사 작업 중 '일반 기초어휘 선정'을 제외한 나머지 모든 작업들은

---

9 '기초'와 '기본'이라는 말의 쓰임을 고려하면 대체로 근간이 되거나 필수적이어서 역사적으로 변동이 없는 어휘는 '기초어휘'에 속하는 것으로 보고 교육을 위해 인위적으로 선정이 되어 기본이 되는 어휘는 '기본어휘'에 속하는 것으로 보는 것이 바람직할 듯하다.(심재시 외(2010), 『국어학개론 개설』: 169)

10 '기초어휘'라는 용어는 원래 비교언어학의 자료로 사용하기 위하여 작성한 어휘 목록의 명칭을 말한다.(M. Swadesh 1950).(김종학 1995 재인용)

‘제한된 범위 내에서의 목적에 따라 인위적으로 선정하는 기본어휘 선정 작업’과 관련된 것이라고 말할 수 있다. 이것은 그 집합의 성격에 따라 달리 불릴 수 있는데 학습용 기본어휘, 교과서 수록 어휘, 교육용 어휘, 국어과 지도 대상 어휘, 외국어로서의 한국어 기초어휘 등이 모두 목적 지향적인 ‘기본어휘’ 선정과 관련된 어휘 조사에 해당한다고 할 수 있다. 게다가 앞에서 언급한 바와 같이 한자어는 현재 한국어 어휘에서 가장 큰 비중을 차지하고 있기 때문에 기본 한자어 명사를 연구 대상을 하는 것은 타당하다고 본다. 그래서 본 연구는 고초(2016) “한·중 한자어 비교사전 구축을 위한 기초 연구”를 바탕으로 기본 한자어 명사 총 198개를 추출하고 말뭉치를 통해 사용역별 사용 양상을 고려하여 교수-학습자들에게 상황에 맞게 적절한 어휘를 선별할 때 도움을 줄 것이다. 본 연구에서는 모든 수준의 학습자를 위한 작업의 일환으로, 고초(2016)에 따라 198개 기본 한자어 명사를 선정하여 다음과 같다.

<표 1> 기본 한자어 명사 목록

	한자어 명사		한자어 명사		한자어 명사
1	가격03[11] (價格)	67	방법 (方法)	133	의미02 (意味)
2	가족01 (家族)	68	방송01/02 (放送)	134	의사12 (醫師)
3	감정06 (感情)	69	방향01 (方向)	135	이유04 (理由)
4	강01 (江)	70	배09 (倍)	136	이전03 (以前)
5	거리08 (距離)	71	벽06 (壁)	137	이해06 (理解)
6	건강03 (健康)	72	병04 (病)	138	이후02 (以後)
7	건물03 (建物)	73	병원02 (病院)	139	인기01 (人氣)
8	검찰02 (檢察)	74	보통 (普通)	140	인사02/03 (人事)
9	결과02 (結果)	75	부모01 (父母)	141	일04/05/06/07 (日)
10	결정01 (決定)	76	부부03 (夫婦)	142	일부02 (一部)
11	결혼 (結婚)	77	부분01 (部分)	143	자기03 (自己)
12	경험 (經驗)	78	부인01 (夫人)	144	자동-차 (自動車)
13	계획01 (計劃/計畫)	79	분02/03/04/05/06 (分)	145	자식01 (子息)
14	고등학교 (高等學校)	80	분위기 (雰圍氣)	146	자신01 (自身)

15	고향02 (故鄕)	81	비밀 (祕密)	147	자연01 (自然)
16	공부01 (工夫)	82	비행-기 (飛行機)	148	자유03 (自由)
17	공장02 (工場)	83	사고12 (事故)	149	작년 (昨年)
18	과거03 (過去)	84	사무-실 (事務室)	150	잔03 (盞)
19	관계05 (關係)	85	사실04 (事實)	151	재료01 (材料)
20	관리04 (管理)	86	사업04 (事業)	152	전08 (前)
21	관심01 (關心)	87	사용04 (使用)	153	전체01 (全體)
22	광고02 (廣告)	88	사장15 (社長)	154	전화07 (電話)
23	교사09 (敎師)	89	사진06 (寫眞)	155	정도11 (程度)
24	교수06 (敎授)	90	산01 (山)	156	제목02 (題目)
25	교실 (敎室)	91	상품03 (商品)	157	제일04 (第一)
26	교육 (敎育)	92	색03 (色)	158	종류 (種類)
27	교통01 (交通)	93	서양 (西洋)	159	종합 (綜合)
28	교회02 (敎會)	94	선배 (先輩)	160	주변04 (周邊)
29	국내02 (國內)	95	선생01 (先生)	161	주위02 (周圍)
30	국제02 (國際)	96	선수05 (選手)	162	주인01 (主人)
31	근처 (近處)	97	선택 (選擇)	163	준비 (準備)
32	기분01 (氣分)	98	설명 (說明)	164	중심01 (中心)
33	기억02 (記憶)	99	성격02 (性格)	165	지금03 (只今)
34	기자05 (記者)	100	세계02 (世界)	166	지방05 (地方)
35	기회03 (機會)	101	세상01 (世上)	167	직업 (職業)
36	남녀 (男女)	102	소설03 (小說)	168	직원03 (職員)
37	남자 (男子)	103	소식04 (消息)	169	직장05 (職場)
38	남편01 (男便)	104	속도01 (速度)	170	질문 (質問)
39	내년 (來年)	105	수25/26 (數)	171	차06/07 (車)
40	내용02 (內容)	106	수업04 (授業)	172	차례02 (次例)
41	내일 (來日)	107	시간04 (時間)	173	책01 (冊)
42	노력01 (努力)	108	시계02 (時計)	174	책상01 (冊床)
43	노인01 (老人)	109	시민 (市民)	175	청년 (靑年)
44	능력02 (能力)	110	시작01 (始作)	176	청-소년 (靑少年)
45	대답 (對答)	111	시장04 (市場)	177	최고02 (最高)
46	대부분 (大部分)	112	시험03 (試驗)	178	최근 (最近)
47	대학01 (大學)	113	식사03 (食事)	179	축구04 (蹴球)
48	대화06 (對話)	114	신문10 (新聞)	180	층01/02 (層)
49	대회02 (大會)	115	약속 (約束)	181	치료 (治療)
50	도로07 (道路)	116	언어01 (言語)	182	친구02 (親舊)

11 기본 한자어 명사의 어깨번호는『표준국어 대사전』과 동일하게 표시한 것이다.

51	도시03 (都市)	117	여성01 (女性)	183	침대02 (寢臺)
52	동물 (動物)	118	여행02 (旅行)	184	태도03 (態度)
53	동시02 (同時)	119	역사04 (歷史)	185	특별 (特別)
54	명02 (名)	120	연극 (演劇)	186	평소 (平素)
55	모양02 (模樣)	121	영어02 (英語)	187	필요 (必要)
56	목적03 (目的)	122	영화01 (映畫)	188	학교 (學校)
57	문04 (門)	123	예08 (例)	189	학년 (學年)
58	문제06 (問題)	124	예술 (藝術)	190	학생 (學生)
59	문화01 (文化)	125	오전02 (午前)	191	해외 (海外)
60	물론01 (勿論)	126	오후02 (午後)	192	행동 (行動)
61	미래02 (未來)	127	왕04/05 (王)	193	행사01 (行事)
62	반07 (半)	128	외국02 (外國)	194	현재02 (現在)
63	반10 (班)	129	위치01 (位置)	195	형01 (兄)
64	반응 (反應)	130	은행02 (銀行)	196	환자03 (患者)
65	반대03 (反對)	131	음식 (飮食)	197	회사04 (會社)
66	방07/08[12] (房)	132	음악01 (音樂)	198	희망 (希望)

본 연구에서는 <표 1>에 나타난 어휘를 대상으로 다음과 같이 분석 결과를 마련하였다. 첫째, 한자어 명사 선정에 관해서, 고초(2016) "한·중 한자어 비교사전 구축을 위한 기초 연구"에 따라 앞서 제시한 바와 같이 총 198개 기본 한자어 명사를 선정하였다. 둘째, 말뭉치의 사용역별 분류에 관해서 고려한 점이다. SJ-RIKS 코퍼스 확장판 중 약 1억 1천 어절의 형태 분석 말뭉치에 대한 분석을 진행할 것이다. 언어 자료를 매체, 의사소통 목적, 의사소통 참여자의 특성, 격식성 등에 따라 사용역을 구어 8개와 문어 6개로 분류하여 연구 대상의 사용역과 말뭉치에 관련된 형식이나 구성을 분석하고 기술한다. 셋째, 말뭉치에 관한 것으로 'SJ-RIKS 코퍼스 확장판'에서 고빈도와 사용역별 빈도 차이가 큰 어휘 목록을 살핀 뒤 사용역에서의 사용 양상 특징을 확인할 것이다. 넷째, 말뭉치를 통해 선정된 기본 한자어 명사 뒤에 결합한 명사구에 대한 분석을 할 것이다. 기본 한자어 명사는 사용역의 현황

12 '방07/08'는 『표준국어 대사전』에서 '방07'과 '방08이' 2개 다 포함된다는 뜻이다.

뿐만 아니라 뒤에 결합한 명사구의 사용역 현황도 살펴볼 것이다.

<표 2> 분석 절차

1. 고초(2016) "한·중 한자어 비교사전 구축을 위한 기초 연구" - 총 198개 기본 한자어 명사
2. SJ-RIKS 코퍼스 확장판(1억 1천 어절) - 구어(8개)와 문어(6개) 사용역
3. 구어와 문어를 나눠 분석함 - 사용 양상의 특징
4. 말뭉치에 따라 기본 한자어 명사 뒤에 결합한 명사구 - 결합한 명사구의 특징
5. 결론

이와 같은 방법을 기준으로 제2장은 주로 본 연구의 논리적인 이론을 살펴볼 것이다. 말뭉치에 관한 것으로 사용역에 따라 구어 8개와 문어 6개를 분류할 것이다. 구어는 '강연, 강의, 대화, 독백, 발표, 방송, 상담과 토론'이 있고 문어는 '신문, 잡지, 준구어(대본), 책(소설), 책(학술)과 책(총서류)'이 있다. 그리고 SJ-RIKS 코퍼스 확장판(약 1억 1천 어절)의 구성을 소개한 후 말뭉치를 통해 분석할 때 말뭉치의 형식도 살펴볼 것이다. 또한 사용역별로 비교할 수 있게 말뭉치의 정규화[13]를 실시 할 것이다. 마지막으로 연구 대상 기본 한자어 1음절과 2음절 어휘 중에서 기본 한자어가 아닌 대상(동음이의어)을 삭제하는 과정이 필요하다.

제3장은 사용역별 사용 양상에 대한 논의이다. 구어와 문어로 나눠 교수-학습할 때 활용할 수 있도록 기본 한자어 명사에서 고빈도 어휘와 빈도 차이가 많은 어휘목록을 제시하고 그들의 특징을 분석할 것이다. 기본 한자어

13 정규화(normalization)란 불필요한 영향을 삭제하고 특정한 목적을 위해서 그것들을 비교할 수 있도록 하는 것으로, 수치적 양에 가해지는 연산 또는 관계 모형에서 예외를 삭제하기 위하여 하나의 속성에 하나의 데이터가 들어가도록 작성하여 중복을 배제하는 원칙을 공식화한 것을 말한다.

명사를 활용할 때 특징에 따라 오류를 감소시킬 수 있을 것이다.

제4장은 198개 기본 한자어 명사 뒤에 결합한 명사구를 표로 제시하고 그 특징을 살펴볼 것이다. 분석은 패턴 형식으로 진행할 것이다. 초급 어휘를 A로, 중급 어휘를 B로, 고급 어휘를 C로 표시하게 된다. 패턴은 주로 두 단어로 된 패턴(NNG+NNG)과 세 단어로 된 패턴(NNG+NNG+NNG)을 등급별로 분석할 것이다. 초급 어휘를 예로 들면, 'A+A'는 초급 어휘 뒤에 결합한 명사가 초급인 경우이고 'A+B'는 초급 어휘 뒤에 결합한 명사가 중급이다. 어떤 패턴과 어떤 등급이 제일 많이 나타나는지를 검색하여 한국어교육을 할 때 활용될 수 있도록 할 것이다.

마지막으로는 결론이다. 본 연구의 목적과 연구 방법이 논의 과정에서 나타날 결과를 요약하여 제시할 것이다.

1.3 선행 연구

한국의 국제적 지위가 점점 높아지면서 한국어를 배우고자 하는 수요도 급증하였고 이로 인해 한국어 교육 분야도 성장을 거듭해 왔다. 한국어를 배우는 학습자의 증가에도 불구하고, 외국인 학습자에게 한국어는 여전히 어려운 언어이다. 이러한 상황을 악화시키는 대표적인 예로 동일한 형태를 가진 한국 한자어와 중국어 단어 사이의 용법 차이를 들 수 있다. 한국어 어휘는 그 기원에 따라 고유어와 외래어, 한자어로 나뉘는데 그 중에서 한자어 어휘가 상당한 비중을 차지하고 있는 것은 주지의 사실이다. 물론 중국에서 유입된 한자어 중에 형태와 의미가 중국어와 비슷한 한자어를 중국인 학습자에게 보여주면 무슨 의미인지 대부분 쉽게 이해하기도 하지만, 그렇지 않은 경우도 상당히 많이 존재한다. 그래서 한국어 교육에서 한자어를 주제로 논의된 연구는 주로 한·중 비교 형식으로 진행하고 중국인 한국어 학습자를 위한 연구가 대부분이었다. 그리고 한자어는 사용역에 관한 연구가 아직까지 거의 없어서 사용역별 사용 양상에 대한 분석되는 논의가 필요하다. 따라서 선행 연구는 주로 한자어와 사용역에 대한 두 부분으로 나눠서 살펴보고자 한다.

1) 한국어 교육에서 한자어에 관한 연구

한국어 교육에서의 한자어에 대한 연구 역사는 오래되지 않았다. 그러나 최근 한자어와 한자 교육에 대한 연구가 진행되기 시작하고 있다. 첫째, 한국어 교육에서 한자를 활용한 어휘 교육의 필요성을 밝힌 연구, 둘째 한국어 교육에서 다루어야 할 교육용 한자 목록 선정에 관한 연구, 한자를 활용한 효과적인 수업을 위한 교수 방안을 제시한 연구가 그것이다.

우선 외국인을 위한 한자 교육의 필요성은 주로 한자어 교육의 필요성이며 그와 더불어 한자 교육의 문제점들이 논의되어 오고 있다. 정승혜(1998)에서는 한국어 교육에서 한자어가 차지하는 비중을 언급하면서 한국어 교육 현장에서 한자어에 대한 전문화된 교육이 거의 없다고 밝혔다. 이것이 고급 단계의 학습자의 학습 향상을 저해하는 요인이 될 수 있다고 보았다. 한자의 특성상[14] 한자 교육을 한다면 한글을 보다 쉽게 어휘를 확장시킬 수 있다고 보았다. 외국인을 위한 한자 교육의 필요성을 밝히고 학습단계별 교육용 한자를 선정하여 학습대상에 따른 한자 교수법을 제시하였다. 특히 비한자권 학습자들을 위해 초등학생들의 한자 학습 방법을 재구성에 도입하였다. 학습자가 쉽게 한자를 학습하도록 교재 구성을 하였다는 측면에서 의미가 있다. 오수진(2005)은 외국인 학습자의 경우 한자어에 대한 체계적 교육이 한국어

14 표의문자, 시각성, 조어력, 약속력이 뛰어나다.

어휘력 향상에 필수적이라 보았다. 한자어 교육의 필요성을 언어 교육적 측면에서 어휘 학습에 대한 폭넓은 지식을 가지기 위해 필요하다고 보았다. 문화적 측면에서는 한자가 우리 사상, 문화에 미친 영향력 면에서 문화를 깊이 알기 위해 한자어 교육이 선행되어야 한다고 하였다. 비한자권 학습자의 경우 체계적 한자어 교육이 필요하며 초급에서 한자어 교육을 실시하는 것이 어휘양이 증가하는 고급 단계에 도움을 준다는 것을 학습자들의 요구 조사를 통해 밝히고 있다. 이영희(2008)에서는 한국어 학습자들의 한국어 능력이 크게 향상되면서[15] 외국인 학습자의 어휘력 향상에 도움을 주기 위하여 보다 의도적이고 체계적으로 한자어 교육이 실시되어야 한다고 보았다. 또한 한자어의 어휘 형성 원리를 학습함으로써 한자어의 의미를 분석적으로 암기하고 새로운 한자어의 의미를 유추해내는 '한자어 어휘 학습 전략'도 키울 수 있다 하였다. 정서영(2008)에서는 고급 단계 중국인 학습자들의 요구 조사를 살펴보았다. 그 결과 대체적으로 92% 이상이 한국어의 한자어 교육이 필요하다고 응답하였다. 한자어 학습 시기는 고급 단계보다는 초급과 중급이 적합하다고 응답하였다. 첫째, 한국어 어휘에 한자어가 많다는 것, 둘째, 학습자 특성에서 본 한자어 교육의 필요성, 셋째, 학문 목적을 위한 한국어 학습에서의 필요성, 넷째, 한자어 자체의 특성인 풍부한 조어력이 한국어 학습에 긍정적 영향을 줄 것 등의 한자 교육의 필요성을 4가지로 꼽고 있다.

두 번째는 한국어 교육에 필요한 한자어 목록 선정에 관한 연구이다. 한국어 학습자를 위한 교육용 한자 선정과 교수법에 대한 논의는 90년대 들어

---

15 이영희(2008:1)에 따르면 최근 학문 및 전문 직업 목적으로 한국어를 배우는 학습자들이 증가하는 데 학문 목적 한국어 학습자들은 전문어나 사고 도구어 등을 학습해야 하며 이러한 어휘들은 대부분 한자어로 되어 있는데 이는 한자어가 가진 특수하고 세밀한 의미 때문이라고 하였다.

본격화 되었다. 정승혜(1998)는 한자 교육에 관한 첫 학위 논문이라는 점에서 의의를 지닌다. 기존의 한자 교재 4종을 비교 분석하고 한자 교재의 학습 내용이 되는 교육용 한자에 대한 선정 기준을 마련하였다. 일본어권과 대만어권 학습자를 위한 한자 목록과 중국어권과 비한자권 학습자를 위한 한자 목록을 단계별로 제시하고 나아가 중국어 권, 비한자권 학습자를 위한 교육용 한자를 초급 중급 고급으로 나누어 선정해 수록하였다. 2000년 이후에는 주로 교육용 한자어와 한자 선정에 대한 논의가 활발해졌다. 2001년 이후에는 한국어 교재 말뭉치와 조남호(2003)의 성과물[16]을 토대로 한국어 교육용 한자어 및 한자에 관한 연구가 활발해졌다. 오수진(2006)에서는 비한자권 학습자를 대상으로 한자어 교육을 위해 각 교재와 국립국어연구원의 한국어 학습자를 위한 어휘를 대상으로 비한자권 학습자를 위한 초급용 한자어 300개를 선정하였다. 이영희(2008)는 <한국어 학습 사전>의 한자어 표제어 3,297개를 위주로 조어력을 산출하여 상위 10위까지의 조어력을 가진 한자를 분류하였다. 그리고 조어력 높은 한자를 중심으로 관련 한자를 확장해 나가는 방식이 어휘력 향상에 효과적이라 하였다. 또한 각 한자의 위치별 빈도를 산출해 위치별 빈도에 따른 한자 목록을 선정하였다. 한자 교재 16종을 분석해 초급, 중급, 고급 단계의 교육용 한자 595개를 추출하였다. 이수희(2011)에서는 한국 대학 내 교육기관 대상 한자 교육 현황과 최근 발행된 한자 교재 중 교육기관의 한자 반에서 쓰는 4종의 교재를 분석하고 한국어 교육용 한자를 선정하였다. 이와 함께 다문화 시대의 한국어 어휘 능력을 향상시키기 위한 한자 교재를 개발할 것을 제안하고 있다.

세 번째는 한국어 교육을 위한 교수 방안에 대한 연구이다. Ma Jinshan (2012)에서는 객관적 방법인 메타 계량 방법과 주관적 방법을 결합하여 중국

---

16 국립국어연구원(2003) 한국어 학습용 어휘 선정을 위한 기본 조사 보고서.

인 학습자들을 대상으로 한 한국어 교육용 한자어를 선정하고 평정함으로써 중국인 학습자들의 인지적 특성에 따른 실용적인 한자어 교육 내용과 효과적인 한자어 교수·학습의 실제를 구안하는 것을 목적으로 하였다. 연구에서 선정한 교육용 한자어 목록에 대한 등급화, 유형화를 바탕으로 중국어와의 형태적, 의미적, 화용적 대조 분석을 통해 한자어 교수·학습 내용을 마련하였고 효율적인 한자어 교육을 위해 중국인 학습자들에게 바람직한 한자어 학습 전략으로, 유의미 학습 전략을 기본으로 한 정의적 전략, 사회·문화적 전략 등을 제시하였으며 효과적인 한자어 교수·학습 방안을 마련하였다. 최인영(2013)에서는 외국어로서의 한국어를 배우는 초급과정 한자권 중국인 결혼이민자들을 대상으로 한국어 수업에서 한자를 활용한 한국어 한자어 교육의 효율성을 검증하는 것을 목적으로 한다. 초급과정의 한자권 중국인 결혼이민자를 대상으로 학습자들을 실험 집단과 비교 집단으로 나누어 어휘 교육을 실시한다. 선정한 한국어 학습용 한자어를 활용한 한자어 교육 방안을 통해 수업을 진행한다. 尹璐(2015)에서는 한국어 교육용 한자어를 선정하여 선정된 어휘 목록을 다시 주제 별로 분류하고, 한국 한자어 및 중국 한자어를 비교 분석을 통해 실제 한자어 교육 방안을 제시한다는 점에서 의의를 가진다.

지금까지 한국어 교육에서 한자어에 대한 연구를 살펴보았다. 한자어에 대한 연구의 필요성을 밝힌 후 한자어 목록을 선정하였다. 그리고 외국어 또한 제2언어로서 한국어를 교육할 때 교육 방안도 제시하였다. 그런데 대부분이 주로 교재나 기능, 연구 대상에 따라 한자어를 분류한 연구이었다. 사용역에 관한 연구가 거의 없어서 교수-학습 시 한자어에 대한 구어나 문어의 선별에 어려움을 느낄 수 있다.

2) 사용역에 관한 연구

사용역에 관한 연구는 코퍼스를 활용한 연구를 찾아 볼 수 있다. Biber(2012)는 부사를 기능적·의미적으로 분류한 후 다시 사용역에 따른 분류를 하였다. 그리고 부사의 의미범주를 맥락의 중요성, 묘사 범주, 장소, 시간, 방식, 정도, 제한적 용법, 태도, 연결, 대화와 학술적 산문의 의미 범위 등으로 나누었다. 김서형(2013)은 반의어를 교육할 때 목표하는 어휘가 맥락 안에서 어떠한 의미로 사용되었는지를 제시해야 학습자가 어휘의 의미를 이해하고 활용하는데 도움이 된다고 보았고 이 논의는 코퍼스를 활용한 교육이 의미가 있다는 것을 반증하는 것이라 할 수 있다. 본 연구에서 논의하고자 하는 사용역과도 긴밀한 관계가 있으나 현재 의미를 다룬 코퍼스는 없으므로 본 연구에서는 사용역에 따른 사용 및 빈도 양상을 살펴보고자 한다. 그런데 한자어는 사용역에 관한 연구를 찾을 수 없다고 볼 수 있다.

최아람(2010)의 목적은 한국어교육용 기본어휘 가운데 복합 형태를 대상으로 형태 결합 과정에서 어떠한 어휘등급을 가진 요소들이 모여, 형태 결합 결과 그 전체가 어떠한 어휘등급으로 귀결되는지를 고찰하는 데 있다. 이 연구에서는 조남호(2003)와 김광해(2003)에서 전정한 한국어교육용 기본어휘 목록 가운데 품사 비중이 가장 높은 명사라는 품사에 국한하여, 그 안에서도 단일 형태가 아닌 복합 형태인 것들만을 대상으로 그 부분과 전체의 어휘 등급을 고찰해 보았다. 이러한 연구는, 기본 어휘 형성 과정 속에 개입하는 어휘등급의 작용원리라는 새롭고도 흥미로운 연구 영역을 개척하는 것이다. 또한 더욱 효율적인 어휘 교육을 위해서는 단일어 중심의 연구 방법론이나 교수법에서 탈피하여 어휘 형성(확장)에도 관심을 가져야 할 것이다(김인균 2004:26).[17] 이러한 측면에서 이 연구는 한국어교육 차원에서 제2언어 학습자들을 대상으로 한 효과적인 어휘학습전략을 세우는 데 기본적인 자료가 될 수 있다고 본다.

김지혜(2013)에서는 사회과의 언어가 그 역할을 충실히 하는지 점검하기 위한 기준으로 Halliday의 사용역 개념을 활용하여, 2007 개정 초등 사회 교과서를 분석하고 궁극적으로는 향후 교과서 연구자들에게 바람직한 텍스트 구성 방법을 제안하는 것을 목적으로 한다. Halliday의 사용역 개념은 텍스트가 가진 일부의 특성만을 분석했던 기존의 연구와는 달리 텍스트를 세 요소로 나누어 분석함으로써 텍스트의 특성을 입체적으로 바라볼 수 있는 종합적 분석을 시도하였다는 측면에서 의미를 가지는 텍스트 분석 방식이다. 이 연구는 2007 개정 사회교과서 및 대안교과서, 외국교과서를 분석하는 것을 주요 연구 내용으로 하며 세 교과서에 공통적으로 수록된 사회과의 주요 개념들을 분석대상으로 하였다. 연구 방법으로는 사용역 개념을 활용한 체계기능 언어학의 분석방법을 사용하였다.

홍윤혜(2014) 연구의 목적은 한국어 모어 화자 전문가 집단의 연구 논문과 연구 발표를 대상으로 담화에 실현된 수사적 행위 요소들의 공통점과 차이점을 밝혀, 두 장르의 특성을 비교 분석하는 데에 있다. 이는 학문 목적 학습자들이 학술 담화를 생산할 때 학술적 문어담화와 구어담화의 특성을 이해하고 각각의 장르에서 효과적으로 담화를 구성할 수 있도록 내용 구성의 방향과 기준을 제공하여 학술 담화 교육의 기본 자료로 활용하기 위함이다.

홍혜란(2016)의 연구에서는 이러한 항목을 '복합 연결 구성'이라고 하고 네 가지 사용역으로 이루어진 말뭉치에 나타난 사용 분포와 의미 기능을

17 Nation(1990)은 자주 사용되는 어근이나 접사를 알고 있으면 학습자가 모르는 단어가 나왔을 때 쉽게 의미를 추측할 수 있다고 하고 이를 단어 내 정보를 통한 의미 어휘학습전략의 하나로 소개하고 있다. 또한 윤유선(2007)은 한국 한자어의 어근 정보 및 어휘형성구조에 대한 이해를 바탕으로 한자어 의미 추측·어휘학습전략 훈련의 효과성을 입증한 바 있다. 이에 더하여, 단어 내부를 구성하는 요소들의 어휘등급까지 고려한다면 그것은, 어휘의 단계적 학습과 교수를 위한 효과적인 방안 마련에 기여할 수 있을 것이다.

분석하여 연결 어미와 변별되는 복합 연결 구성의 사용 양상과 특성을 실증적으로 밝히고자 하였다. 연구 결과를 통해 주로 논리적인 연결 장치로 간주되었던 복합 연결 구성이 명제 내용에 대한 화자의 태도를 비롯한 다양한 발화 의도를 표현할 수 있는 풍부하고 유연한 체계로서 자리매김하고 있음을 알 수 있었다. 또한 사용역에 따른 분포 양상 분석과 의미 기능 분석을 통하여 다음과 같은 사용상의 특성을 확인할 수 있었다. 첫째, 담화 양식이나 발화 목적이 표현의 다양성에 영향을 미친다는 것이다. 둘째, 복합 연결 구성은 연결어미에 비해 사용 빈도가 현저하게 낮고 특정한 사용역에서 분포가 높은 것을 볼 수 있었다. 복합 연결 구성의 사용 양상에 관한 이러한 사실은 교육 현장에서 문법 항목을 제시할 때 담화 양식이나 상황 맥락 등의 사용역과 관련한 정보를 풍부하게 제시할 필요가 있음을 말해 준다. 이는 학습자들이 유사 문법 항목을 변별적으로 사용하고 문법 능력, 더 나아가 언어 사용 능력을 향상시키는 데에 기여할 것이다.

이연주(2016)는 한국어 교육을 위한 부사 목록을 추출하고 그들의 사용역별 사용 양상을 분석하여 외국인 학습자들이 작문을 할 때나 다양한 담화 상황에서 자연스럽게 부사를 사용하도록 하는 데에 그 목적이 있다. 추출된 부사들을 구어와 문어로 분류한 후 사용역의 특징을 살피고 각각의 사용 빈도 양상을 분석한다. 분석 도구는 고려대학교 음성언어센터의 '구어 말뭉치'와 'SJ-RIKS 코퍼스 확장판'을 사용할 것이며 분석된 결과는 교수-학습이나 교재 개발에 있어서 유용하게 사용된다. 한국어 교육 문법 항목 중에는 여러 가지 어휘 요소와 문법 요소가 결합하여 하나의 문법 단위를 이루고 연결어미의 기능을 수행하는 고정 표현이 있다.

박미경(2016)에서는 부사 중에서 정도부사의 사용 양상과 교육방안에 대한 부분을 연구하고자 한다. 정도부사의 특성은 표현하고자 하는 화자의 심리 상태나 수량 관련, 강조하고자 하는 것, 약화시키고자 하는 것, 비교 대상을 표현함에 있어서 원급 보다 더 심하거나 덜한 정도를 나타내는 기능을 한다. 학습자의 언어능력이 향상되면서 정도부사의 사용 양상에 변화가 있는 연구 자료를 보면, 초급 과정에 있는 학습자보다 중·고급으로 가면서 학습자들의 정도부사 사용 빈도가 많아지는 것을 볼 수 있다. 고급으로 갈수록 정도부사 사용에 있어서 중간언어 사용이 높아진다는 것은 그만큼 학습자들이 정도부사를 활용하고자 함을 알 수 있고, 정도부사에 대한 교육의 필요성을 찾을 수 있다.

지금까지 사용역과 사용 양상에 관한 연구를 살펴보았다. 사용역에서 한자어에 관한 연구를 찾지 못하는 것을 볼 수 있다. 그리고 기존 연구에서 사용역의 분류는 최대한 5개를 나누었다. 그리고 사용한 말뭉치의 규모도 10년 전에부터 있어서 더 큰 규모의 말뭉치와 자세한 사용역별 분류가 필요하다고 볼 수 있다. 그리고 한국어에서 절반 이상을 차지하고 있는 한자어의 사용 양상을 제시하면 한자어를 상황에 맞게 활용할 수 있도록 도움을 줄 수 있을 것이다. 그래서 기존 한자어와 사용역에 관한 연구의 한계점을 극복하기 위해 본 연구에서는 약 1억 1천 어절의 SJ-RIKS 코퍼스 확장판을 이용하여 14개 사용역(구어 8개, 문어 6개)을 분류하여 한자어의 사용 양상을 살펴보도록 한다.

제2장

말뭉치의 특성 및 분석

우리는 일상적인 언어생활을 할 때 무엇을 말할까 못지않게 어떻게 말할까에 대해서도 고민하며 선택한다. 의사소통에 사용되는 어휘와 문법은 의사소통의 이유나 맥락, 의사소통의 주체, 글인지 말인지 등의 매체에 의해 많은 영향을 받기 때문이다. 이러한 요인들에 따라 어휘나 문법 요소의 사용 양상은 일정한 패턴을 보인다(Biber 외 1994:4). 즉 동일한 기능이나 의미를 가진 문법적 구성이나 어휘도 의사소통상의 이유나 맥락에 따라 실제 사용 양상이 달라질 수 있는 것이다. 문법 구조를 기술하고 이를 만들어 내는 언어 내적 원리를 밝히는 것도 문법 연구에서 중요하지만 문법 구조나 어휘의 실제 사용 양상에 대한 연구도 문법 기술에 필요한 이유는 바로 이 때문이다. 언어의 사용(문어이든, 구어이든)은 실제 발화 환경 속에서 의사소통을 목적으로 이루어지는 바, 발화 환경과 의사소통 목적에 따라 달리 나타나는 언어 구조 선택의 경향성, 사용 양상에 대한 기술과 이에 따른 설명이 필요한 것이다.

2.1 사용역의 구별

본 연구는 이러한 연구의 필요성에 의하여 시작된 구어 문어 통합 문법의 본격적인 기술로서 기본 한자어 명사의 문법을 실제 언어 자료를 바탕으로 실증적으로 기술하며 기본 한자어 명사의 실제 사용 양상을 제시하고 이를 분석하는 것을 목적을 한다. 실제 의사소통 상황 속에서 기본 한자어 명사가 어떻게 사용되는지를 기술하고 설명하기 위해서 본 연구에서는 언어 자료를 매체, 의사소통 목적, 의사소통 참 여자의 특성, 격식성 등에 따라 사용역을 분류하여 언어 사용 환경에 따라 기본 한자어 명사와 관련된 문법 현상이 어떻게 달리 나타나는지 분석하고 기술한다.

앞서 언급하였듯이 '구어 문어 통합 문법 기술'에서는 구어, 문어와 같은 언어 사용상의 환경의 차이를 사용역의 관점으로 접근하기 때문에 실제 언어 사용 환경 상의 차이를 반영하는 사용역의 구별과 이러한 사용역의 구별을 잘 구현해 줄 수 있는 말뭉치의 구성은 매우 중요하다.

사용역은 각각의 언어 자료가 가진 상황적 특성을 기준으로 구별되며, 이러한 특성은 매체, 상호성, 목적, 내용 특성 등 매우 다양한 기준으로 정의될 수 있다. 예컨대, '신문'은 문어(매체)이고 격식적(격식성)이며, 실제 사건에 대한 보도(내용 특성)라는 특성을 지닌다. 반면에, '강연'은 구어(매체)이고 격식적(격식성)이며 일정한 주제에 대하여 청중 앞에서 강의 형식으로 말함(내용 특성)이라는 특성을 지닌다.

사용역은 구어, 문어와 같이 매우 일반적인 수준으로 정의될 수 있다, 강연, 퇴임식, 설교, 강의, 수업, 대화, 잡담, 독백, 발표, 방송, 방담, 인터뷰, 상담, 토론, 토의, 회의, 신문, 잡지, 준구어(대본), 책(소설), 책(학술), 책(총서류) 등과 같이, 매우 개별적인 수준으로도 규정될 수 있다. 예를 들어, '퇴임식'이나 '설교'는 '강연'이라는 더 큰 사용역 아래에 놓일 수 있고 '토의'나 '회의'는

'토론'이라는 더 큰 사용역으로 묶일 수 있다. 한편, 개별적인 사용역이라도 더 세부적인 범주로 나뉠 수도 있다. 예컨대, '대화'라고 하더라도 '정식적인 대화', '비정식적인 대화' 등 더욱 다양하게 나뉠 수 있는 것이다. 그런데 이처럼 세밀하게 사용역을 구분하면 수많은 사용역에서 나타나는 언어 사용 양상을 하나하나 분석하는 것이 매우 어려워진다. 예를 들어, 사용역을 10개로 구별하였다면 동일한 문법 현상을 10번만 분석하면 되지만 사용역을 30개로 구별하게 되면 동일한 문법 현상을 30번이나 분석해야 한다. 즉 사용역을 세밀하게 구별하는 만큼 문법 현상의 분석의 양도 늘어난다. 또한 세밀하게 구분된 사용역들 사이에서는 언어 사용 양상의 차이가 유의미한 결과를 보이지 않을 때도 있다. 이러한 이유로 인해 현실적인 상황과 연구 목적에 맞추어 사용역의 구별을 적절한 수준에서 제한할 필요가 있다. 따라서 본 연구에서는 기존 사용역[18]과 달리 14가지(구어 8개, 문어 6개)의 사용으로 분류하기로 한다. 다음 <표 3>는 이와 같은 절차에 의해 사용역에 따라 동질적인 자료로 구성된 사용역별 분류와 특성이다.

<표 3> 사용역별 분류 항목과 주요 특성

	매체	격식성	의사소통 목적	특성
강연[19] (퇴임식/설교)	구어	격식성	전보전달	일정한 주제
강의(수업)		격식성	전보전달	교육자가 훈련 대상자에게 정보전달을 함

18 배진영 외(1991)의 연구에서 말뭉치를 구어(대화), 문어(소설, 신문, 학술)의 4개 대사용역으로 나눠서 연구를 진행한 바 있다. 아래는 배진영 외(1991) 말뭉치에 대한 어절 수:

배진영 외 (1991)	대화	소설	신문	학술
	805,646어절	1,000,107어절	1,000,013어절	1,005,328어절

대화(잡담)		비격식성	의사소통/친교	일상적/사적
독백		비격식성	·	청자가 없음
발표		격식성	전보전달	어떤 사실이나 결과, 작품 따위를 세상에 널리 드러내어 알림
방송(방담/인터뷰)		격식성	전보전달	전파에 의한 매스커뮤니케이션
상담		비격식성	의사소통	카운슬러와 도움을 필요로 하는 사람
토론(토의/회의)		비격식성	의사소통	각각 자기의 주장을 말함
신문	문어	격식성	전보전달 (사실 전달 위주)	정치·경체·사회·문화 등 기사, 칼럼 등
잡지		비격식성	흥미	다양한 내용 주간·순간·월간·계간 등
준구어(대본)		비격식성	어떤 일을 하는 데 토대가 되는 책	기술적
책(소설)		비격식성	흥미	허구적 사건 서사 문학
책(학술)		격식성	전보전달 (학문과 기술 위주)	학술적
책(총서류)		격식성	전보 전갈 (의견, 주장, 평가, 논증 포함)	일정한 주제 각도나 처지가 다른 저자들이 저술한 서적

위 <표 3>는 SJ-RIKS 코퍼스 확장판(116,679, 528어절)을 사용역 분류 방식에 근거하여 구어 8개, 문어 6개 총 14개 영역으로 배분한 것이다. 우선,

19 본 연구에서 '강연'을 제시하면 '강연', '퇴임식'과 '설교'를 다 포함한다. 마찬가지로 강의(수업), 대화(잡담), 방송(방담/인터뷰)과 토론(토의/회의)는 다 '강의', '대화', 방송', '토론'만 제시한 것이다 .

‘강연, 강의, 대화, 독백, 발표, 방송, 상담, 토론’은 그 매체가 구어라는 점, 의사 전달의 가장 기본적인 형태라는 점에서 다른 6개 문어 사용역과 크게 구별된다. ‘강연, 강의, 발표, 방송’은 모두 격식적인 사용역이고 ‘방송’은 주로 전파에 의한 매스커뮤니케이션의 하나로서 다른 사용역과 차이를 본다. ‘강의’는 교육자가 훈련대상자를 한곳에 모아놓고 일방적으로 정보 전달을 하는 특징이 있다. ‘발표’와 ‘강의’는 다 정보를 전달하는 목적이 있는데 ‘발표’는 어떤 사실이나 결과를 위주로 한다. ‘대화, 독백, 상담, 토론’은 앞에 4개 사용역에 비해서 ‘격식성’이 떨어진다고 할 수 있다. ‘독백’은 상호성을 가지지 않고 ‘대화, 상담, 토론’ 사용역은 모두 직접적인 상호성을 가지는데 ‘대화’는 일반적으로 의사소통이라는 목적으로 가지는 동시에 대화 참여자들 간의 친교나 일상적인 삶 등에 초점이 맞춰진다. 또한 ‘대화’는 대화 참여자들이 동일한 담화 상황에 존재하며 담화 맥락을 공유할 뿐만 아니라 개인적으로도 서로의 배경 지식을 폭넓게 공유하고 있다. ‘상담’과 ‘토론’ 사용역의 차이점은 ‘상담’은 카운슬러가 도움을 필요로 하는 사람에게 일방적으로 하는 것인데 ‘토론’은 서로 의견을 말하는 것이다.

다음으로, 문어 사용역은 직접적인 상호성을 가지지 않으며 일방향성을 지닌다. 다만 ‘소설’은 소설 속 인물의 대화를 포함한다는 점에서 ‘대화’가 가진 특성을 일부 보일 수 있다. ‘잡지, 책(소설)’은 ‘신문, 책(학술)과 책(총서류)’이 정보 전달에 초점이 맞추어진 것과는 달리 흥미 위주의 독서를 목적으로 한다. 다만 ‘책(소설)’은 허구적인 이야기를 위주로 하는 것이다. ‘신문, 책(학술)과 책(총서류)’은 모두 ‘정보 전달’이라는 목적으로 가지만 전달하는 정보에 대한 내용이 다르다. ‘신문’은 사실 위주로 하고 ‘책(학술)’은 학문과 기술 위주로 하고 ‘책(총서류)’은 의견, 주장, 평가, 논증 등을 포함한다. ‘준구어(대본)’은 연극의 상연이나 영화 제작에 있어서 기본이 되는 글이라서 본 연구에서 ‘준구어(대본)’이 문어에 포함된다.

사용역의 특성을 이해하기 위해서 몇 가지 유의해야 할 점이 있다.[20] 첫째, 각 사용역의 특성은 사용역이 지닌 절대적인 특성인 것도 있지만 상대적인 특성인 것도 있다는 것이다. 예컨대, '책(소설)'은 '일기'나 '블로그'보다는 격식적이지만 '신문'이나 '책(학술)'에 비해서는 비격식적이다. 또한 '신문'이 완전하게 '사실'만을 전달하는 것은 아니지만 그 주된 목적이 '정보 전달'에 있고 '책(학술)'에 비해 '사실' 위주의 정보를 전달한다는 점은 부인할 수 없다. 즉 각 사용역의 특성 구분과 그 차이는 정도성을 지닌 것으로 이해해야 한다는 것이다. 둘째, 사용역의 특성을 제시하는 용어는 엄격하게 이론적 의미를 지니기보다는 일상적인 의미를 지니고 있다는 것이다. 따라서 사용역의 특성을 언어 내적으로 정의 하려 하지 않을 것이다. 오히려 이와는 반대로 일반적인 의미에서의 사용역 특성이 어떻게 언어 내적 특성으로 이어지는가를 살펴볼 것이다. 셋째, 여기서 제시된 14가지 사용역은 다양한 기준에 따라 하위 사용역들로 나눌 수 있고 이에 따라 하나의 사용역 내에서도 상당한 양의 변이형들이 존재할 수 있다는 것이다. 예를 들어 '강연'은 퇴임식, 설교 등을 다양한 주제를 포함한다. 그리고 '신문'은 보도 기사, 사실, 비평 등을 포함할 뿐만 아니라 그 주제도 정치, 경제, 과학 등 매우 다양하다.

위에서 언급했듯이 세밀하게 구분하면 사용 양상의 차이가 유의미한 결과를 보이지 않을 때가 있고 일반적인 구어 문어로 구분하면 너무 간단해서 도움이 되지 않는다. 그래서 본 연구는 구어 8개, 문어 6개로 분류하였다. 구어는 주로 '강연, 강의, 대화, 독백, 발표, 방송, 상담, 토론'으로 분류하고 문어는 주로 '신문, 잡지, 준구어(대본), 책(소설), 책(학술), 책(총서류)'으로 분류하였다. 언어 자료가 가진 특징, 즉 매체, 격식성, 목적, 내용 특성에 따라 분류하였다.

---

20 백진영 외(2013), 『말뭉치 기반 구어 문어 통합 문법 기술1 어휘 부류』를 참조하였다.

2.2 말뭉치의 구성

2010년 7월부터 고려대학교 민족문화연구원에서는 "SJ-RIKS 코퍼스"를 개발하고 용례 서비스를 시작한 바 있다. SJ-RIKS 코퍼스는 형태 분석뿐만 아니라 동음이의어 분석까지 되어 있다는 점에서 그동안 많은 연구에 활용되었으며 이를 기반으로 한 용례 서비스는 사용의 편리성과 결과의 신뢰성 측면에서 연구자들의 적지 않은 호응을 받아왔다.[21] 그러나 SJ-RIKS 코퍼스는 전체 규모가 약 천4백만 어절 정도로서 균형 말뭉치라는 점에서는 손색이 없으나 전체적인 코퍼스로는 규모의 측면에서 한계가 있다. 특히 어휘 범주에 속하는 단어를 연구 대상으로 할 경우 기존의 SJ-RIKS 코퍼스로서 규모의 한계가 더욱 절실히 드러난다. 그래서 본 연구의 말뭉치는 규모 한계를 극복하기 위해서 SJ-RIKS 코퍼스 확장판(규모가 116,679,528어절)을 대상으로 진행할 것이다.

1.2.1 말뭉치의 형식

여기에서는 연구 대상 말뭉치가 어떻게 구성되어 있는지를 살펴보고 이를 연구 목적에 맞게 변환하는 과정을 소개하게 된다. 그리고 말뭉치에서 연구 대상을 추출하여 분석하는 방법을 제시한 다음 그 결과를 계량하여 산출하는 과정도 함께 살펴 볼 것이다.

여기서는 구어 말뭉치와 문어 말뭉치에서 언어 정보가 어떻게 부여되어

---

21 2015년 2월 현재까지 SJ-RIKS 코퍼스의 웹 용례 검색 도구를 사용하기 위해 사이트에 방문한 방문자 수는 2만 회를 넘어섰고 전체 검색 건수는 16만 회에 육박한다. 특히 국내뿐 아니라 해외에서도 SJ-RIKS 코퍼스가 활발히 활용되고 있는 것으로 확인되었다. (김일화·양경용, 2015: 74)

있는지 그 예를 보이고자 한다. 다음 예문(1)과 같다.

(1) 가. 구어 말뭉치의 실제 예

파일명: 대화 / SJ-RIKS 코퍼스 확장판: 2CM00017-0000010

2CM00017-0000010	이게	이것/NP+이/JKS
2CM00017-0000020	너무	너무/MAG
2CM00017-0000030	낮아서	낮/VA+아서/EM
2CM00017-0000040	불편하시면	불편/NNG+하/XSV+시/EP+면/EM
2CM00017-0000050	이거	이거/NP
2CM00017-0000060	빼고	빼/VV+고/EM
2CM00017-0000070	그냥	그냥/MAG
2CM00017-0000080	하시죠,	하/VV+시/EP+죠/EM+,/SP
2CM00017-0000090	뭐.	뭐/IC+./SF
2CM00017-0000100	네.	네/IC+./SF
2CM00017-0000110	자,	자/IC+,/SP
2CM00017-0000120	시작이	시작/NNG+이/JKS
2CM00017-0000130	조금	조금/MAG
2CM00017-0000140	늦어졌습니다.	늦/VA+어/EM+지/VX+었/EP+습니다/EM+./SF
2CM00017-0000150	아,	아/IC+,/SP
2CM00017-0000160	지금부터	지금/NNG+부터/JX

2CM00017-0000170	제구	제구/NNG
2CM00017-0000180	회	회/NNG
2CM00017-0000190	정신	정신/NNG
2CM00017-0000200	건강	건강/NNG
2CM00017-0000210	심포지움을	심포지움/NNG+을/JKO
2CM00017-0000220	시작하기로	시작/NNG+하/XSV+기/ETN+로/JKB
2CM00017-0000230	하겠습니다.	하/VX+겠/EP+습니다/EM+./SF

나. 문어 말뭉치의 실제 예

파일명: 신문 / SJ-RIKS 코퍼스 확장판: 2BA90A03-0000010

2BA90A03-0000010	1990/01/06	1990/SN+//SP+01/SN+//SP+06/SN
2BA90A03-0000020	02	02/SN
2BA90A03-0000030	“정치	“/SS+정치/NNG
2BA90A03-0000040	신뢰회복	신뢰/NNG+회복/NNG
2BA90A03-0000050	최선	최선/NNG
2BA90A03-0000060	다하겠다”	다/MAG+하/XSV+겠/EP+다/EM+”/SS
2BA90A03-0000070	/	//SP
2BA90A03-0000080	박태준	박태준/NNP
2BA90A03-0000090	민정대표	민정/NNG+대표/NNG

2BA90A03-0000100	일문일답	일문일답/NNG
2BA90A03-0000110	“당내	“/SS+당내/NNG
2BA90A03-0000120	융화-결속엔	융화/NNG+-/SO+
결속/NNG+에/JKB+ㄴ/JX
2BA90A03-0000130	별	별/MM
2BA90A03-0000140	문제	문제/NNG
2BA90A03-0000150	없어	없/VA+어/EM
2BA90A03-0000160	/	//SP
2BA90A03-0000170	민주화	민주화/NNG
2BA90A03-0000180	촉진-경제난	촉진/NNG+-/SO+
경제난/NNG
2BA90A03-0000190	극복에	극복/NNG+에/JKB
2BA90A03-0000200	맞춰	맞추/VV+어/EM
2BA90A03-0000210	당운영”	당/NNG+운영/NNG+”/SS
2BA90A03-0000220	민정당의	민정당/NNP+의/JKG
2BA90A03-0000230	신임	신임/NNG
2BA90A03-0000240	박태준대표위원은	박태준/NNP+대표위원
/NNG+은/JX
2BA90A03-0000250	“기왕에	“/SS+기왕에/MAG
2BA90A03-0000260	정치일선에	정치/NNG+일선/NNG+
에/JKB
2BA90A03-0000270	나선이상	나서/VV+ ㄴ/ETM+이상/NNG
2BA90A03-0000280	신명을	신명/NNG+을/JKO
2BA90A03-0000290	바쳐	바치/VV+어/EM
2BA90A03-0000300	저하된	저하/NNG+되/XSV+ ㄴ/ETM

2BA90A03-0000310 정치의 정치/NNG+의/JKG
2BA90A03-0000320 신뢰를 신뢰/NNG+를/JKO
2BA90A03-0000330 회복하는 회복/NNG+하/XSV+는/ETM
2BA90A03-0000340 데 데/NNB
2BA90A03-0000350 최선을 최선/NNG+을/JKO
2BA90A03-0000360 다하겠다"고 다하/VV+겠/EP
+다/EM+"/SS+고/JKQ
2BA90A03-0000370 첫 첫/MM
2BA90A03-0000380 소감을 소감/NNG+을/JKO
2BA90A03-0000390 말하였다. 말/NNG+하/XSV+았/EP+다/EM+./SF

위의 예문(1)에서 확인할 수 있듯이 구어와 문어 말뭉치는 어절로 세로 형식(vertical form)으로 구성되어 있으며, 각 어절별로 세 번째 칼럼에[22] 품사 정보 또는 어휘 정보가 부여되어 있다. 태그가 부여되어 있는 것을 확인할 수 있다. 아래의 <표 5>는 SJ-RIKS 코퍼스 확장판에 적용된 형태 분석표이다.

<표 4> 21세종 말뭉치의 형태 분석 표지

대분류	중분류	소분류	표지
체언	명사	보통명사	NNG
		고유명사	NNP
		의존명사	NNB
	대명사	대명사	NP
	수사	수사	NR

22 형태(의미)분석 말뭉치의 첫 번째 칼럼에는 어절에 부여되는 일련번호가, 두 번째 칼럼에는 형태 분석 정보가 들어가지 않은 원어절이 들어간다.

용언	동사	동사	VV
	형용사	형용사	VA
	보조용언	보조용언	VX
	지정사('이다'와 '아니다')	긍정지정사('이다')	VCP
		부정지정사('아니다')	VCN
수식언	관형사	관형사	MM
	부사	일반부사	MAG
		접속부사	MAJ
독립언	감탄사	감탄사	IC
관계언	격조사	주격조사	JKS
		보격조사	JKC
		관형격조사	JKG
		목적격조사	JKO
		부사격조사	JKB
		호격조사	JKV
		인용격조사	JKQ
	보조사	보조사	JX
	접속조사	접속조사	JC
의존형태	어미	선어말어미	EP
		종결어미	EF
		연결어미	EC
		명사형어미	ETN
		관형형어미	ETM
	접두사	체언접두사	XPN
	접미사	명사파생접미사	XSN
		동사파생접미사	XSV
		형용사파생접미어사	XSA
	어근	어근	XR
문어 말뭉치 특수 기호	마침표, 물음표, 느낌표	SF	
	쉼표, 가운뎃표, 콜론, 빗금	SP	
	따옴표, 괄호표, 줄표	SS	
	줄임표	SE	
	붙임표(물결, 숨김, 빠짐)	SO	
	외국어	SL	
	한자	SH	
	기타 기호 (논리 수학시호, 화폐 기호 등)	SW	
	명사추정범주	NF	

<table>
<tr><td></td><td>용언추정범주</td><td colspan="2">NV</td></tr>
<tr><td></td><td>숫자</td><td colspan="2">SN</td></tr>
<tr><td></td><td>분석불능범주</td><td colspan="2">NA</td></tr>
<tr><td rowspan="4">구어 말뭉치 특수 기호</td><td rowspan="4">억양기호</td><td>마침표(하강 억양)</td><td rowspan="3">SF</td></tr>
<tr><td>물음표(상승 억양)</td></tr>
<tr><td>느낌표(활기에 넘치는 기운찬 어조)</td></tr>
<tr><td>쉼표(약한 상승이나 하강 억양)</td><td>SP</td></tr>
<tr><td></td><td>분석불능범주</td><td>끊어진 어절</td><td>UNT</td></tr>
<tr><td></td><td></td><td>불분명한 어절</td><td>UNC</td></tr>
<tr><td></td><td></td><td>기타</td><td>UNA</td></tr>
</table>

위에서 살펴본 바와 같이 우리는 형태 분석 말뭉치를 활용하기 때문에 연구 대상은 기본 한자어 명사라서 대응하는 태그가 명사 'NNG'이다. EmEditor에서 명사/NNG[23]로 입력하면 이 명사의 실제 출현 빈도[24]를 검색할 수 있다.

2.2.2 말뭉치의 재구성

SJ-RIKS 코퍼스 확장판 파일을 사용역 분류 방식에 근거하여 구어 8개, 문어 6개 총 14개 영역으로 배분하였다. SJ-RIKS 코퍼스 확장판은 어절 단위로 줄 바꿈이 되어 있어 형태에 대한 단순 빈도는 조사하기가 쉽지만, 선·후행 요소를 이용한 조합적인 검색은 쉽지가 않다. 이를 손쉽게 하기 위해서 텍스트 편집기인 EmEditor[25]의 '바꾸기 기능'과 '정규식'을 활용하여

23 예) 가족/NNG. NNG는 SJ-RIKS 코퍼스 확장판의 명사 태그이다.

24 실제 출현 빈도는 어휘가 말뭉치를 통해 검색한 빈도이다.

25 EmEditor(엠에디터)는 에무라소프트의 에무라 유타카가 개발한 윈도용 문서 편집기이다. 이 프로그램은 모든 유니코드를 지원하며 구문 강조, 정규식의 찾기와 바꾸기, 수직선택편

말뭉치를 재구성해야 한다. 본 연구의 말뭉치 가공 절차 방법을 간단히 소개하면 다음과 같다.

1단계. 텍스트 내 '어절 번호 태그' 지우기.

2단계. 텍스트 내 '태그의 원문' 지우기.

3단계. 텍스트 내 모든 '줄 바꿈' 없애기.

4단계. 텍스트 처음에 있는 헤더(말뭉치 작업정보) 지우기.

5단계. 텍스트를 한 문장 단위로 줄 바꿈하기. (구어의 경우, 억양구 단위로)

추가. 텍스트를 한 문장 단위로 줄 바꿈하기.[26] (구어의 경우, 억양구 단위로)

이상 작업을 통해 SJ-RIKS 코퍼스 확장판을 재가공하여 문장 단위로 줄바꿈한 수평 말뭉치를 확보하게 된다. 다음 <표 4>는 이와 같은 절차에 의해 가공한 연구 대상 말뭉치와 그 규모이다.

집, 그리고 확장 가능한 플러그인과 매크로 등을 지원하고 있다. (Wikipedia참조)

26 '한글'문서 작성 프로그램에서 단계별로 다음과 같이 진행하였다.

1단계. ① 바꾸기 창 '찾기' 란에 정규식 "\w*\-[0-9]*\b"를 입력하고 '바꾸기' 란은 공란으로 둔다.
② 바꾸기 창 오른쪽에 있는 '바꾸기'나 '모두 바꾸기'를 누른다.

2단계. ① 바꾸기 창 '찾기' 란에 정규식 "\ t.*\t"를 입력하고 '바꾸기' 란은 공란으로 둔다.
② 바꾸기 창 오른쪽에 있는 '바꾸기'나 '모두 바꾸기'를 누른다.

3단계. ① 바꾸기 창 '찾기' 란에 정규식 "\r\n"을 입력하고 '바꾸기' 란은 스페이스를 입력한다.

<표 5> 연구 대상 말뭉치의 사용역별 규모

<table>
<tr><td rowspan="8">구어(8개)</td><td>강연</td><td>520,161 어절</td><td rowspan="8">4,220,377 어절</td><td rowspan="14">116,679,528 어절</td></tr>
<tr><td>강의</td><td>259,257 어절</td></tr>
<tr><td>대화</td><td>1,361,434 어절</td></tr>
<tr><td>독백</td><td>297,642 어절</td></tr>
<tr><td>발표</td><td>161,414 어절</td></tr>
<tr><td>방송</td><td>334,506 어절</td></tr>
<tr><td>상담</td><td>229,578 어절</td></tr>
<tr><td>토론</td><td>1,056,385 어절</td></tr>
<tr><td rowspan="6">문어(6개)</td><td>신문</td><td>24,235,433 어절</td><td rowspan="6">112,459,151 어절</td></tr>
<tr><td>잡지</td><td>10,799,368 어절</td></tr>
<tr><td>준구어(대본)</td><td>2,533,543 어절</td></tr>
<tr><td>책(소설)</td><td>39,620,167 어절</td></tr>
<tr><td>책(학술)</td><td>32,938,910 어절</td></tr>
<tr><td>책(총서류)</td><td>2,331,730 어절</td></tr>
</table>

2.3 말뭉치의 분석

2.3.1 말뭉치의 정규화

일반적으로 사용 빈도는 말뭉치 분석을 통해 얻은 빈도 결과를 그대로 제시하는 것이 일반적이다. 그러나 여기서는 실제 출현 빈도가 아니라 사용역에 따른 말뭉치의 크기가 고려된 조정 빈도를 제시할 필요가 있다. SJ-RIKS 코퍼스 확장판(116,679,528 어절) 파일을 사용역 분류 방식에 근거하여 구어 8개, 문어 6개 총 14개 영역으로 분류하였다. 다만 구어 말뭉치(약 400만 어절)가 문어 말뭉치(약 1.12억 어절)에 비해서 상대적으로 적다는 것을 알 수 있다. 이러한 말뭉치의 불균형은 각 사용역에서의 절대 빈도 값을 직접 비교할 수 없게 만든다. 그래서 사용역별로 서로 비교하기 위해서는 정규화(normalization) 과정이 필요하다. 따라서 이 문제를 보완하기 위해서 30,000,

000[27] 어절을 정규화의 기준 값으로 사용하여 상대적인 빈도값으로 바꾸었다. 본 연구에서 사용한 정규화 식은 다음과 같다. 예를 들어, "가격 03(價格)"의 신문 사용역 출현 빈도 값이 11,816회라면, 이것을 정규화 공식에 적용한 값(11,816/24,235,433)×30,000,000)은 14,627회가 된다.

<표 6> 정규화 공식

$\frac{\text{해당 언어 형식의 실제 사용 빈도}}{\text{해당 사용역에 전체 사용 빈도}} \times 30{,}000{,}000$(n = 정규화의 기준이 되는 어절 수)

위와 정규화 공식을 사용하면 사용역별 빈도를 상호 비교할 수 있다. 아래의 예(2)를 보자.

(2) "가격03(價格)"의 문어 실제 출현 빈도의 정규화된 사용 빈도

		신문	잡지	준구어(대본)	책(소설)	책(학술)	책(총서류)
가격03(價格)	실제 출현 빈도	11,816	4,061	339	738	4,342	207
	정규화된 사용 빈도	14,627	11,281	4,014	559	3,955	2,663

"가격03(價格)"의 정규화 과정

신문: (11,816÷24,235,433)×30,000,000 ≒ 14,627

잡지: (4,061÷10,799,368)×30,000,000 ≒ 11,281

준구어(대본): (339÷2,533,543)×30,000,000 ≒ 4,014

27 여기서는 사용역 중 가장 큰 규모를 가지고 있는 '책(소설)'이 3,900만 어절이므로 중간 3,000만을 기준으로 해서 정규화 작업을 하였다.

책(소설): (738÷39,620,167)×30,000,000 ≒ 559

책(학술): (4,342÷32,938,910)×30,000,000 ≒ 3,955

책(총서류): (207÷2,331,730)×30,000,000 ≒ 2,663

"가격03(價格)"의 경우, '신문'에서 실제 출현 빈도가 11,816회이지만 3,000만 어절에서 나타난 사용 빈도가 아니기 때문에 이를 300만 어절을 기준으로 하여 정규화하면 14,627회가 된다. 이렇게 사용 빈도를 정규화하는 과정을 거치게 되면 비로소 각 사용역에서 나타나는 기본 한자어 명사의 사용 빈도를 직접적으로 비교할 수 있게 되는데, 문어보다 구어가 정규화한 후 변화가 크다. 다음 예문(3)을 보면 된다.

(3) "가격03(價格)"의 구어 실제 출현 빈도의 정규화된 사용 빈도

		강연	강의	대화	독백	발표	방송	상담	토론
가격03 (價格)	실제 출현 빈도	72	15	166	26	0	30	2	76
	정규화된 사용 빈도	4,153	1,736	3,658	2,621	0	2,691	261	2,158

"가격03(價格)"의 정규화 과정

강연: (72÷520,161)×30.000.000 ≒ 4,153

강의: (15÷259,257)×30,000,000 ≒ 1,736

대화: (166÷1,361,434)×30,000,000 ≒ 3,658

독백: (26÷297,642)×30,000,000 ≒ 2,621

발표: (0÷161,414)×30,000,000 ≒ 0

방송: (30÷334,506)×30,000,000 ≒ 2,691

상담: (2÷229,578)×30,000,000 ≒ 261

토론: (76÷1,056,385)×30,000,000 ≒ 2,158

예문(3)은 같은 구어에서 “가격03(價格)”의 정규화 과정이고 문어보다 빈도 변화가 많다. 왜냐하면 구어 말뭉치 크기가 문어보다 작기 때문이다.

지금까지 이론적인 배경을 살펴보았다. 구어·문어로 사용역을 분류하고 연구 대상의 말뭉치(SJ-RIKS 코퍼스 확장판)를 선택하여 말뭉치에 관한 어떤 형식이나 사용역별 비교를 할 수 있게 정규화 과정을 살펴보았다. 다음에서는 본 연구의 대상인 198개 기본 한자어 명사 중 1음절과 2음절 어휘에 대한 실제 출현 빈도를 살펴보도록 할 것이다.

2.3.2 실제 출현 빈도의 검색 방법(1음절 어휘)

사용역별 빈도수를 검색하기 전에 연구 대상 198개 기본 한자어 1음절과 2음절 어휘 중에서 기본 한자어가 아닌 대상(동음이의어)을 삭제하는 과정이 필요하다. 예를 들어 ‘강01(江)’는 『표준국어대사전』에 명사로서 여러 가지 뜻(동음다의어)이 다음 (4)와 같다.

(4) 『표준국어대사전』에 나타나는 강’의 뜻풀이:

강1(江)「명사」 넓고 길게 흐르는 큰 물줄기.

강2(炕) 「명사」 가옥(家屋) 난방 장치의 하나. 우리나라의 온돌과 비슷한 것으로, 중국 황허강(黃河江) 이북에서 볼 수 있다.

강3(羌)「명사」『역사』 중국의 이민족인 오호(五胡) 가운데, 중국 서방의 변두리에 흩어져 있던 티베트 계통의 유목 민족. 전국.

강4(姜)「명사」 우리나라 성(姓)의 하나. 본관은 진주(晉州), 금천(衿川) 등 30여 본이 현존한다.

강5(剛)「명사」 우리나라 성(姓)의 하나.

강6(剛)「명사」『음악』 조선 후기에, 서양 음악의 '올림표'를 이르던 말. 강7(剛) '강하다'의 어근.

강8(康)「명사」 우리나라 성(姓)의 하나. 본관은 신천(信川), 곡산(谷山), 재령(載寧) 등 10여 본이 현존한다.

강9(強)「명사」 우리나라 성(姓)의 하나. 본관은 충주(忠州), 괴산(槐山) 등이 현존한다.

강10(強) 「의존 명사」 일정한 범위 안에 드는 강자를 이르는 말. 강11(強) '강하다'의 어근.

강12(椌)「명사」『음악』 국악에서,'축'(柷)을 등가악에 쓸 때에 이르는 말.

강13(腔)「명사」『생명』 몸 안의 빈 곳.

강14(腔)「명사」『음악』 국악 형식에서, 곡이나 곡의 마디를 이르는 말. 강15(甎/瓨)「명사」『공예』 오지로 만든 큰 독.

강16(綱)「명사」『생명』 생물 분류학상의 한 단위. 문(門)의 아래, 목(目)의 위에 해당한다. 강17(綱)「명사」『음악』 조선 세조가 창안한 기보법에서, 1행 16정간을 3·2·3·3·2·3정간으로 나눈 하나하나를 이르는 말.

강18(彊)「명사」 우리나라 성(姓)의 하나. 주요 본관은 진주(晉州)가 현존한다.

강19(鋼)「명사」『재료』 탄소의 함유량이 0.035~1.7%인 철. 열처리에 따라 성질을 크게 변화시킬 수 있어 여러 가지 기계, 기구의.

강20(講) 「명사」「1」 예전에, 서당이나 글방 같은 데서 배운 글을 선생이나 시관 또는 웃어른 앞에서 외던 일. ≒글

「2」 학문이나 기술의 일정한 내용을 체계적으로 설명하여 가르침. =강의.

「3」『불교』 불교에서, 사람들이 모여서 경전 따위를 외우고 논의함. 또는 부처의 공적을 찬양하는 모임.

「4」『종교 일반』 동학에서, 교리를 설명함. 또는 그 설명.

위에 예문(4)는 『표준국어대사전』에 나타나는 명사 '강'의 뜻풀이이다. 실제로 사용 빈도를 검색할 때 SJ-RIKS 코퍼스 확장판의 명사 태그 'NNG'는 명사만을 구별할 수 있다. 즉 동음이의어가 있을 때 이를 구별할 수 없다는 문제점이 있다. 위에 '강'처럼 명사가 여러 가지 뜻이 있을 때 EmEditor에서 위에 예문(4)에 있는 뜻풀이가 모두 나와서 자세하게 구별할 수 없다. '강'은 '江'뿐만 아니라 '炕', '羌', '姜', '剛' 등 20개 뜻을 EmEditor로 검색할 때 모두 나타나서 구별할 수 없다.

이 문제를 보완하기 위해서는 EmEditor를 이용해서 실재 빈도를 검색한 후 Excel를 통해서 필요 없는 어휘를 삭제하는 작업을 수행해야 한다. 구체적인 방법은 다음과 같다.

① EmEditor에서 검색한 실제 출현 빈도는 밑에 <표 7>처럼 '원래빈도'로 표시할 것이다. 예를 들어 <표 7>는 "강01(江)"이 문어에서 나타나는 빈도이다.

<표 7> "강01(江)"이 문어에서 나타나는 실제 출현 빈도

	신문	잡지	준국어 대본	책(소설)	책(학술)	책(총서류)
"강01(江)" 원래 빈도	20,694	6,098	1,391	17,954	16,971	1,614

② 위에 <표 7>처럼 EmEditor를 통해 검색한 결과를 자세하게 밑에 <표 8> Excel에서 제시한 것이다.

<표 8> "강01(江)"이 Excel에서 나타나는 형식

	A	B	C	D	E
1	F:\1억 말뭉치\문어 -5382\신문	건강하게	건강/NNG+하/XSA+게/EM		
2	F:\1억 말뭉치\문어 -5382\신문	건강한	건강/NNG+하/XSA+ㄴ/ETM		
3	F:\1억 말뭉치\문어 -5382\신문	건강해서	건강/NNG+하/XSA+아서/EM		
4	F:\1억 말뭉치\문어 -5382\신문	특수강	특수강/NNG		
5	F:\1억 말뭉치\문어 -5382\신문	건강상태	건강/NNG+상태/NNG+를/JKO		
6	F:\1억 말뭉치\문어 -5382\신문	하강하고	하강/NNG+하/XSV+고/EM		
7	F:\1억 말뭉치\문어 -5382\신문	기강이	기강/NNG+이/JKS		
8	F:\1억 말뭉치\문어 -5382\신문	보강된	보강/NNG+되/XSV+ㄴ/ETM		
9	F:\1억 말뭉치\문어 -5382\신문	보강되고	보강/NNG+되/XSV+고/EM		
10	F:\1억 말뭉치\문어 -5382\신문	전력증강	전력/NNG+증강/NNG+에/JKB		
11	F:\1억 말뭉치\문어 -5382\신문	4강의	4/SN+강/NNG+의/JKG		
12	F:\1억 말뭉치\문어 -5382\신문	막강한	막강/NNG+하/XSA+ㄴ/ETM		
13	F:\1억 말뭉치\문어 -5382\신문	건강하고	건강/NNG+하/XSA+고/EM		
14	F:\1억 말뭉치\문어 -5382\신문	건강해	건강/NNG+하/XSA+아/EM		
15	F:\1억 말뭉치\문어 -5382\신문	건강상태	건강/NNG+상태/NNG+는/JX+…		
16	F:\1억 말뭉치\문어 -5382\신문	건강상태	건강/NNG+상태/NNG+를/JKO		
17	F:\1억 말뭉치\문어 -5382\신문	건강은	건강/NNG+은/JX		
18	F:\1억 말뭉치\문어 -5382\신문	건강하다	건강/NNG+하/XSA+다/EM+./SF		
19	F:\1억 말뭉치\문어 -5382\신문	증강	증강/NNG		
20	F:\1억 말뭉치\문어 -5382\신문	막강한	막강/NNG+하/XSA+ㄴ/ETM		

<표 8>에서 보듯이 A칸에서는 어휘의 출처인 문어 '신문' 사용역이 표시된다. B칸에는 EmEditor를 이용하여 검색한 "강"에 대한 명사 어휘이다. C칸에서는 B칸에 제시한 내용과 비슷하지만 태그까지도 포함되어 있어서 각 어휘의 품사를 뚜렷하게 보일 수 있다.

③ Excel에서 함수공식 COUNTIF(B:B,B*)[28]을 이용해서 전체 칸에서 각 명사의 뜻이 몇 번 나타나는지를 계산할 수 있다.

---

28 COUNTIF(B:B,B*)를 통해 B칸에서 몇 번째 줄은 전체 B칸에 나타나는 빈도를 검색할 수 있다. 예를 들어 B칸에 첫 번째 줄이면 COUNTIF(B:B,B1)로 입력해서 결과를 D칸에 표시한다.

<표 9> 함수공식 적용 결과

D1 =COUNTIF(B:B, B1)

	A	B	C	D
1	F:\1억 말뭉치\문어 -5382\신문	건강하게	건강/NNG+하/XSA+게/EM	212
2	F:\1억 말뭉치\문어 -5382\신문	건강한	건강/NNG+하/XSA+ㄴ/ETM	
3	F:\1억 말뭉치\문어 -5382\신문	건강해서	건강/NNG+하/XSA+아서/EM	
4	F:\1억 말뭉치\문어 -5382\신문	특수강	특수강/NNG	
5	F:\1억 말뭉치\문어 -5382\신문	건강상태	건강/NNG+상태/NNG+를/JKO	

<표 9>에서 보듯이 함수공식 COUNTIF(B:B,B1)를 이용해서 첫 번째 줄 B칸에서 '건강하게'가 나타나는 빈도를 검색하여 그 결과를 D칸에 표시한다. 여기서 '건강하게'는 B칸에 총 212회 나타나는 것을 알 수 있다. 이 방식을 통해 B칸에 어휘가 몇 번이 출현하는지를 모두 제시할 수 있을 것이다. 임의의 행인 경우는 '*' 대신에 행의 숫자를 표시한다. 예를 들어 첫 번째 줄이면 COUNTIF(B:B,B*)대신 COUNTIF(B:B,B1)로 검색한다.

④ D칸에는 계산하는 결과를 Excel에서 내림차순으로 정리할 것이다.

⑤ 순서대로 필요 없는 어휘를 삭제할 것이다.

실제 1음절 어휘의 사용 빈도는 추가적인 수작업으로 선별 광정을 수행한 결과이다. 다음에 2음절 어휘에 대한 문제점을 살펴볼 것이다.

2.3.3 실제 출현 빈도의 검색 방법(2음절 어휘)

2음절(이상) 어휘에서도 "고등학교(高等學校)", "교실(敎室)", "교육(敎育)"처럼 명사의 뜻이 하나만 있는 어휘가 있을 뿐만 아니라 "가격03(價格)", "가족01(家族)", "감정06(感情)" 등 명사는 여러 가지 뜻이 있는 어휘도 포함되어 있다. 1음절 어휘처럼 EmEditor를 통해 명사만 검색할 수 있어서 한 품사는 여러 가지 뜻이 있을 때 구별할 수 없는 문제점이 있다. 1음절 어휘는 앞 절에서 함수공식을 통해 필요 없는 어휘를 삭제하고 실제 출현 빈도를 검색할 수 있다. 이 절에서 2음절 어휘는 주로 뒤에 결합한 동사를 통해 출현 빈도를 살펴볼 것이다. 구체적인 방법은 다음과 같다.

"가격03(價格)"는 『표준국어대사전』에 제시하고 있는 명사의 뜻이 다음과 같다.

(5) 가격1(加擊)「명사」 손이나 주먹, 몽둥이 따위로 때리거나 침.

가격2(家格)「명사」 대대로 내려오는 그 집안의 사회적 신분이나 지위.= 문벌.

가격3(價格)「명사」 물건이 지니고 있는 가치를 돈으로 나타낸 것. ≒고가

예문(5)에서 보듯이 "가격"은 '價格'의 뜻뿐만 아니라 '加擊', '家格' 등의 뜻도 있다. EmEditor를 검색할 때 세 가지 뜻이 모두 나와서 실제 출현 빈도의 정확성이 떨어질 수밖에 없다. "가격03(價格)"같이 동음이의어인 어휘는 총 127개가 있다. 2음절 어휘는 1음절 어휘보다 수량이 많지만 1음절 어휘처럼 필요 없는 뜻이 상대적으로 적다. 대부분의 경우 자주 쓰이는 뜻이라서 삭제해야 하는 뜻이 많지 않다.

2음절 동음이의어 어휘에서 삭제해야 하는 경우는 주로 뒤에 결합하는 동사를 통해, 즉 연어 정보를 활용하여, 실제 출현 빈도를 계산하기로 한다. 127개 2음절 어휘는 『한국어교육을 위한 한자어 연어사전』을 통해 각 명사 뒤에 결합한 동사를 제시하고 EmEditor에서 '명사+동사'의 쌍형식으로 검색하기로 한다. 이렇게 검색하면 필요한 뜻만을 검색할 가능성이 매우 높아진다. 127개 명사 뒤에 결합한 동사를 제시하면 다음 (6)과 같다.

(6) 127개 2음절 어휘와 뒤에 결합한 동사:

1. 가격03(價格)+동:

(가격이)낮다, 내리다, 높다, 비싸다, 싸다, 오르다, 저렴하다, 적당하다

(가격을) 낮추다, 내리다, 떨어뜨리다, 알아보다, 올리다, 인상하다, 인하하다, 흥정하다

(가격으로) 사다, 팔다

(가격에) 팔다

2. 가족01(家族)+동

(가족이) 되다

(가족을) 거느리다, 구성하다, 맞이하다, 받아들이다, 부양하다, 이루다

(가족처럼, 가족같이) 대하다, 보살피다, 생각하다, 여기다, 지내다

3. 감정06 (感情)[29]

4. 거리08 (距離)+동

(거리가) 가깝다, 멀다

(거리를) 재다, 측정하다; 넓히다, 두다, 유지하다, 좁히다

건강03 (健康)+동

(건강이) 나빠지다, 나쁘다, 부실하다, 악화되다, 좋다, 회복되다

(건강을) 돌보다, 되찾다, 위하다, 유지하다, 잃다, 지키다, 해치다, 회복하다 (건강에) 나쁘다, 좋다, 해롭다

5. 건물03 (建物)+동

(건물이) 들어서다, 세워지다, 위치하다; 견고하다, 낡다, 크다

---

29 "감정06(感情)"은 『한국어교육을 위한 한자어 연어사전』에 나타나지 않는 어휘이기 때문에 결합한 동사를 제시하지 않는다. 따라서 이런 어휘가 EXCEL에서 손작업으로 구별한 것이다.

(건물을) 건설하다, 건축하다, 부수다, 세우다, 신축하다, 짓다, 철거하다, 헐다

(건물로) 이전하다

7. 검찰02 (檢察)

8. 결과02 (結果)+동

(결과가) 나쁘다, 나오다, 나타나다, 되다, 마찬가지이다, 발표되다, 뻔하다, 좋다, 주목되다

(결과를) 가져오다, 기다리다, 나타내다, 낳다, 발표하다, 보다, 빚다, 얻다, 초래하다, 낳다, 발표하다, 보다, 빚다, 얻다, 초래하다

(결과에) 근거하다; 따라, 따르면, 의하면

(결과로) 나타나다, 볼 수 있다, 생겨나다, 생기다, 얻어지다, 이루어지다

9. 결정01 (決定)+동

10. 계획01 (計劃/計畫)+동

(계획이) 있다, 틀어지다

(계획을) 내놓다, 마련하다, 발표하다, 밝히다, 세우다, 수립하다, 실행하다, 잡다, 짜다, 추진하다

(계획에) 차질이 생기다

11. 고향02 (故鄕)+동

(고향이) 그립다

(고향을) 그리워하다, 등지다, 떠나다, 버리다, 찾다, 찾아가다 (고향에) 가다, 계시다, 내려가다, 돌아오다, 살다

(고향으로) 돌아가다, 돌아오다

12. 공부01 (工夫)+동

(공부가) 되다, 끝나다, 뒤떨어지다, 모자라다

(공부를) 가르치다, 게을리하다, 계속하다, 따라가다, 때려치우다, 마치다,

못하다, 시작하다, 시 키다, 잘하다, 하다

(공부에) 매달리다, 몰두하다

13. 공장02 (工場)+동

(공장이) 가동되다, 돌아가다, 들어서다, 만들어지다, 문을 닫다, 생기다, 세워지다, 이전하다, 자리 잡다, 준공되다

(공장을) 가동하다, 가지다, 건설하다, 견학하다, 경영하다, 다니다, 돌리다, 세우다, 옮기다, 운 영하다, 움직이다, 짓다

(공장에서) 근무하다, 나오다, 만들다, 생산되다, 생산하다, 일하다, 해고되다

14. 과거03 (過去)

15. 관계05 (關係)

16. 관리04 (管理)

17. 관심01 (關心)+동

(관심이) 가다, 고조되다, 높다, 많다, 모아지다, 쏠리다, 없다, 있다, 집중되다, 크다, 필요하다

(관심을) 가지다, 기울이다, 끌다, 나타내다, 높이, 돌리다, 두다, 모으다, 보이다, 불러일으키다, 쏟다, 주다, 집중하다, 표명하다

18. 광고02 (廣告)+동

(광고가) 나가다, 나타나다, 담다, 등장하다, 보여주다, 실리다

(광고를) 게재하다, 내다, 내보내다, 만들다, 보다, 싣다, 일삼다, 제작하다, 찍다, 하다 (광고에) 나오다, 나타나다, 실리다, 의존하다, 출연하다

19. 교사09 (教師)

20. 교수06 (教授)+동

(교수가) 강의하다, 되다, 집필하다

(교수를) 임명하다, 채용하다

21. 교통01 (交通)+동

(교통이) 끊기다, 나쁘다, 두절되다, 마비되다, 막히다, 복잡하다, 불편하다, 좋다, 편리하다, 혼잡하다

22. 교회02 (敎會)+동

(교회를) 다니다, 찾다

(교회에) 가다, 나가다, 다니다

(교회에서) 예배를 드리다

23. 국내02 (國內)

24. 국제02 (國際)

국제+명 (국제) 거래, 경쟁, 경쟁력, 관계, 교류, 망신, 무역, 분쟁, 수지, 시장, 전화 가격, 경기, 경제, 문제, 여론, 정세, 정치, 질서, 평화, 환경 경기, 기관, 대회, 연맹, 연합, 영화제, 조직

25. 기분01 (氣分)+동

(기분) 같아서는, 좋게

(기분이) 나다, 내키다, 들다, 상하다, 생기다, 아니다, 언짢다, 잡치다, 풀리다; ㄴ쁘다, 좋다

(기분을) 내다, 느끼다, 돋우다, 맛보다, 풀다

(기분에) 빠지다, 사로잡히다, 잠기다, 젖다, 취하다

26. 기억02 (記憶)+동

(기억이) 나다, 남다, 되다, 되살아나다, 떠오르다, 뚜렷하다, 새롭다, 생생하다, 없다, 있다, 정확하다, 희미하다

(기억을) 가지다, 간직하다, 남기다, 더듬다, 되살리다, 떠올리다, 못하다, 잊다, 잘하다, 하다

(기억에) 남다, 떠오르다, 매달리다, 새롭다, 생생하다, 없다, 있다

(기억에서) 사라지다, 살아나다, 자유롭지 못하다, 지우다

27. 기자05 (記者)

28. 기회03 (機會)+동

(기회가) 생기다, 오다

(기회를) 노리다, 놓치다, 만들다, 상실하다, 얻다, 엿보다, 잡다, 주다

29. 남편01 (男便)+동

(남편과) 결혼하다, 만나다, 사별하다, 싸우다, 이혼하다, 헤어지다

(남편을) 내조하다, 대하다, 두하, 만나다, 받들다, 사랑하다, 섬기다, 얻다, 잃다

(남편으로) 대하다, 만들다, 삼다, 선택하다

30. 내용02 (內容)

명+내용 가의 ~, 계약 ~, 고발 ~, 광고 ~, 교과서 ~, 교육 ~, 기사 ~, 발표 ~, 보고 ~, 보도 ~, 연구 ~, 연설 ~, 영화 ~, 토론 ~, 학습 ~, 몇 장의 ~, 게임의 ~, 글의 ~, 말씀의 ~, 작품의 ~, 책의 ~

31. 노력01 (努力)

32. 노인01 (老人)

33. 능력02 (能力)+동

(능력이) 결여되다, 길러지다, 높다, 뒤지다, 떨어지다, 뛰어나다, 많다, 모자라다, 배양되다, 부 족하다, 없다, 요구되다, 우월하다, 있다, 자라다, 탁월하다, 풍부하다, 필요하다

(능력을) 가지다, 감소시키다, 갖추다, 개발하다, 계발하다, 교려하다, 과시하다, 기르다, 나타내 다, 발견하다, 발달시키다, 발휘하다, 배양하다, 보다, 상실하다, 시험하다, 요구하다, 육성하다, 인정받다, 인정하다, 잃다, 잃어버리다, 입증하다, 재다, 주다, 지니다, 키우다, 타고나다, 펼치다, 평가하다, 향상시키다, 활용하다

(능력에) 달려있다, 맞다, 맞추다, 상관없다, 알맞다, 의존하다, 좌우되다;

대하여, 대한, 따라

34. 대학01 (大學)

35. 대화06 (對話)

36. 대회02 (大會)

37. 도로07 (道路)

38. 도시03 (都市)+동

(도시가) 늘다, 발달하다, 생기다, 있다, 점령되다, 팽창하다, 함락되다, 형성되다

(도시를) 건설하다, 구경하다, 다니다, 돌다, 돌아다니다, 들르다, 떠나다, 만들다, 벗어나다, 세우다, 찾다, 탈출하다

(도시로) 꼽히다, 나가다, 나오다, 돌아오다, 몰려들다, 보내다, 오다, 올라가다, 옮기다, 유명하다, 이사 가다

39. 동시02 (同時)

40. 모양02 (模樣)+동

(모양이) 예쁘다, 좋다

(모양을) 갖추다, 내다, 띠다, 만들다, 바꾸다, 바라보다, 이루다, 잡다, 하다

41. 목적03 (目的)+동

(목적이) 다르다, 달성되다, 되다, 아니다, 없다, 이루어지다, 있다, 확고하다, 확실하다

(목적을) 가지다, 갖다, 달성하다, 바꾸다, 밝히다, 벗어나다, 세우다, 실현하다, 이루다, 잃다, 정하다, 추구하다, 향해 나아가다

(목적에) 달려 있다, 도달하다, 맞다, 쓰이다, 어울리다, 이바지하다, 이용되다, 이용하다; 대한, 대해, 따라,

(목적으로) 내세우다, 마련되다, 만들다, 삼다, 설립되다, 쓰이다, 제정되다, 하다

42. 문제06 (問題)+동

(문제가) 난해하다, 쉽다, 어렵다

(문제를) 내다, 맞히다, 못 풀다, 출제하다, 틀리다, 풀다

43. 문화01 (文化)+동

(문화를) 교류하다, 꽃 피우다, 접하다, 창조하다

44. 물론01 (勿論)

명+물론 누구는 ~, 무엇을 ~, 어디는 ~

45. 미래02 (未來)+동

(미래가) 다가오다, 없다

(미래를) 내다보다, 두려워하다, 변화시키다, 보다, 보장하다, 설계하다, 알다, 약속하다, 열다, 예견하다, 예언하다, 예측하다, 준비하다, 창조하다, 책임지다; 위한 향하여, 향한

46. 반대03 (反對)

47. 방향01 (方向)+동

(방향이) 같다, 다르다, 바뀌다

(방향을) 돌리다, 모르다, 바꾸다, 잃다, 잡다, 틀다

48. 병원02 (病院)+동

(병원을) 개업하다, 찾다

(병원에) 가다, 근무하다, 다니다, 실려 가다, 입원하다

(병원에서) 치료받다, 퇴원하다

(병원으로) 실려 가다, 옮기다, 후송되다

49. 부모01 (父母)+동

(부모가) 계시다, 돌아가시다, 없다, 있다

(부모를) 공경하다, 떠나다, 만나다, 모시다, 위하다 (부모에게) 효도하다

(부모로부터) 물려받다

50. 부부03 (夫婦)

51. 부분01 (部分)+동

(부분으로) 구성되다, 나누다, 나뉘다, 되다, 분리하다, 이루어지다

(부분을) 차지하다

52. 부인01 (夫人)

53. 사고12 (事故)

54. 사실04 (事實)+동

(사실이) 드러나다, 아니다, 틀림없다

(사실을) 간과하다, 강조하다, 고려하다, 깨닫다, 듣다, 말하다, 받아들이다, 밝히다, 알다, 알리다, 인정하다, 조사하다, 확인하다

(사실에) 부합되다, 대하여, 대한, 비추어

(사실로) 나타나다, 확인되다, 말하면

(사실과) 관련없다, 다르다

55. 사업04 (事業)+동

(사업이) 망하다, 부진하다, 안되다, 잘되다, 전개되다

(사업을) 계획하다, 그만두다, 벌이다, 육성하다, 전개하다, 추진하다, 축소하다, 펴다, 펼치다, 하다, 확대하다

(사업에) 나서다, 성공하다, 손을 대다, 실패하다, 진출하다, 참여하다

56. 사용04 (使用)+동

(사용이) 가능하다, 가능해지다, 간편하다, 규제되다, 금지되다, 늘다, 되다, 많다, 불가능하다, 불편하다, 용이하다, 일반화되다, 중단되다, 편리하다, 허용하다

(사용을) 권장하다, 금지하다, 기피하다, 꺼리다, 멈추다, 못하다, 유도하다, 자제하다, 제안하다, 제한하다, 줄이다, 중단하나, 하다, 허가하다, 허용하다

(사용에) 관한, 대한 따른

57. 사장15 (社長)

명+사장 계열사 ~, 공사 ~, 공장 ~, 기업체 ~, 신문사 ~, 중소 기업체 ~, 출판사 ~, 회사 ~

58. 사진06 (寫眞)+동

(사진이) 잘 나오다, 잘 받다

(사진을) 인화하다, 찍다, 현상하다, 확대하다

(사진에) 담겨 있다, 담기다, 담다

59. 상품03 (商品)+동

(상품이) 공급되다, 나오다, 되다, 만들어지다, 배달되다, 소비되다, 유통되다, 전시되다, 품절되다

(상품을) 개발하다, 고르다, 교환하다, 구매하다, 구입하다, 내놓다, 만들다, 매매하다, 받다, 배달하다, 생산하다, 선전하다, 선택하다, 소비하다, 수출하다, 전시하다, 주문하다, 찾자, 취급하다, 판매하다, 팔다

60. 선생01 (先生)

61. 선수05 (選手)+동

(선수가) 금메달을 따다, 되다, 득점하다, 이기다, 입장하다, 참가하다

(선수를) 교체하다, 뽑다, 선발하다, 충원하다, 파견하다, 응원하다, 하다

(선수로) 나가다, 뛰다, 뽑히다, 참가하다, 출전하다, 활약하다

62. 성격02 (性格)+동

(성격이) 괴팍하다, 꼼꼼하다, 낙천적이다, 다르다, 모나다, 못되다, 밝다, 별나다, 불같다, 시원하다, 어둡다, 온화하다, 좋다, 활발하다, 형성되다

(성격을) 가지다, 고치다, 띠다, 바꾸다, 지니다, 파악하다

(성격에) 맞다

63. 세계02 (世界)+동

(세계를) 가다, 놀라게 하다, 누비다, 돌아다니다, 뒤덮다, 여행하다, 연결하다, 정복하다, 제패 하다, 주도하다, 지배하다, 휩쓸다

(세계와) 경쟁하다, 싸우다, 접촉하다

64. 세상01 (世上)+동

(세상이) 각박해지다, 넓다, 다 알다, 달라지다, 돌라가다, 되다, 바뀌다, 변하다, 삭막하다, 어지럽다, 오다, 좁다, 좋아지다

(세상을) 등지다, 떠나다, 뜨다, 버리다, 하직하다, 고치다, 구하다, 놀라게 하다, 다스리다, 뒤흔들다, 만들다, 바꾸다, 지배하다, 돌아다니다, 살다, 살아가다

(세상에) 나다, 나오다, 내놓다, 밝혀지다, 보내다, 알려지다, 없다, 오다, 있다, 태어나다, 퍼지다

(세상으로) 나가다, 나오다, 내려오다, 돌아가다, 떠나다, 변하다

65. 소설03 (小說)+동

(소설이) 등장하다, 쓰이다, 읽혀지다, 읽히다

(소설을) 발표하다, 쓰다, 연재하다, 영화로 만들다, 완성하다, 읽다, 집필하다, 출판하다, 펴내다

(소설로) 다루다, 만들다, 발전시키다, 보다, 쓰다, 엮다

66. 소식04 (消息)+동

(소식) 한 자 없다, 한 장 없다

(소식이) 끊기다, 감감하다, 궁금하다, 까맣다, 두절되다, 들리다, 빠르다, 알려지다, 없다, 있다, 전해지다

(소식을) 가다리다, 끊다, 듣다, 모르다, 묻다, 알다, 알리다, 전하다, 접하다

(소식에) 정통하다

67. 속도01 (速度)+동

(속도가) 느리다, 늦어지다, 더디다, 둔화되다, 떨어지다, 빠르다, 빨라지

다, 일정하다

(속도를) 계산하다, 규정하다, 내다, 높이다, 늦추다, 되찾다, 따르다, 붙이다, 올리다, 줄이다, 측정하다

(속도로) 가다, 낙하하다, 날다, 다가오다, 달려가다, 달리다, 뛰다, 말하다, 변하다, 변화하다, 움직이다, 이동하다, 증가하다, 진행하다, 퍼지다, 확산되다, 흐르다

68. 수업04 (授業)+동

(수업을) 구성하다, 받다, 빼먹다, 이끌다, 진행하다, 하다

69. 시간04 (時間)+동

(시간이) 가다, 걸리다, 흐르다

(시간을) 기다리다, 낭비하다, 들이다, 벌다, 보내다, 소비하다, 아끼다, 절약하다, 지키다, 쪼개다, 허비하다

70. 시계02 (時計)+동

(시계가) 몇 시를 가리키다, 몇 시를 알리다, 명시를 치다, 느리다, 똑딱거리다, 멈추다, 빠르다, 서다, 잘 가다, 죽다, 째깍거리다

(시계를) 걸다, 고치다, 끄르다, 들여다보다, 보다, 수리하다, 차다, 쳐다보다, 풀다

(시계에) 밥을 주다

(시계처럼) 정확하다

71. 시작01 (始作)

72. 시장04 (市場)+동

(시장이)급성장하다, 없다, 있다, 커지다, 형성되다

(사장을) 개방하다, 개척하다, 넓히다, 지배하다, 확대하다, 휩쓸다

(시장에) 가다, 나오다, 내놓다, 내다 팔다, 진출하다, 팔다

(시장에서) 거래되다, 구입하다, 구하다, 사다

73. 시험03 (試驗)+동

(시험이) 쉽다, 어렵다, 없다, 있다

(시험을) 보다, 실시하다, 출제하다, 치다, 치르다, 통과하다

(시험에) 대비하다, 떨어지다, 응시하다, 합격하다

74. 식사03 (食事)

75. 신문10 (新聞)+동

(신문이) 밝히다, 보도하다, 전하다, 창간되다

(신문을) 가져오다, 구독하다, 돌리다, 만들다, 발행하다, 보다, 읽다, 훑어보다, 돌리다, 뒤적이다, 들다, 배달하다, 오리다, 접다, 집어들다, 찢다, 펴다, 펼쳐들다

(신문에) 기사를 내다, 게재하다, 싣다, 기사가 나다, 대서특필되다, 보도되다, 실리다

76. 언어01 (言語)

77. 여성01 (女性)

78. 여행02 (旅行)+동

(여행을) 가다, 다니다, 떠나다, 마치다, 하다

79. 역사04 (歷史)+동

(역사를) 가지다, 공부하다, 기록하다, 쓰다, 전공하다, 창조하다

(역사에) 길이 남다

80. 영어02 (英語)

81. 영화01 (映畫)+동

(영화를) 관람하다, 만들다, 보다, 찍다

(영화에) 나오다, 출연하다

82. 오전02 (午前)+동

(오전에) 끝나다, 듣다, 만나다, 있다

83. 오후02 (午後)+동

(오후가) 되다

(오후에) 돌아오다

84. 외국02 (外國)+동

(외국을) 가다, 나가다

(외국에) 가다, 개방하다, 건너가다, 나가다, 다녀오다, 보내다, 수출하다, 있다, 체류하다

(외국으로) 떠나다, 진출하다

85. 위치01 (位置)

86. 은행02 (銀行)+동

(은행과) 거래하다

(은행에) 맡기다, 예금하다, 예치하다, 입금하다, 저축하다

(은행에서) 꾸다, 대출받다, 빌리다

87. 음악01 (音樂)+동

(음악이) 나오다, 들리다, 흐르다

(음악을) 감상하다, 녹음하다, 듣다, 들려주다, 연주하다, 작곡하다, 즐기다, 틀다

(음악에) 귀를 기울이다, 맞추다, 몰입하다, 심취하다, 일가견이 있다, 조예가 깊다, 취미가 있다

88. 의미02 (意味)

89. 의사12 (醫師)+동

(의사가) 되다

(의사를) 만나다, 부르다

(의사에게) 보이다

90. 이유04 (理由)

91. 이전03 (以前)

92. 이해06 (理解)+동

(이해가) 가다, 되다, 깊다, 부족하다, 빠르다, 쉽다

(이해를) 넓히다, 높이다, 돕다, 하다

93. 이후02 (以後)

94. 인기01 (人氣)+동

(인기가) 높다, 대단하다, 떨어지다, 많다, 있다, 좋다, 치솟다

(인기를) 끌다, 누리다, 모으다, 얻다

95. 인사02/03 (人事)

96. 일부02 (一部)

97. 자기03 (自己)+명

(자기) 뜻, 마음, 삶, 성격, 얘기, 의견, 의사, 가슴, 건강, 돈, 몸, 방, 이름, 가족, 고향, 나라, 자신, 정체성

98. 자식01 (子息)+동

(자식을) 기르다, 낳다, 키우다

99. 자신01 (自身)

100. 자연01 (自然)+동

(자연을) 극복하다, 지배하다, 보존하다, 보호하다, 사랑하다, 파괴하다, 훼손하다

(자연에) 동화되다, 순응하다

(자연으로) 돌아가다

101. 자유03 (自由)

102. 재료01 (材料)

명+재료 건축 ~, 음식 ~, 의복 ~, 각각의 ~

103. 전체01 (全體)

104. 전화07 (電話)+동

(전화가) 없다, 개통하다, 걸려오다, 빗발치다, 오다

(전화를) 걸다, 기다리다, 끊다, 넣다, 도청하다, 드리다, 바꾸다, 받다, 하다

(전화로) 예약하다

105. 정도11 (程度)+동

(정도) 걸리다, 남다, 높아지다, 늘어지다, 늘어나다, 늦다, 되다, 들다, 떨어지다, 소요되다, 시 간이 걸리다, 시간이 흐르다, 잡다, 줄어들다, 증가시키다, 지나다

106. 제목02 (題目)

107. 제일04 (第一)+동

(제일) 많다, 좋다, 중요하다, 크다, 힘들다

108. 주변04 (周邊)

109. 주위02 (周圍)+동

(주위를) 둘러보다, 맴돌다, 살피다; 돌다, 에워싸다

111. 주인01 (主人)+명

(주인) 아저씨, 아주머니, 집, 행세

112. 중심01 (中心)

113. 지금03 (只今)+동

(지금에) 와서

114. 지방05 (地方)

115. 직원03 (職員)

116. 직장05 (職場)+동

(직장을) 구하다, 얻다, 옮기다

(직장에) 출근하다, 취직하다, 취업하다

(직장에서) 돌아오다, 퇴근하다

117. 차례02 (次例)+동

(차례를) 모시다, 지내다

118. 책상01 (冊床)+동

(책상을) 만들다

(책상에) 놓다, 놓여있다, 놓이다, 엎드리다, 올려놓다

119. 최고02 (最高)

120. 축구04 (蹴球)+동

(축구를) 관람하다, 하다

121. 친구02 (親舊)+동

(친구가) 많다, 적다, 없다, 있다

(친구를) 두다, 만나다, 사귀다

(친구로) 삼다, 지내다

(누구와 친구가) 되다

(친구와) 놀다, 만나다, 어울리다

122. 침대02 (寢臺)+동

(침대를) 사용하다

(침대에) 걸터앉다, 눕다, 올라가다, 있다

(침대에서) 내려오다, 몸을 일으키다, 빠져나오다, 일어나다, 자다

123. 태도03 (態度)

124. 행사01 (行事)

125. 현재02 (現在)

126. 환자03 (患 者)+동

(환자가) 발생하다, 생기다

(환자를) 보살피다, 치료하다

127. 회사04 (會社)+동

(회사를) 경영하다, 그만두다, 다니다, 만들다, 살리다, 설립하다, 세우다, 운영하다, 차리다

(회사에) 근무하다, 나가다, 다니다, 들어가다, 입사하다, 출근하다, 취직하다

위에 제시한 127개 2음절 기본 한자어 명사와 동사를 같이 EmEditor에서 제시하면 필요한 뜻만 나타날 것이다. 나타나는 빈도는 2음절 다의어의 실제 출현 빈도이다. 지금까지 198개 기본 한자어 명사의 실제 출현 빈도를 검색할 때 문제점을 모두 해결하였다. 구체적인 사용 양상과 분포를 다음 장에 살펴보도록 할 것이다.

제3장

사용역별 기본 어휘의 사용 양상

제2장에서는, 첫 번째로 고초(2016), "한·중 한자어 비교사전 구축을 위한 기초 연구"를 살펴보았고 기본 한자어 명사 총 198개를 제시하였다. 두 번째로 사용역과 말뭉치에 관한 것으로 'SJ-RIKS 코퍼스 확장판'에 대한 구성과 형식을 살펴보고 1음절과 2음절 동음이의어의 실제 출현 빈도를 검색하는 방법을 제시하였다. 제3장에서는 사용역별 실제 출현 빈도는 정규화 시키고 어휘의 사용 빈도, 그리고 분포 양상을 살펴볼 것이다.

3.1 사용역별 실제 출현 빈도

고초(2016)의 "한·중 한자어 비교사전 구축을 위한 기초 연구"에 따라 총 198개 기본 한자어 명사를 연구대상으로 선정하였다. 사용역별은 구어 8개(강연, 강의, 대화, 독백, 발표, 방송, 상담, 토론), 문어 6개(신문, 잡지, 준구어(대본), 책(소설), 책(학술), 책(총서류))로 분류하였다. 여기서는 EmEditor를 통해서 기본 한자어 명사의 실제 출현 빈도를 검색하도록 한다.

3.1.1 음절 어휘 실제 출현 빈도

3.1.1.1 구어에 1음절 어휘 실제 출현 빈도

앞 2장에서 제시한 1음절 어휘의 실제 출현 빈도를 검색하는 방법을 이용해서 1음절 어휘(총 22개)의 실제 출현 빈도를 살펴볼 것이다. 먼저 구어에서 나타나는 1음절 어휘의 실제 출현 빈도를 검색하면 다음과 같다.

<표 10-1> “강01(江)” 구어에서 실제 출현 빈도

		강연	강의	대화	독백	발표	방송	상담	토론
강 01(江)	원래 빈도	245	95	103	94	50	247	44	385
	필요없는 10위	건강 /NNG+ 하	특강 /NNG+ 을/JKO	재수강 / NNG45	건강 /NNG 9	건강 /NNG+ 을/ JKO	건강 /NNG+ 을/JKO	건강 /NNG+ 하	막강 /NNG+ 하
		/ XSA+ ㄴ/ ETM 22	7			8	31	/ XSA + ㄴ/ ETM 8	/ XSA + ㄴ/ETM 28
		건강 / NNG21	수강 /NNG 7	건강 / NNG 19	건강 /NNG+ 에/ JKB 8	건강 /NNG+ 하 / XSA + ㄴ/ ETM 5	건강 / NNG 24	건강 /NNG 6	건강 /NNG+ 보험 / NNG26

		건강 /NNG+ 을/JKO 12	비강 /NNG 6	재수강 /NNG+ 을/JKO 10	건강 /NNG+ 은/JX 7	건강 /NNG+ 에/ JKB 5	건강 /NNG+ 에/ JKB 21	건강 /NNG+ 을/JKO 4	건강 /NNG+ 이/ JKS 16
		공강 / NNG 11	건강 /NNG+ 에/ JKB 5	공강 /NNG 9	건강 /NNG+ 을/JKO 6	건강 /NNG 4	건강 /NNG+ 이/ JKS 20	건강 /NNG+ 이/ JKS 2	건강 / NNG 14
	빈도	건강 /NNG+ 하 / XSA + 게 / EM 11	특강 /NNG 4	건강 /NNG+ 하 / XSA + ㄴ/ETM 9	건강 /NNG+ 이/ JKS 5	불건강 /NNG+ 하 / XSA + ㄴETM 3	건강 /NNG+ 하 / XSA + ㄴETM 14	강 /NNG+ 교수 /NNG 2	건강 /NNG+ 에/ JKB 8
		막강 /NNG+ 하 / XSA + ㄴETM 6		건강 /NNG+ 을/ JKO 9	공강 /NNG 4	특강 /NNG 3	건강 /NNG+ 하 / XSA + 게 / EM 9	건강 /NNG+ 하 / XSA + 고 / EM 1	건강 /NNG+ 하 / XSA + ㄴ/ETM 8
		보강 /NNG+ 하 / XSV + 는ETM 5	건강 /NNG+ 하 / XSA + ㄴETM 3	수강 /NNG 9	건강 /NNG+ 하 / XSA + 게 / EM 4	건강 /NNG+ 의/JKG 2	건강 /NNG+ 은/JX 9	불건강 /NNG+ 하 / XSV + 다는 /ETM 1	건강 /NNG+ 을/JKO 6

		건강 /NNG+ 과/ JKB 3	건강 /NNG+ 하 / XSA + 게 / EM 2	수강 /NNG+ 신청 /NNG 8	재수강 /NNG 3	건강 /NNG+ 과/ JKB 1	건강 /NNG+ 하 / XSA + 시/EP+ 고 / EM 7	건강 /NNG+ 하 / XSA + 아 / EM 1	강 /NNG+ 사장 /NNG+ 이/ JKS 6
		휴강 / NNG + 이 / JKS 3	막강 / NNG + 하 / XSA + 게 / EM 1	건강 / NNG + 이 / JKS 7	건강 /NNG+ ,/ SP 3	건강 / NNG + 하 / XSA + 고 / EM 1	건강 / NNG + 하 / XS A + 아 / EM 6	휴강 / NNG 1	강 / NNG + 사장 / NNG + 은 /JX 6
		건강 / NNG + 하 / XSV + 게 /EM+,/ SP 3	개강 / NNG + 파티 /NNG 1	특강 /NNG 6	특강 / NNG + 을 /JKO 2	보강 / NNG + 하 / XSV + 면서 /EM+,/ S	건강 /NNG + 의 /JKG 4	특강 / NNG + 을 /JKO 1	공강 /NNG 4

EmEditor에서 '강'을 '강/NNG'으로 검색하면 '건강(健康)', ᄀ 특강(特 講)', '막강(莫强)', '수강(受講)', '공강(空講)', '비강(鼻腔)', '보강(補講/補强)', '휴강(休講)' 등 "강01(江)"이 아닌 불필요한 동음이의어들이 많이 나타났다. 위 <표 10-1> EmEditor를 통해 검색한 실제 출현 빈도는 '원래 빈도'로 표시하였다. 예를 들어 '강01(江)'은 '강연' 사용역에서 실제 출현 빈도가 245번이며 '원래 빈도'칸에서 245로 표시한다. 그 다음에 앞 제시한 함수공식을 이용해서

Excel에 순서대로 '강(江)'이 아닌 동음이의어휘를 10위까지 삭제한다. 예를 들며, '강/NNG'로 검색할 때 '강연' 사용역에서 제일 많이 나타나는 것으로 '건강/NNG+하/XSA+ㄴ/ETM'가 22번으로 나타난다 . 또한 '강연' 사용역에서 10위는 '건강하게(건강/NNG+하/XSV+게/EM+,/SP)'가 3번245-22-21-23-22-22-6-5-3-3-3=148회가 된다. '강01(江)'이 아닌 10위 이하의 어휘들은 최대 2번 나타나므로 400만 어절의 구어 사용역에서 최종 결과가 큰 영향을 줄 수 없다고 판단했다. 이런 방식으로 총 22개 1음절 어휘를 구어에서 10위까지 삭제하면 11위 어휘의 최고 출현 빈도가 22번으로 나타남을 확인할 수 있다.[30] 이것은 400만 어절의 구어 사용역에서 전체의 결과를 바꿀 정도는 아니라고 판단한다. 따라서 구어에서 10위까지만 동음이의어를 삭제하기로 한다. 아래 표 <10-2~10-22>는 구어에서 1음절 어휘를 대상으로 10위까지 삭제하고 나타난 실제출현 빈도이다.

<표 10-2> "명02(名)" 구어에서 실제 출현 빈도

		강연	강의	대화	독백	발표	방송	상담	토론
명02 (名)	원래 빈도	723	377	729	197	319	451	103	1593
	실제 출현 빈도	530	258	532	148	158	343	48	1108

"명02(名)"은 EmEditor를 통해 검색할 때 주로 '설명, 생명, 혁명, 운명,

30 구어 사용역에서 필요 없는 11위 1음절 어휘의 출현 빈도:

강연	강의	대화	독백	발표	방송	상담	토론
혈전/NNG + 이/JKS 10	스케일/NNG+에/JKB 6	웬일/NNG + 이야/ JX +:/SP+:/SP +,/SP 22	후배/NNG 5	질문/NNG + 하/XSV+ 아/ EM 7	선수/NNG + 도/JX 11	예배/NNG + 를/JKO 4	논문/NNG + 이/JKS 22

감명, 사명, 투명, 해명, 임명, 불투명' 등에 관한 내용을 삭제하였다. 예를 들어 '설명'에 대해 '설명/NNG, 설명/NNG+이/JKS, 설명/NNG+을/JKO, 설명/NNG+하/XSV+ㄹ/ETM, 설명/NNG+하/XSV+아/EM, 설명/NNG+하/XSV+는/ETM, 설명/NNG+하/XSV+ 고/EM,설명/NNG+하/XSV+기/ETN+는/JX, 설명/NNG+하/XSV+면서/EM, 설명/NNG+하/XSV+았/EP+습니다/EM+./SF, 설명/NNG+하/XSV+ㄹ려고/EM' 등의 내용을 삭제하였다.[31]

<표 10-3> "문04(門)" 구어에서 실제 출현 빈도

		강연	강의	대화	독백	발표	방송	상담	토론
문04 (門)	원래 빈도	1273	467	1425	475	765	717	280	4308
	실제 출현 빈도	795	385	1172	345	628	653	141	3484

"문04(門)"은 EmEditor를 통해 검색할 때 주로 '질문, 논문, 학문, 설문, 감상문, 인문, 예문, 말문, 복문' 등에 관한 내용을 삭제하였다.

<표 10-4> "반07(半)" 구어에서 실제 출현 빈도

		강연	강의	대화	독백	발표	방송	상담	토론
반 07 (半)	원래 빈도	579	159	1234	432	193	367	141	1166
	실제 출현 빈도	523	148	1163	397	150	336	120	1080

---

31 구어에서 1음절 어휘의 삭제하는 과정에서 삭제한 어휘에 대한 명사, 동사 형용사 등들은 모두 필요 없는 뜻이면 명사만 제사하고 변이형을 전부 생략한다. 예를 들어, '설명'에 대해 삭제한 내용은 '설명/NNG, 설명/NNG+이/JKS, 설명/NNG+을/JKO, 설명/NNG+하/XSV+ㄹ/ETM, 설명/NNG+하/XSV+아/EM, 설명/NNG+하/XSV+는/ETM, 설명/NNG+하/XSV+고/EM,설명/NNG+하/XSV+기/ETN+는/JX, 설명/NNG+하/XSV+면서/EM, 설명/NNG+하/XSV+았/EP+습니다/EM+./SF, 설명/NNG+하/XSV+ㄹ려 고/EM' 등이 여러 개 있는데 논문에서 '설명'만 제시할 것이다.

"반07(半)"은 EmEditor를 통해 검색할 때 주로 '기반, 배반, 초반, 특례반, 제반, 수반, 음반, 인문반, 상반되다, 골반, 동반, 합반, 조반, 여자반, 졸업반, 위반, 반하다, 사반, 개인 반, 찬반, 우리 반' 등에 관한 내용을 삭제하였다.

<표 10-5> "반10(班)" 구어에서 실제 출현 빈도

		강연	강의	대화	독백	발표	방송	상담	토론
반 10 (班)	원래 빈도	579	159	1234	432	193	367	141	1166
	실제 출현 빈도	493	148	1168	414	143	332	118	1066

"반10(班)"은 EmEditor를 통해 검색할 때 주로 '전반, 배반, 초반, 절반, 기반, 수반되다, 중반, 골반, 상반되다, 반하다, 반 조각, 찬반, 위반, 반 정도, 사반, 등반, 운반' 등에 관한 내용을 삭제하였다.

<표 10-6> "방07/08(房)" 구어에서 실제 출현 빈도

		강연	강의	대화	독백	발표	방송	상담	토론
방 07/08 (房)	원래 빈도	742	156	1331	247	167	574	149	1005
	실제 출현 빈도	602	108	1228	205	102	503	76	870

"방07/08(房)"은 EmEditor를 통해 검색할 때 주로 '지방, 상대방, 답방, 남방, 북방, 한방, 예방하다, 해방, 처방, 국방' 등에 관한 내용을 삭제하였다.

<표 10-7> "배09(倍)" 구어에서 실제 출현 빈도

		강연	강의	대화	독백	발표	방송	상담	토론
배 09 (倍)	원래 빈도	616	79	1358	318	51	280	202	512
	실제	522	56	930	213	30	225	125	411

	출현 빈도								

"배09(倍)"는 EmEditor를 통해 검색할 때 주로 '담배, 지배, 선배, 예배, 돛단배, 후배, 위배, 숭배, 택배, 분배' 등에 관한 내용을 삭제하였다.

<표 10-8> "벽06(壁)" 구어에서 실제 출현 빈도

		강연	강의	대화	독백	발표	방송	상담	토론
벽 06 (壁)	원래 빈도	77	67	284	59	14	84	69	107
	실제 출현 빈도	42	47	98	9	1	54	29	39

"벽06(壁)"은 EmEditor를 통해 검색할 때 주로 '완벽, 새벽, 개벽, 담벽, 벽도' 등에 관한 내용을 삭제하였다.

<표 10-9> "병04(病)" 구어에서 실제 출현 빈도

		강연	강의	대화	독백	발표	방송	상담	토론
병 04 (病)	원래 빈도	801	77	417	144	16	100	61	97
	실제 출현 빈도	777	64	369	116	16	81	61	78

"병04(病)"은 EmEditor를 통해 검색할 때 주로 '징병, 용병, 이등병, 초병, 의병, 합병, 우유병, 일병, 운전병, 후임 병, 화염병, 유리병, 물병, 현역병, 술병, 특기병, 학병, 학도병, 꽃병, 군병, 자동 소총 사병, 기보 병, 헌병, 잉크병, 보병, 용병, 맥주 병, 반병, 한 병 씩, 파병, 향수병, 술병' 등에 관한 내용을 삭제하였다.

<표 10-10> "분02/03/04/05/06(分)" 구어에서 실제 출현 빈도

분02/03/04/05/06(分)		강연	강의	대화	독백	발표	방송	상담	토론
	원래 빈도	930	802	1226	386	674	388	602	3221
	실제 출현 빈도	902	787	1194	375	668	377	598	3184

"분02/03/04/05/06(分)"은 EmEditor를 통해 검색할 때 주로 '분하다, 흥분, 화분, 울분, 고분, 여러분, 자분, 돈분 豚糞, 의분 義憤, 발분, 격분' 등에 관한 내용을 삭제하였다.

<표 10-11> "산01(山)" 구어에서 실제 출현 빈도

산01(山)		강연	강의	대화	독백	발표	방송	상담	토론
	원래 빈도	698	202	698	170	110	453	64	1071
	실제 출현 빈도	632	187	606	148	83	408	51	1000

"산01(山)"은 EmEditor를 통해 검색할 때 주로 '생산, 부산스럽다, 계산하다, 낙하산, 재생산, 기획 예산 위원회, 부동산, 청산하다,[32] 자연산, 국산, 분산하다, 꽃동산, 확산, 불가산, 파산, 감산, 도산하다, 지방산, 자산 규모, 발산하다, 환산, 축산하다' 등에 관한 내용을 삭제하였다.

<표 10-12> "색03(色)" 구어에서 실제 출현 빈도

색03(色)		강연	강의	대화	독백	발표	방송	상담	토론
	원래 빈도	249	134	668	58	94	144	34	200
	실제 출현 빈도	154	124	652	57	50	131	20	163

32 구어와 문어 사용역에서 '청산'처럼' 青山 清算, 青傘' 등 필요 있는 뜻과 필요 없는 뜻을 모두 포함할 때 명사를 말고 구체적인 어휘를 제시한 것이다.

"색03(色)"은 EmEditor를 통해 검색할 때 주로 '진로 탐색, 탐색하다, 검색, 인색, 모색하다, 곤색, 뇌경색' 등에 관한 내용을 삭제하였다.

<표 10-13> "수25/26(數)" 구어에서 실제 출현 빈도

		강연	강의	대화	독백	발표 2	방송	상담	토론
수25/26 (數)	원래 빈도	1215	655	2530	476	475	980	339	2293
	실제 출현 빈도	1060	584	2283	425	389	714	261	1869

"수25/26(數)"는 EmEditor를 통해 검색할 때 주로 '교수, 특수, 선수, 철수, 순수, 음료수, 향수, 우수하다, 재수하다, 어학연수, 홍수, 칼국수, 형수, 필수, 흡수, 박수 소리' 등에 관한 내용을 삭제하였다.

<표 10-14> "예08(例)" 구어에서 실제 출현 빈도

		강연	강의	대화	독백	발표	방송	상담	토론
예 08 (例)	원래 빈도	487	379	578	159	290	321	156	1525
	실제 출현 빈도	453	366	542	137	282	287	149	1451

"예08(例)"는 EmEditor를 통해 검색할 때 주로 '명예, 문예, 페예노르트, 연예, 유예, 곡예, 무예, 예하다, 노예, 오예, 원예, 예날, 서예, 후예, 조예, 정예' 등에 관한 내용을 삭제하였다.

<표 10-15> "왕04/05(王)" 구어에서 실제 출현 빈도

		강연	강의	대화	독백	발표	방송	상담	토론
왕04/05 (王)	원래 빈도	29	23	99	54	6	41	0	64
	실제 출현 빈도	27	23	96	54	6	38	0	58

"왕04/05(王)"은 EmEditor를 통해 검색할 때 주로 '우왕좌왕하다, 기왕' 등에 관한 내용을 삭제하였다.

<표 10-16> "일04/05/06/07(日)" 구어에서 실제 출현 빈도

일 04/05/06/07(日)		강연	강의	대화	독백	발표	방송	상담	토론
	원래 빈도	1556	1106	6687	1457	427	1441	1060	4045
	실제 출현 빈도	1432	964	6260	1363	373	1346	1007	3758

"일04/05/06/07(日)"은 EmEditor를 통해 검색할 때 주로 '만일, 일하다, 스타일, 스케일, 프로파일, 동일하다, 메일, 큰일, 일 학기, 유일하다, 미사일, 이메일, 일루, 웬일, 케일' 등에 관한 내용을 삭제하였다.

<표 10-17> "잔03(盞)" 구어에서 실제 출현 빈도

잔03 (盞)		강연	강의	대화	독백	발표	방송	상담	토론
	원래 빈도	49	6	302	36	1	27	11	32
	실제 출현 빈도	48	5	300	36	1	27	10	29

"잔03(盞)"은 EmEditor를 통해 검색할 때 주로 '동족상잔, 잔유물, 가잔, 핀잔, 말잔, 발언권잔주' 등에 관한 내용을 삭제하였다.

<표 10-18> "전08(前)" 구어에서 실제 출현 빈도

전08 (前)		강연	강의	대화	독백	발표	방송	상담	토론
	원래 빈도	1798	550	2822	726	703	1154	428	3410
	실제 출현 빈도	1625	511	2386	615	590	1006	380	3196

"전08(前)"은 EmEditor를 통해 검색할 때 주로 '발전, 완전, 고전, 텔레비

전, 운전, 요전, 건전, 비전, 도전, 버전, 불완전, 얌전, 국어사전, 냉전, 정치, 선전, 안전하다, 유전' 등에 관한 내용을 삭제하였다.

<표 10-19> "차06/07(車)" 구어에서 실제 출현 빈도

<table>
<tr><td rowspan="3">차06/07
(車)</td><td></td><td>강연</td><td>강의</td><td>대화</td><td>독백</td><td>발표</td><td>방송</td><td>상담</td><td>토론</td></tr>
<tr><td>원래 빈도</td><td>345</td><td>226</td><td>1476</td><td>325</td><td>69</td><td>212</td><td>23</td><td>792</td></tr>
<tr><td>실제 출현 빈도</td><td>289</td><td>165</td><td>1350</td><td>303</td><td>47</td><td>192</td><td>16</td><td>584</td></tr>
</table>

"차06/07(車)"는 EmEditor를 통해 검색할 때 주로 '이차, 편차, 일차, 절차, 나이차, 녹차, 시차, 격차, 차이, 피차, 등차수열, 구차, 목차, 누차' 등에 관한 내용을 삭제하였다.

<표 10-20> "책01(冊)" 구어에서 실제 출현 빈도

<table>
<tr><td rowspan="3">책01
(冊)</td><td></td><td>강연</td><td>강의</td><td>대화</td><td>독백</td><td>발표</td><td>방송</td><td>상담</td><td>토론</td></tr>
<tr><td>원래 빈도</td><td>967</td><td>243</td><td>820</td><td>226</td><td>197</td><td>405</td><td>248</td><td>1501</td></tr>
<tr><td>실제 출현 빈도</td><td>918</td><td>230</td><td>794</td><td>215</td><td>191</td><td>388</td><td>239</td><td>1437</td></tr>
</table>

"책01(冊)"은 EmEditor를 통해 검색할 때 주로 '동화/햇볕 정책, 해결책, 지원책, 산책, 대책안, 보완/개선/비상경제/지원/종합/보호/노후/실업 대책, 차선책, 강경책, 문책, 직책, 국책, 주책, 실책, 대응책, 술책, 자책, 면책' 등에 관한 내용을 삭제하였다.

<표 10-21> "층01/02(層)" 구어에서 실제 출현 빈도

<table>
<tr><td rowspan="3">층
01/02
(層)</td><td></td><td>강연</td><td>강의</td><td>대화</td><td>독백</td><td>발표</td><td>방송</td><td>상담</td><td>토론</td></tr>
<tr><td>원래 빈도</td><td>174</td><td>45</td><td>232</td><td>64</td><td>63</td><td>71</td><td>8</td><td>666</td></tr>
<tr><td>실제 출현 빈도</td><td>174</td><td>45</td><td>232</td><td>64</td><td>63</td><td>71</td><td>8</td><td>666</td></tr>
</table>

"층01/02(層)"은 EmEditor를 통해 검색할 때 구어 사용역에서 거의 다 '層' 뜻으로 나타나서 삭제하는 어휘가 없다.

<표 10-22> "형01(兄)" 구어에서 실제 출현 빈도

		강연	강의	대화	독백	발표	방송	상담	토론
형01 (兄)	원래 빈도	464	334	1572	230	199	184	160	684
	실제 출현 빈도	358	249	1526	189	132	149	149	592

"형01(兄)"은 EmEditor를 통해 검색할 때 주로 '균형, 원형, 성형, 이상형, 문형, 조합형, 변형, 평형, 진행형, 감각형, 에이형, 에이비형, 무형, 체형, 유형, 직관형, 비정형, 사고형, 최신형, 참여형, 맞춤형, 파형, 단답형, 혈액형, 기본형, 과형, 대표형, 이형' 등에 관한 내용을 삭제하였다.

지금까지 구어에서 1음절에 대해 필요 없는 뜻을 삭제한 후 실제 출현 빈도를 모두 제시하였다. 다음 절은 문어에서 1음절 어휘에 대한 삭제하는 작업이다.

3.1.1.2 문어에 1음절 어휘 실제 출현 빈도

문어에서도 구어와 같은 방법으로 진행하지만 문어에서는 필요 없는 어휘를 20위까지 삭제하기로 했다. 왜냐하면 구어의 총 어절 수는 4,220,377이고 문어는 112,459,151으로 구어보다 문어 어절이 상당히 많기 때문이다. 구어에서와 같은 방식을 적용하여 예를 들어 '신문' 사용역에서 '특강/NNG'은 109번으로 나타나지만 21위 '특강은' 이 9번으로 나타나며 전체 말뭉치 규모가 1억 어절로 충분히 커서 전체의 결과 판정에 영향을 주지 않는다고 판단했다. 따라서 문어에서는 20위까지 동음이의어를 차감하기 한다. 아래 표<11-1~11-22>는 문어에서 1음절 어휘를 대상으로 필요 없는 뜻을 20위까지 삭제하고 나타나는 실제 출현 빈도이다.

<표 11-1> "강01(江)" 문어에서 실제 출현 빈도

		신문	잡지	준구어(대본)	책(소설)	책(학술)	책(총서류)
강01(江)	원래 빈도	20694	6098	1391	17954	16971	1614
	실제 출현 빈도	13146	3825	1009	13703	10943	1161

"강01(江)"은 EmEditor를 통해 검색할 때 주로 '건강, 막강, 16강, 철강, 4강, 열강, 8강, 강사범, 생강, 강 장군, 빨강, 강일병, 요강, 호강, 기강, 최강, 특강, 대강, 수강, 부강' 등에 관한 내용을 삭제하였다. 특히 '건강'에 대한 내용을 많이 삭제하였다.[33] 예를 들어 '건강'에 관한 내용은 '건강/NNG, 건강/NNG+이/JKS, 건강/NNG+은/JX, 건강/NNG+을/JKO, 건강/NNG+의/JKG, 건강/NNG+에/JKB, 건강/NNG+하/XSA+게/EM, 건강/NNG+하/XSA+ㄴ/ETM, 건강/NNG+하/XSA+고/EM, 건강/NNG+과/JKB, 건강/NNG+하/XSA+아야/EM,건강/NNG+하/XSA+시/EP+어요/EM+./SF' 등이 있다.

<표 11-2> "명02(名)" 문어에서 실제 출현 빈도

		신문	잡지	준구어(대본)	책(소설)	책(학술)	책(총서류)
명02(名)	원래 빈도	69252	26573	3189	70444	105800	6528
	실제 출현 빈도	56058	21058	2466	51607	82285	5227

33 문어에서 1음절 어휘의 삭제하는 과정은 구어와 마찬가지로 삭제한 어휘들은 변이형이 모두 필요 없는 뜻이면 명사만 제시한다. 예를 들어 '건강'에 관한 내용은 '건강/NNG, 건강/NNG+이/JKS, 건강/NNG+은/JX, 건강/NNG+을/JKO, 건강/NNG+의/JKG, 건강/NNG+에/JKB, 건강/NNG+하/XSA+게/EM, 건강/NNG+하/XSA+ ㄴ/ETM, 건강/NNG+하/XSA+고/EM, 건강/NNG+과/JKB, 건강/NNG+하/XSA+아야/EM,건강/NNG+하/XSA+시/EP+어요/EM+./SF' 등이 있는데 논문에서 '건강'만 제시한 것이다.

"문04(門)"은 EmEditor를 통해 검색할 때 '설명, 생명, 혁명, 운명, 투명, 해명, 임명, 불투명'은 구어와 똑같은 것을 삭제할 뿐만 아니라 '비명, 통명, 현명하다, 선명하다, 비명' 등에 관한 내용도 삭제하였다.

<표 11-3> "문04(門)" 문어에서 실제 출현 빈도

문04(門)		신문	잡지	준구어(대본)	책(소설)	책(학술)	책(총서류)
	원래 빈도	84950	30549	8989	114088	89731	6080
	실제 출현 빈도	68984	25707	7839	91358	72519	4982

"문04(門)"은 EmEditor를 통해 검색할 때 '질문, 논문, 학문, 말문'은 구어와 똑같은 것을 삭제할 뿐만 아니라 '신문방송학과, 방문하다, 영문, 고문, 판결문, 주문, 상소문, 반문' 등에 관한 내용도 삭제하였다.

<표 11-4> "반07(半)" 문어에서 실제 출현 빈도

반07(半)		신문	잡지	준구어(대본)	책(소설)	책(학술)	책(총서류)
	원래 빈도	47025	15749	2390	40076	49243	2596
	실제 출현 빈도	40118	13825	2128	36768	42074	2292

"반07(半)"은 EmEditor를 통해 검색할 때 '기반, 배반, 초반, 제반, 수반, 음반, 동반, 위반, 반하다, 찬반, 우리 반'은 구어와 똑같은 것을 삭제할 뿐만 아니라 '쟁반, 반에, 내무반, 선반, 건반, 낙반' 등에 관한 내용도 삭제하였다.

<표 11-5> "반10(班)" 문어에서 실제 출현 빈도

		신문	잡지	준구어(대본)	책(소설)	책(학술)	책(총서류)
반10(班)	원래 빈도	47025	15749	2390	40076	49243	2596
	실제 출현 빈도	36547	12847	2034	34654	41175	2215

"반10(班)"은 EmEditor를 통해 검색할 때 '전반, 배반, 초반, 절반, 기반, 중반, 상반되다, 반하다, 위반, 운반'은 구어와 똑같은 것을 삭제할 뿐만 아니라 '반 쯤, 위반, 쟁반, 선반, 건반, 이반' 등에 관한 내용도 삭제하였다.

<표 11-6> "방07/08(房)" 문어에서 실제 출현 빈도

		신문	잡지	준구어(대본)	책(소설)	책(학술)	책(총서류)
방07/08(房)	원래 빈도	63925	1209	8285	112143	72506	5169
	실제 출현 빈도	56414	17605	7808	102257	56155	3540

"방07/08(房)"은 EmEditor를 통해 검색할 때 '지방, 상대방, 북방, 예방하다, 해방, 처방, 국방'은 구어와 똑같은 것을 삭제할 뿐만 아니라 '사방, 석방, 표방' 등에 관한 내용도 삭제하였다.

<표 11-7> "배09(倍)" 문어에서 실제 출현 빈도

		신문	잡지	준구어(대본)	책(소설)	책(학술)	책(총서류)
배09(倍)	원래 빈도	28700	11948	3470	61818	46879	3743
	실제 출현 빈도	24352	9860	2359	45093	37446	3026

"배09(倍)"는 EmEditor를 통해 검색할 때 '담배, 지배, 선배, 예배, 후배,

숭배'는 구어와 똑같은 것을 삭제할 뿐만 아니라 '패배, 폭력배, 재배, 수배, 팽배, 배기자, 배 조교, 선후배, 피지배, 아랫배' 등에 관한 내용도 삭제하였다.

<표 11-8> "벽06(壁)" 문어에서 실제 출현 빈도

		신문	잡지	준구어(대본)	책(소설)	책(학술)	책(총서류)
벽06(壁)	원래 빈도	9081	4328	1300	25051	12540	917
	실제 출현 빈도	5256	2417	857	16874	8944	652

"벽06(壁)"은 EmEditor를 통해 검색할 때 '완벽, 새벽, 개벽, 담벽'은 구어와 똑같은 것을 삭제할 뿐만 아니라 '쌍벽, 종벽' 등에 관한 내용도 삭제하였다.

<표 11-9> "병04(病)" 문어에서 실제 출현 빈도

		신문	잡지	준구어(대본)	책(소설)	책(학술)	책(총서류)
병04(病)	원래 빈도	20677	7518	3217	38020	27497	2108
	실제 출현 빈도	18770	7134	2479	34861	26488	1991

"병04(病)"은 EmEditor를 통해 검색할 때 '용병, 이등병, 의병, 합병, 일병, 화염 병, 유리병, 술병, 꽃병, 헌병, 보병, 파병, 술병'은 구어와 똑같은 것을 삭제할 뿐만 아니라 '부상병, 소주병, 복병, 젖병, 구해병, 페트병, 양주병, 왜병, 호리병, 원병, 약병, 강병, 출병' 등에 관한 내용도 삭제하였다.

<표 11-10> “분02/03/04/05/06(分)” 문어에서 실제 출현 빈도

분 02/03/04/05/06 (分)		신문	잡지	준구어 (대본)	책(소설)	책(학술)	책(총서류)
	원래 빈도	42326	20345	3297	53443	70622	5107
	실제 출현 빈도	41251	19902	3117	48506	69226	5025

“분02/03/04/05/06(分)”은 EmEditor를 통해 검색할 때 ‘분하다, 홍분, 화분, 울분, 고분, 격분’은 구어와 똑같은 것을 삭제할 뿐만 아니라 ‘옥분, 강력분’ 등에 관한 내용도 삭제하였다.

<표 11-11> “산01(山)” 문어에서 실제 출현 빈도

산01(山)		신문	잡지	준구어 (대본)	책(소설)	책(학술)	책(총서류)
	원래 빈도	74891	22924	2829	50868	74257	5344
	실제 출현 빈도	66005	20497	2427	49245	65056	4800

“산01(山)”은 EmEditor를 통해 검색할 때 ‘생산, 계산하다, 부동산, 국산, 확산, 파산, 발산하다’는 구어와 똑같은 것을 삭제할 뿐만 아니라 ‘통산, 중국산, 한국산, 미국산, 외국산, 권산, 빨치산, 부산하다, 구연산, 발산되다’ 등에 관한 내용도 삭제하였다.

<표 11-12> “색03(色)” 문어에서 실제 출현 빈도

색03(色)		신문	잡지	준구어 (대본)	책(소설)	책(학술)	책(총서류)
	원래 빈도	17450	8350	2109	37476	25596	3597
	실제 출현 빈도	15425	7778	1784	36561	24205	3509

"색03(色)"은 EmEditor를 통해 검색할 때 '검색, 인색, 모색하다, 곤색, 뇌경색'은 구어와 똑같은 것을 삭제할 뿐만 아니라 '압수수색, 궁색하다, 어색하다, 질색, 색시' 등에 관한 내용도 삭제하였다.

<표 11-13> "수25/26(數)" 문어에서 실제 출현 빈도

		신문	잡지	준구어(대본)	책(소설)	책(학술)	책(총서류)
수 25/26(數)	원래 빈도	146772	43956	9804	100921	111946	9559
	실제 출현 빈도	126920	38607	8199	91928	98515	8342

"수25/26(數)"는 EmEditor를 통해 검색할 때 '교수, 특수, 선수, 철수, 순수, 음료수, 향수, 우수하다, 홍수'는 구어와 똑같은 것을 삭제할 뿐만 아니라 '필수, 옥수수, 인수하다, 접수, 악수, 치수, 안수, 뒤통수, 죄수, 공수, 국수, 운전수, 한수, 풍수' 등에 관한 내용도 삭제하였다.

<표 11-14> "예08(例)" 문어에서 실제 출현 빈도

		신문	잡지	준구어(대본)	책(소설)	책(학술)	책(총서류)
예08(例)	원래 빈도	14670	6784	2016	13624	35359	1976
	실제 출현 빈도	1134915	6002	1509	11362	32035	1555

"예08(例)"는 EmEditor를 통해 검색할 때 '명예, 문예, 연예, 유예, 곡예, 노예, 원예, 서예, 후예, 조예, 정예'는 구어와 똑같은 것을 삭제할 뿐만 아니라 '신예, 영예, 똥예, 공예, 조예, 불명예, 예禮' 등에 관한 내용도 삭제하였다.

<표 11-15> "왕04/05(王)" 문어에서 실제 출현 빈도

왕04/05 (王)		신문	잡지	준구어 (대본)	책(소설)	책(학술)	책(총서류)
	원래 빈도	5035	1886	790	13951	22729	1501
	실제 출현 빈도	4899	1808	761	13638	22489	1494

"왕04/05(王)"은 EmEditor를 통해 검색할 때 '기왕, 우왕좌왕'은 구어와 똑같은 것을 삭제할 뿐만 아니라 '이왕' 등에 관한 내용도 삭제하였다.

<표 11-16> "일04/05/06/07(日)" 문어에서 실제 출현 빈도

일04/05/06/07 (日)		신문	잡지	준구어 (대본)	책(소설)	책(학술)	책(총서류)
	원래 빈도	95327	51102	11151	232941	157133	10319
	실제 출현 빈도	89318	45501	10549	222802	144387	9688

"일04/05/06/07(日)"은 EmEditor를 통해 검색할 때 '만일, 일하다, 스타일, 동일하다, 메일, 큰일, 유일하다, 미사일, 이메일, 웬일'은 구어와 똑같은 것을 삭제할 뿐만 아니라 '볼 일, 집안일, 바겐세일' 등에 관한 내용도 삭제하였다.

<표 11-17> "잔03(盞)" 문어에서 실제 출현 빈도

잔03(盞)		신문	잡지	준구어 (대본)	책(소설)	책(학술)	책(총서류)
	원래 빈도	1554	1423	1512	22281	3870	318
	실제 출현 빈도	1390	1326	1498	21044	3664	298

"잔03(盞)"은 EmEditor를 통해 검색할 때 '핀잔, 상잔'은 구어와 똑같은

것을 삭제할 뿐만 아니라 '쇠잔' 등에 관한 내용도 삭제하였다.

<표 11-18> "전08(前)" 문어에서 실제 출현 빈도

		신문	잡지	준구어(대본)	책(소설)	책(학술)	책(총서류)
전08(前)	원래 빈도	162160	48149	7457	115689	145383	11486
	실제 출현 빈도	151634	44084	6277	108360	125562	8805

"전08(前)"은 EmEditor를 통해 검색할 때 '발전, 완전, 고전, 텔레비전, 운전, 건전, 도전'은 구어와 똑같은 것을 삭제할 뿐만 아니라 '국전, 출전, 대전, 작전, 열전, 회전, 딴전, 걸프전, 야전, 좌회전' 등에 관한 내용도 삭제하였다.

<표 11-19> "차06/07(車)" 문어에서 실제 출현 빈도

		신문	잡지	준구어(대본)	책(소설)	책(학술)	책(총서류)
차06/07(車)	원래 빈도	40755	12095	6263	51105	31317	2045
	실제 출현 빈도	37049	11184	6065	47999	27711	1882

"차06/07(車)"는 EmEditor를 통해 검색할 때 '이차, 일차, 절차, 시차, 격차, 피차, 구차'는 구어와 똑같은 것을 삭제할 뿐만 아니라 '교차, 표차, 일교차 보리차, 생강차, 년차, 행차, 항차, 낙차, 카덴차' 등에 관한 내용도 삭제하였다.

<표 11-20> "책01(冊)" 문어에서 실제 출현 빈도

		신문	잡지	준구어(대본)	책(소설)	책(학술)	책(총서류)
책01(冊)	원래 빈도	63509	17956	1726	27577	45638	5049
	실제 출현 빈도	60641	17039	1648	25749	43710	4956

"책01(冊)"은 EmEditor를 통해 검색할 때 '해결책, 산책, 문책, 주책, 대응책, 술책, 자책, 면책'은 구어와 똑같은 것을 삭제할 뿐만 아니라 '목책, 직책, 경제책, 재해 대책, 대비책, 조직책, 개선책, 계책, 회유책, 묘책, 외교/대북 정책' 등에 관한 내용도 삭제하였다.

<표 11-21> "층01/02(層)" 문어에서 실제 출현 빈도

층01/02 (層)		신문	잡지	준구어 (대본)	책(소설)	책(학술)	책(총서류)
	원래 빈도	15706	5589	948	11428	22856	1063
	실제 출현 빈도	15706	5589	948	11428	22856	1063

"층01/02(層)"은 EmEditor를 통해 검색할 때 구어 사용역과 마찬가지로 거의 다 '層' 뜻으로 나타나서 삭제하는 어휘가 없다.

<표 11-22> "형01(兄)" 문어에서 실제 출현 빈도

형01(兄)		신문	잡지	준구어 (대본)	책(소설)	책(학술)	책(총서류)
	원래 빈도	34348	12530	3063	36098	51260	3855
	실제 출현 빈도	30929	11226	2810	34003	43668	3324

"형01(兄)"은 EmEditor를 통해 검색할 때 '균형, 원형, 변형, 평형, 감각형, 유형'은 구어와 똑같은 것을 삭제할 뿐만 아니라 '한국형, 주식형, 초대형, 이병형, 개방형, 권력형, 양형, 중소형, 구형, 불균형, 전형, 중대형, 스포츠형, 초소형, 자유형, 지형, 다각형' 등에 관한 내용도 삭제하였다.

지금까지 문어에서 1음절 어휘의 실제 출현 빈도를 모두 검색하였다. 다음에 2음절어휘에 대한 실제 출현 빈도를 검색하도록 한다.

3.1.2. 2음절 어휘 실제 출현 빈도

1음절 어휘는 구어와 문어로 나눠 분석하였는데 2음절 어휘는 뒤에 결합한 동사 가 구어와 문어에서 똑같아서 같이 제시할 것이다. 다음 <표 12>와 <표 13>는 2음절 동음이의이의 구어와 문어 실제 출현 빈도이다.

<표 12> 구어에서 2음절 동음이의어의 실제 출현 빈도

	강연 (퇴임식/설교)	강의 (수업)	대화 (잡담)	독백	발표	방송 (방담/인터뷰)	상담	토론 (토의/회의)
가격03 (價格)	72	15	166	26	0	30	2	76
가족01 (家族)	104	32	158	52	4	74	56	207
감정06 (感情)	53	40	109	41	29	27	213	128
거리08 (距離)	74	42	228	73	20	78	33	124
건강03 (健康)	132	22	108	62	35	199	36	128
건물03 (建物)	53	18	124	42	4	8	5	36
검찰02 (檢察)	60	1	2	1	0	10	0	623
결과02 (結果)	353	87	72	23	98	56	47	360
결정01 (決定)	191	40	108	55	24	50	199	358
계획01 (計劃/計畫)	338	50	146	59	52	123	77	196
고향02 (故鄕)	13	23	50	2	2	42	1	19
공부01 (工夫)	160	140	1255	440	61	402	720	298
공장02 (工場)	47	5	36	12	6	52	0	35
과거03 (過去)	145	149	54	32	22	93	33	351
관계05 (關保)	407	275	241	165	163	232	338	1068
관리04 (管理)	229	34	134	42	17	64	8	180
관심01 (關心)	200	77	304	97	88	92	176	295
광고02 (廣告)	27	27	134	24	77	43	12	439
교사09 (敎師)	95	52	87	24	190	27	40	658
교수06 (敎授)	208	44	227	34	86	140	82	494
교통01 (交通)	68	10	58	7	2	16	0	13
교회02 (敎會)	434	17	272	115	6	146	125	79
국내02 (國內)	107	19	21	26	24	42	0	89

국제02 (國際)	106	11	27	36	2	57	1	182
기분01 (氣分)	76	47	339	101	17	85	190	61
기억02 (記憶)	142	66	406	233	23	98	58	346
기자05 (記者)	50	6	72	50	13	51	2	215
기회03 (機會)	117	23	108	80	38	111	71	338
남편01 (男便)	55	93	205	64	10	108	3	74
내용02 (內容)	342	249	334	106	299	119	93	1156
노력01 (努力)	366	50	124	93	56	162	156	327
노인01 (老人)	86	17	21	7	1	27	9	28
능력02 (能力)	183	68	156	31	216	59	126	222
대학01 (大學)	376	50	352	212	125	387	145	440
대화06 (對話)	157	192	692	94	125	86	367	429
대회02 (大會)	25	9	43	34	6	11	2	58
도로07 (道路)	103	4	118	15	0	12	0	21
도시03 (都市)	132	15	47	54	5	24	1	38
동시02 (同時)	55	38	102	23	20	43	6	129
모양02 (模樣)	71	73	97	19	6	95	15	53
목적03 (目的)	153	51	82	13	80	35	31	245
문제06 (問題)	1799	736	1155	396	491	1024	538	5312
문화01 (文化)	305	97	182	125	294	154	12	546
물론01 (勿論)	21	5	5	4	9	32	3	54
미래02 (未來)	73	69	38	16	9	38	31	78
반대03 (反對)	92	49	174	26	19	77	54	487
방향01 (方向)	125	18	78	31	41	108	62	306
병원02 (病院)	229	37	188	29	10	35	51	90
부모01 (父母)	89	60	112	36	4	63	10	245
부부03 (夫婦)	20	34	69	24	32	74	4	20
부분01 (部分)	385	537	411	159	513	156	344	2195
부인01 (夫人)	32	59	70	40	8	43	33	293
사고12 (事故)	125	79	129	56	27	42	78	113
사실04 (事實)	574	300	253	134	81	222	286	1553
사업04 (事業)	322	21	102	34	83	92	9	369
사용04 (使用)	282	226	127	31	259	38	14	402
사장15 (社長)	41	4	122	17	1	36	1	345
사진06 (寫眞)	112	25	605	111	290	34	13	197
상품03 (商品)	46	13	33	35	23	26	0	62
선생01 (先生)	119	14	147	27	148	294	14	227
선수05 (選手)	21	5	85	18	1	306	0	27

성격02 (性格)	119	102	309	112	45	53	184	145
세계02 (世界)	304	118	81	69	38	342	31	486
세상01 (世上)	152	59	162	62	22	152	21	121
소설03 (小說)	23	72	51	33	80	21	7	131
소식04 (消息)	8	4	22	14	3	24	0	11
속도01 (速度)	51	19	68	11	7	21	6	47
수업04 (授業)	12	207	816	214	99	9	103	404
시간04 (時間)	577	434	1924	625	197	371	469	1689
시계02 (時計)	11	8	62	14	2	32	13	50
시작01 (始作)	343	145	657	266	140	287	199	623
시장04 (市場)	201	28	138	35	20	150	5	345
시험03 (試驗)	55	65	782	170	103	88	144	152
식사03 (食事)	147	5	77	22	12	15	3	25
신문10 (新聞)	93	42	201	29	26	112	15	1808
언어01 (言語)	259	735	159	45	600	58	48	445
여성01 (女性)	199	55	63	80	29	56	14	154
여행02 (旅行)	14	14	256	125	7	33	5	50
역사04 (歷史)	136	61	62	19	155	144	9	316
영어02 (英語)	0	0	3	0	1	0	0	0
영화01 (映畫)	112	39	842	319	32	131	94	94
오전02 (午前)	27	5	66	9	1	15	2	117
오후02 (午後)	19	11	94	25	8	16	5	83
외국02 (外國)	154	32	242	132	37	126	8	226
위치01 (位置)	48	65	180	24	56	59	12	108
은행02 (銀行)	121	21	160	36	5	87	1	167
음악01 (音樂)	184	46	255	66	22	152	18	77
의미02 (意味)	300	250	182	50	212	137	202	707
의사12 (醫師)	204	65	116	36	16	115	64	298
이유04 (理由)	347	93	250	102	89	89	139	581
이전03 (以前)	95	36	28	21	31	33	22	165
이해06 (理解)	276	210	477	92	154	135	284	590
이후02 (以後)	243	29	126	59	73	56	37	492
인기01 (人氣)	20	5	124	22	0	29	3	24
인사02/03 (人事)	98	40	126	137	17	38	14	185
일부02 (一部)	185	32	40	10	36	38	19	291
자기03 (自己)	24	7	27	15	1	17	5	17
자식01 (子息)	71	20	163	35	4	74	14	43

자신01 (自身)	271	179	204	78	60	162	587	373
자연01 (自然)	45	52	110	43	29	121	63	172
자유03 (自由)	119	40	76	58	20	108	44	367
재료01 (材料)	9	6	14	6	2	38	0	13
전체01 (全體)	152	91	113	28	60	92	19	344
전화07 (電話)	65	108	1706	248	11	38	52	530
정도11 (程度)	959	485	1515	510	188	402	498	1600
제목02 (題目)	48	26	134	12	29	16	7	143
제일04 (第一)	4	0	6	0	3	19	0	7
주변04 (周邊)	73	21	184	70	13	27	13	86
주위02 (周圍)	19	16	108	41	3	22	61	32
주인01 (主人)	27	13	60	31	1	39	3	42
중심01 (中心)	175	74	49	39	164	80	11	302
지금03 (只今)	470	172	1108	355	137	458	320	1079
지방05 (地方)	299	43	105	42	15	40	3	254
직원03 (職員)	44	13	92	37	12	14	0	166
직장05 (職場)	94	16	158	42	6	17	22	212
차례02 (次例)	61	9	30	7	78	19	7	136
책상01 (冊床)	8	17	74	6	0	3	4	17
최고02 (最高)	47	19	117	25	7	41	17	83
축구04 (蹴球)	7	2	117	21	0	15	6	17
친구02 (親舊)	176	146	2448	364	54	234	663	173
침대02 (寢臺)	10	1	57	13	0	5	5	6
태도03 (態度)	68	31	26	13	33	35	37	147
행사01 (行事)	43	20	104	58	16	37	2	182
현재02 (現在)	154	81	30	24	75	36	31	229
환자03 (患者)	429	276	20	1	13	21	12	67
회사04 (會社)	230	30	611	130	91	132	11	502

<표 13> 문어에서 2음절 동음이의어의 실제 출현 빈도

	신문	잡지	준구어(대본)	책(소설)	책(학술)	책(총서류)
가격03(價格)	11816	4061	339	738	4342	207
가족01 (家族)	12254	4676	567	8768	12725	675
감정06 (感情)	3960	2065	337	10384	8131	661
거리08 (距離)	11719	5461	2078	28137	15806	1181
건강03 (健康)	6940	2699	439	4169	6327	376
건물03 (建物)	5190	1442	542	6677	4862	387

검찰02 (檢察)	19379	3108	401	494	549	17
결과02 (結果)	23589	6695	423	6436	23162	668
결정01 (決定)	17471	4200	416	5459	16477	648
고향02 (故鄕)	2829	2226	404	10747	5106	361
공부01 (工夫)	5703	4061	746	10903	8966	970
공장02 (工場)	7211	1843	521	5230	5302	303
과거03 (過去)	9022	3609	240	6125	11700	552
관계05 (關係)	23604	9097	511	13205	47041	1475
관리04 (管理)	16801	4154	282	2850	9718	616
관심01 (關心)	13502	5688	477	7655	15309	630
광고02 (廣告)	6426	2492	274	1688	6547	201
교사09 (敎師)	9804	3511	211	3891	8101	348
교수06 (敎授)	24444	6471	749	6577	8043	510
교통01 (交通)	5691	1077	161	945	2270	514
교회02 (敎會)	3529	894	343	3940	7586	346
국내02 (國內)	23753	6063	237	1221	5567	293
국제02 (國際)	17760	3956	110	1049	7590	799
기분01 (氣分)	1541	1568	1058	18150	3984	239
기억02 (記憶)	3031	3033	452	14799	9111	598
기자05 (記者)	64373	7876	1891	6815	4841	770
기회03 (機會)	7075	2721	353	7389	7210	394
남편01 (男便)	4068	5884	1285	20742	8464	525
내용02 (內容)	19131	6627	583	7616	25311	1211
노력01 (努力)	10990	4193	369	5525	13774	834
노인01 (老人)	3375	1236	2109	17458	5163	417
능력02 (能力)	8516	3731	185	3863	15296	667
대학01 (大學)	21539	7233	662	9102	15626	1731
대화06 (對話)	9560	3046	224	5153	10350	448
대회02 (大會)	25438	2395	229	1901	3212	325
도로07 (道路)	6865	1471	596	3757	2752	425
도시03 (都市)	11642	3644	352	7992	13817	1213
동시02 (同時)	6279	2843	289	7190	13256	501
모양02 (模樣)	3233	2838	881	30277	11343	1935
목적03 (目的)	5288	2364	220	4479	14962	834
문제06 (問題)	66725	21615	2590	25416	65719	2403
문화01 (文化)	19776	6967	541	5703	41500	1970
물론01 (勿論)	1467	931	137	2805	3246	131
미래02 (未來)	4674	2399	92	2688	6681	383

반대03 (反對)	10880	3589	350	6292	13327	660
방송01/02 (放送)	14329	3070	659	2723	6207	231
방향01 (方向)	6897	2609	462	5247	11235	662
병원02 (病院)	7687	2512	901	9897	3350	190
부모01 (父母)	8676	3361	316	7419	10872	656
부부03 (夫婦)	3744	2009	331	4740	4076	261
부분01 (部分)	8825	4905	580	6729	18936	1527
부인01 (夫人)	6731	2894	949	15087	9037	553
사고12 (事故)	12014	3316	530	5179	9536	492
사실04 (事實)	23720	10603	1322	32410	39924	1589
사업04 (事業)	21309	5268	387	3631	8726	501
사용04 (使用)	16646	7789	340	5450	35539	1637
사장15 (社長)	15796	4588	2091	8819	3401	113
사진06 (寫眞)	9282	4095	971	8808	4649	417
상품03 (商品)	8876	2737	219	987	7503	449
선생01 (先生)	2376	2307	879	22038	6542	399
선수05 (選手)	13393	1525	322	1822	1600	499
성격02 (性格)	3989	2767	286	4655	15205	580
세계02 (世界)	30247	11386	551	14518	45865	2240
세상01 (世上)	6052	5430	1214	32371	15911	1778
소설03 (小說)	5122	3218	124	11008	17225	1068
소식04 (消息)	3928	1487	450	8079	2864	387
속도01 (速度)	4026	1906	220	2747	5945	392
수업04 (授業)	3437	1391	369	2040	2306	227
시간04 (時間)	26554	12968	2759	43705	31915	1904
시계02 (時計)	1275	720	681	5074	1825	213
시작01 (始作)	23718	13757	2256	54540	35683	2135
시장04 (市場)	33420	10586	711	5047	14509	523
시험03 (試驗)	6928	2035	441	3682	4554	477
식사03 (食事)	2145	1553	290	5994	3648	192
신문10 (新聞)	11667	2852	678	8532	9081	493
언어01 (言語)	2333	2103	85	4413	20392	516
여성01 (女性)	18028	7212	345	5416	24912	1111
여행02 (旅行)	2333	2574	334	5885	4662	515
역사04 (歷史)	10191	4438	288	8111	24258	1824
영어02 (英語)	32	11	2	14	37	3
영화01 (映畫)	15405	16382	564	7172	12752	1052

오전02 (午前)	13724	1018	179	1871	884	31
오후02 (午後)	20625	1863	374	5467	2024	82
외국02 (外國)	8898	3005	249	2759	5785	425
위치01 (位置)	3877	2565	344	4639	11050	612
은행02 (銀行)	15495	5579	479	2185	3130	278
음악01 (音樂)	7073	5049	1229	5262	11720	876
의미02 (意味)	10489	7148	352	13514	48076	1236
의사12 (醫師)	9895	3915	833	9047	11462	534
이유04 (理由)	14442	6796	655	14441	18681	936
이전03 (以前)	7070	2543	128	3136	9879	477
이해06 (理解)	8047	4744	577	13465	25842	995
이후02 (以後)	22223	7786	365	6170	18035	1029
인기01 (人氣)	7574	2768	240	1084	2404	142
인사02/03 (人事)	15440	5579	1002	11509	4925	271
일부02 (一部)	18000	4342	326	2777	10141	509
자기03 (自己)	1963	1045	211	2278	3001	227
자식01 (子息)	1673	1770	1427	16442	5545	435
자신01 (自身)	23349	16489	1487	67824	53569	3278
자연01 (自然)	7611	5498	256	7235	21109	1166
자유03 (自由)	8603	4123	241	8258	20148	1084
재료01 (材料)	1557	1614	97	753	3750	568
전체01 (全體)	11510	3951	251	4594	14542	600
전화07 (電話)	12369	3946	2928	17779	5572	213
정도11 (程度)	25146	14395	1619	28080	33049	1568
제목02 (題目)	2436	1365	216	1953	2878	334
제일04 (第一)	555	237	47	1273	1113	88
주변04 (周邊)	7350	2592	449	4178	5476	404
주위02 (周圍)	1851	1451	560	8349	4637	347
주인01 (主人)	2928	1764	931	16666	6074	264
중심01 (中心)	9648	4302	293	3570	18007	1217
지금03 (只今)	16889	9204	1571	27132	20487	1666
지방05 (地方)	13377	3018	509	4730	16825	1460
직원03 (職員)	10339	2967	666	4135	3716	126
직장05 (職場)	2884	1727	198	2852	3201	142
차례02 (次例)	11035	2709	251	7499	5517	405
책상01 (冊床)	654	721	779	5112	1519	73
최고02 (最高)	14609	3890	324	2392	5626	506

축구04 (蹴球)	10430	931	203	605	462	244
친구02 (親舊)	5347	6519	1813	25277	10779	1536
침대02 (寢臺)	581	573	787	6774	1145	67
태도03 (態度)	5903	2316	156	9570	10667	491
행사01 (行事)	16200	2850	216	2845	7078	338
현재02 (現在)	8072	2993	189	2546	8378	344
환자03 (患者)	7264	1949	679	6026	8548	213
회사04 (會社)	21099	7587	963	7603	14323	423

위에 표에서 보듯이 2음절 다의어에 대한 앞 장에 제시한 결합한 동사와 같이 EmEditor를 통해 실제 출현 빈도를 모두 제시하였다. 2음절과 3음절 단의어에 대한 실제 출현 빈도를 EmEditor로 검색하면 바로 나올 수 있어서 따로 제시하지 않고 정규화한 후 빈도를 다음 절에 제시하도록 할 것이다. 지금까지 198개 기본 한자어 명사에 대해 구어·문어로 실제 출현 빈도를 모두 검색할 수 있게 만든다. 다음에 사용역에 관한 연구를 살펴볼 것이다.

3.2 사용역별 검색 결과 및 논의

3.1.2 구어에 대한 논의

총 198개 기본 한자어 명사는 말뭉치에 관한 것으로 'SJ-RIKS 코퍼스 확장판'에서는 사용역별 실제 출현 빈도는 정규화를 시키고 해당 어휘에 관한 사용 빈도, 그리고 분포 양상을 살펴볼 것이다. 정규화를 시키기 위해 먼저 구어에서 사용역별 어절 수를 다음과 제시할 것이다. 아래 <표 14>와 같다.

<표 14> 구어 사용역별 어절 수

구어(8개)	강연	520,161 어절	4,220,377 어절
	강의	259,257 어절	
	대화	1,361,434 어절	
	독백	297,642 어절	
	발표	161,414 어절	
	방송	334,506 어절	
	상담	229,578 어절	
	토론	1,056,385 어절	

구어에서 총 8개 사용역에서 앞에 제시한 '실제 사용 비도/해당 사용역의 전체 어절 수*30,000,000=정규화한 빈도' 공식을 이용해서 사용역별 실제 출현 빈도를 정규화 시킬 것이다. 예를 들어, "가격03(價格)"의 '강연' 사용역 출현 빈도 값이 71회라면, 이것을 정규화 공식에 적용한 값(71/520,161)×30,000,000)은 4,153회가 된다. 다음<표 15>는 구어에서 기본 한자어 명사를 정규화한 내용이다.

<표 15> 구어에서 기본 한자어 명사의 정규화

	강연	강의	대화	독백	발표	방송	상담	토론
가격03(價格)	4153	1736	3658	2621	0	2691	261	2158
가족01 (家族)	5998	3703	3482	5241	743	6637	7318	5879
감정06 (感情)	3057	4629	2402	4132	5390	2421	27834	3635
강01 (江)	8536	6480	5994	4334	3160	9148	2221	7469
거리08 (距離)	4268	4860	5024	7358	3717	6995	4312	3521
건강03 (健康)	7613	2546	2380	6249	6505	17847	4704	3635
건물03 (建物)	3057	2083	2732	4233	743	717	653	1022
검찰02 (檢察)	3460	116	44	101	0	897	0	17692
결과02 (結果)	20359	10067	1587	2318	18214	5022	6142	10224
결정01 (決定)	11016	4629	2380	5544	4461	4484	26004	10167
결혼 (結婚)	2595	5091	19369	18344	6319	9776	7187	1278
경험 (經驗)	8824	3587	4297	7358	5390	7264	16857	4885
계획01 (計劃/計畫)	19494	5786	3217	5947	9665	11031	10062	5566

고등학교 (高等學校)	4729	5554	10489	20461	2602	1614	24044	5481
고향02 (故鄕)	750	2661	1102	202	372	3767	131	540
공부01 (工夫)	9228	16200	27655	44349	11337	36053	94086	8463
공장02 (工場)	2711	579	793	1210	1115	4664	0	994
과거03 (過去)	8363	17242	1190	3225	4089	8341	4312	9968
관계05 (關係)	23474	31822	5311	16631	30295	20807	44168	30330
관리04 (管理)	13207	3934	2953	4233	3160	5740	1045	5112
관심01 (關心)	11535	8910	6699	9777	16355	8251	22999	8378
광고02 (廣告)	1557	3124	2953	2419	14311	3856	1568	12467
교사09 (教師)	5479	6017	1917	2419	35313	2421	5227	18686
교수06 (教授)	11996	5091	5002	3427	15984	12556	10715	14029
교실 (教室)	2019	2314	1278	2419	2602	448	131	1420
교육 (教育)	27857	16084	6567	17336	84193	38744	3398	40440
교통01 (交通)	3922	1157	1278	706	372	1435	0	369
교회02 (教會)	25031	1967	5994	11591	1115	13094	16334	2244
국내02 (國內)	6171	2199	463	2621	4461	3767	0	2527
국제02 (國際)	6113	1273	595	3629	372	5112	131	5169
근처 (近處)	577	810	2843	2923	0	897	261	284
기분01 (氣分)	4383	5439	7470	10180	3160	7623	24828	1732
기억02 (記憶)	8190	7637	8946	23485	4275	8789	7579	9826
기자05 (記者)	2884	694	1587	5040	2416	4574	261	6106
기회03 (機會)	6748	2661	2380	8063	7063	9955	9278	9599
남녀 (男女)	634	2199	1300	3326	1115	2601	392	341
남자 (男子)	8132	18514	43873	67833	18586	13184	6795	3095
남편01 (男便)	3172	10762	4517	6451	1859	9686	392	2102
내년 (來年)	2653	347	2380	2016	1487	3049	1960	2073
내용02 (內容)	19725	28813	7360	10684	55571	10672	12153	32829
내일 (來日)	1442	2661	12340	4435	1115	5112	2091	5112
노력01 (努力)	21109	5786	2732	9374	10408	14529	20385	9286
노인01 (老人)	4960	1967	463	706	186	2421	1176	795
능력02 (能力)	10554	7869	3438	3125	40145	5291	16465	6305
대답 (對答)	3807	5786	2093	2721	7434	2691	5880	4828
대부분 (大部分)	10727	9257	3239	4435	12081	4305	3790	6958
대학01 (大學)	21686	5786	7757	21368	23232	34708	18948	12495
대화06 (對話)	9055	22217	15249	9474	23232	7713	47958	12183
대회02 (大會)	1442	1041	948	3427	1115	987	261	1647

도로07 (道路)	5940	463	2600	1512	0	1076	0	596
도시03 (都市)	7613	1736	1036	5443	929	2152	131	1079
동물 (動物)	1269	3009	1080	2117	186	2242	523	312
동시02 (同時)	3172	4397	2248	2318	3717	3856	784	3663
명02 (名)	30567	29855	11723	14917	29365	30762	6272	31466
모양02 (模樣)	4095	8447	2137	1915	1115	8520	1960	1505
목적03 (目的)	8824	5901	1807	1310	14869	3139	4051	6958
문04 (門)	45851	44550	25826	34773	116719	58564	18425	98941
문제06 (問題)	103756	85166	25451	39914	91256	91837	70303	150854
문화01 (文化)	17591	11224	4010	12599	54642	13811	1568	15506
물론01 (勿論)	1211	579	110	403	1673	2870	392	1534
미래02 (未來)	4210	7984	837	1613	1673	3408	4051	2215
반07 (半)	30164	17126	25627	40015	27879	30134	15681	30671
반10 (班)	28434	17126	25738	41728	26578	29775	15420	30273
반응 (反應)	5710	5554	1829	1109	13010	8879	16465	1988
반대03 (反對)	5306	5670	3834	2621	3531	6906	7056	13830
방07/08(房)	34720	12497	27060	20662	18957	45111	9931	24707
방법 (方法)	24512	27772	4892	5745	31967	12197	14636	16556
방송01/02 (放送)	3460	8910	2622	4536	3345	10314	0	11814
방향01 (方向)	7209	2083	1719	3125	7620	9686	8102	8690
배09 (倍)	30106	6480	20493	21469	5576	20179	16334	11672
벽06 (壁)	2422	5439	2159	907	186	4843	3790	1108
병04 (病)	44813	7406	8131	11692	2974	7264	7971	2215
병원02 (病院)	13207	4281	4143	2923	1859	3139	6664	2556
보통 (普通)	7844	10530	5024	3024	6319	6816	7187	3209
부모01 (父母)	5133	6943	2468	3629	743	5650	1307	6958
부부03 (夫婦)	1153	3934	1520	2419	5947	6637	523	568
부분01 (部分)	22205	62139	9057	16026	95345	13991	44952	62335
부인01 (夫人)	1846	6827	1542	4032	1487	3856	4312	8321
분02/03/04/05/06 (分)	52022	91068	26310	37797	124153	33811	78143	90422
분위기 (雰圍氣)	4902	2546	7889	8870	2788	9417	19993	4657
비밀 (祕密)	807	1157	1653	302	0	1794	523	1392
비행-기 (飛行機)	404	579	2027	4737	743	2332	0	312
사고12 (事故)	7209	9142	2843	5644	5018	3767	10193	3209

사무-실 (事務室)	923	2430	1675	504	0	628	261	880
사실04 (事實)	33105	34715	5575	13506	15054	19910	37373	44103
사업04 (事業)	18571	2430	2248	3427	15426	8251	1176	10479
사용04 (使用)	16264	26152	2799	3125	48137	3408	1829	11416
사장15 (社長)	2365	463	2688	1713	186	3229	131	9798
사진06 (寫眞)	6460	2893	13332	11188	53899	3049	1699	5595
산01 (山)	36450	21639	13354	14917	15426	36591	6664	28399
상품03 (商品)	2653	1504	727	3528	4275	2332	0	1761
색03 (色)	8882	14349	14367	5745	9293	11749	2613	4629
서양 (西洋)	3749	2199	948	1512	3717	8879	131	1590
선배 (先輩)	8363	926	7867	6148	1301	3856	13590	1931
선생01 (先生)	6863	1620	3239	2721	27507	26367	1829	6447
선수05 (選手)	1211	579	1873	1814	186	27443	0	767
선택 (選擇)	7901	10530	3680	3326	7434	6368	11499	5822
설명 (說明)	9343	17936	5333	5140	40889	6009	7840	18658
성격02 (性格)	6863	11803	6809	11289	8364	4753	24044	4118
세계02 (世界)	17533	13654	1785	6955	7063	30672	4051	13802
세상01 (世上)	8767	6827	3570	6249	4089	13632	2744	3436
소설03 (小說)	1327	8332	1124	3326	14869	1883	915	3720
소식04 (消息)	461	463	485	1411	558	2152	0	312
속도01 (速度)	2941	2199	1498	1109	1301	1883	784	1335
수25/26 (數)	61135	67578	50307	42837	72299	64035	34106	53077
수업04 (授業)	692	23953	17981	21570	18400	807	13459	11473
시간04 (時間)	33278	50220	42396	62995	36614	33273	61286	47965
시계02 (時計)	634	926	1366	1411	372	2870	1699	1420
시민 (市民)	4268	17936	463	1713	558	1883	0	12921
시작01 (始作)	19782	16779	14477	26811	26020	25739	26004	17692
시장04 (市場)	11593	3240	3041	3528	3717	13453	653	9798
시험03 (試驗)	3172	7521	17232	17135	19143	7892	18817	4317
식사03 (食事)	8478	579	1697	2217	2230	1345	392	710
신문10 (新聞)	5364	4860	4429	2923	4832	10045	1960	51345
약속 (約束)	3922	810	2644	3830	929	2960	4443	3862
언어01 (言語)	14938	85051	3504	4536	111514	5202	6272	12637
여성01 (女性)	11477	6364	1388	8063	5390	5022	1829	4373
여행02 (旅行)	807	1620	5641	12599	1301	2960	653	1420
역사04 (歷史)	7844	7059	1366	1915	28808	12915	1176	8974
연극 (演劇)	3576	694	1146	6551	186	16143	2613	114

영어02 (英語)	0	0	66	0	186	0	0	0
영화01 (映畫)	6460	4513	18554	32153	5947	11749	12283	2669
예08 (例)	26127	42352	11943	13809	52412	25739	19471	41207
예술 (藝術)	1096	1157	859	2117	1859	9865	784	1903
오전02 (午前)	1557	579	1454	907	186	1345	261	3323
오후02 (午後)	1096	1273	2071	2520	1487	1435	653	2357
왕04/05 (王)	1557	2661	2115	5443	1115	3408	0	1647
외국02 (外國)	8882	3703	5333	13305	6877	11300	1045	6418
위치01 (位置)	2768	7521	3966	2419	10408	5291	1568	3067
은행02 (銀行)	6979	2430	3526	3629	929	7803	131	4743
음식 (飮食)	7728	463	4936	4334	2602	4036	1307	511
음악01 (音樂)	10612	5323	5619	6652	4089	13632	2352	2187
의미02 (意味)	17302	28929	4010	5040	39402	12287	26396	20078
의사12 (醫師)	11766	7521	2556	3629	2974	10314	8363	8463
이유04 (理由)	20013	10762	5509	10281	16541	7982	18164	16500
이전03 (以前)	5479	4166	617	2117	5762	2960	2875	4686
이해06 (理解)	15918	24300	10511	9273	28622	12107	37112	16755
이후02 (以後)	14015	3356	2776	5947	13568	5022	4835	13972
인기01 (人氣)	1153	579	2732	2217	0	2601	392	682
인사02/03 (人事)	5652	4629	2776	13809	3160	3408	1829	5254
일04/05/06/07 (日)	82590	111550	137943	137380	69325	120715	131589	106722
일부02 (一部)	10670	3703	881	1008	6691	3408	2483	8264
자기03 (自己)	1384	810	595	1512	186	1525	653	483
자동-차 (自動車)	5364	1273	1190	1512	558	4395	523	1619
자식01 (子息)	4095	2314	3592	3528	743	6637	1829	1221
자신01 (自身)	15630	20713	4495	7862	11151	14529	76706	10593
자연01 (自然)	2595	6017	2424	4334	5390	10852	8232	4885
자유03 (自由)	6863	4629	1675	5846	3717	9686	5750	10422
작년 (昨年)	5825	3703	7492	5644	4275	6099	3790	10224
잔03 (盞)	2768	579	6611	3629	186	2421	1307	824
재료01 (材料)	519	694	308	605	372	3408	0	369
전08 (前)	93721	59131	52577	61987	109656	90223	49656	90762
전체01 (全體)	8767	10530	2490	2822	11151	8251	2483	9769
전화07 (電話)	3749	12497	37593	24996	2044	3408	6795	15051

정도11 (程度)	55310	56122	33384	51404	34941	36053	65076	45438
제목02 (題目)	2768	3009	2953	1210	5390	1435	915	4061
제일04 (第一)	231	0	132	0	558	1704	0	199
종류 (種類)	4037	7869	1653	1713	5204	1435	784	2527
종합 (綜合)	4210	1851	992	403	2788	1883	131	4089
주변04 (周邊)	4210	2430	4055	7055	2416	2421	1699	2442
주위02 (周圍)	1096	1851	2380	4132	558	1973	7971	909
주인01 (主人)	1557	1504	1322	3125	186	3498	392	1193
준비 (準備)	8882	6827	7073	16328	9107	13184	13590	9712
중심01 (中心)	10093	8563	1080	3931	30481	7175	1437	8576
지금03 (只今)	27107	19903	24415	35781	25462	41075	41816	30642
지방05 (地方)	17245	4976	2314	4233	2788	3587	392	7213
직업 (職業)	6748	3009	1542	4032	2044	2601	3790	1250
직원03 (職員)	2538	1504	2027	3729	2230	1256	0	4714
직장05 (職場)	5421	1851	3482	4233	1115	1525	2875	6021
질문 (質問)	34086	11803	3592	16832	24719	5919	11238	26695
차06/07 (車)	16668	19093	29748	30540	8735	17219	2091	16585
차례02 (次例)	3518	1041	661	706	14497	1704	915	3862
책01 (冊)	52945	26615	17496	21670	35499	34798	31231	40809
책상01 (冊床)	461	1967	1631	605	0	269	523	483
청년 (青年)	1327	463	463	907	0	2152	131	625
청-소년 (青少年)	4902	1851	132	605	558	3139	131	2925
최고02 (最高)	2711	2199	2578	2520	1301	3677	2221	2357
최근 (最近)	18917	4860	1432	4233	13382	4843	915	6816
축구04 (蹴球)	404	231	2578	2117	0	1345	784	483
층01/02 (層)	10035	5207	5112	6451	11709	6368	1045	18914
치료 (治療)	42391	12613	1014	1008	558	1525	1960	880
친구02 (親舊)	10151	16894	53943	36688	10036	20986	86637	4913
침대02 (寢臺)	577	116	1256	1310	0	448	653	170
태도03 (態度)	3922	3587	573	1310	6133	3139	4835	4175
특별 (特別)	3864	2777	1895	3125	4089	4305	4835	4175
평소 (平素)	2595	463	1961	2016	2602	3767	4966	1846
필요 (必要)	41180	29970	13354	15824	55014	22152	25612	33965
학교 (學校)	35412	33210	62890	112887	27321	46457	81541	41462
학년 (學年)	6806	7290	24482	35277	929	6547	37373	4970
학생 (學生)	40487	41195	16659	52311	23418	29506	25874	27717
해외 (海外)	4153	347	771	2016	4089	2152	0	3976

행동 (行動)	4729	9489	2358	5140	4646	4036	33322	5680
행사01 (行事)	2480	2314	2292	5846	2974	3318	261	5169
현재02 (現在)	8882	9373	661	2419	13939	3229	4051	6503
형01 (兄)	20647	28813	33626	19050	24533	13363	19471	16812
환자03 (患者)	24742	31937	441	101	2416	1883	1568	1903
회사04 (會社)	13265	3471	13464	13103	16913	11838	1437	14256
희망 (希望)	4095	1736	242	1512	1301	3229	3006	2300

위에 표에서 보듯이 총 198개 기본 한자어 명사 실제 출현 빈도를 정규화 시켰다. 사용역에서 최고 출현 빈도와 최저 출현 빈도를 살펴볼 수 있게 만들기 위하여 최고 출현 빈도와 최저 출현 빈도에 따라 각 사용역의 최고-최저 출현 빈도 차이 순서대로 배열할 것이다. 구어 사용역별 최고-최저 출현 빈도 차이에 따른 순서대로 기본 한자어 명사를 뽑아서 아래 <표 16>과 같이 제시할 것이다.

<표 16> 구어에서 기본 한자어 명사의 정규화 후 배열 순서[34]

	강연	강의	대화	독백	발표	방송	상담	토론	최고 출현 빈도	최저 출현 빈도	최고-최저 차이
문제06 (問題)	10375 6 /1	85166 /3	25451 /18	39914 /12	91256 /6	91837 /2	70303 /7	15085 4/1	15085 4	25451	125403
언어01 (言語)	14938 /49	85051 /4	3504 /85	4536 /90	11151 4 /3	5202 /100	6272 /74	12637 /46	11151 4	3504	108011
문 04 (門)	45851 /8	44550 /10	25826 /15	34773 /17	11671 9 /2	58564 /5	18425 /37	98941 /3	11671 9	18425	98293
분 02/03/ 04/05/ 06 (分)	52022 /7	91068 /2	26310 /14	37797 /13	12415 3 /1	33811 /15	78143 /5	90422 /5	12415 3	26310	97842

34 표 안에 음영 부분은 사용역별 각 어휘의 최고 출현 빈도이다.

부분01 (部分)	22205/30	62139/6	9057/40	16026/36	95345/5	13991/36	44952/12	62335/6	95345	9057	86288
공부01 (工夫)	9228/68	16200/40	27655/12	44349/8	11337/62	36053/11	94086/2	8463/72	94086	8463	85623
학교 (學校)	35412/14	33210/14	62890/2	112887 /2	27321/31	46457/6	81541/4	41462/12	112887	27321	85566
친구02 (親舊)	10151/64	16894/38	53943/3	36688/14	10036/67	20986/27	86637/3	4913/100	86637	4913	81724
교육 (教育)	27857/23	16084/41	6567/53	17336/31	84193/7	38744/9	3398/97	40440 /15	84193	3398	80796
자신01 (自身)	15630/48	20713/29	4495/70	7862/61	11151/63	14529/34	76706/6	10593/54	76706	4495	72211
일 04/05/06/07 (日)	82590/3	111550 /1	137943 /1	137380 /1	69325/9	120715 /1	131589 /1	106722 /2	137943	69325	68618
남자 (男子)	8132/83	18514/32	43873/6	67833/3	18586/42	13184/42	6795/70	3095/128	67833	3095	64738
전 08 (前)	93721/2	59131/7	52577/4	61987/5	109656 /4	90223/3	49656/10	90762/4	109656	49656	60000
문화01 (文化)	17591/41	11224/49	4010/75	12599/45	54642/12	13811/37	1568/123	15506/38	54642	1568	53074
사진06 (寫眞)	6460/99	2893/125	13332/34	11188/50	53899/13	3049/143	1699/120	5595/91	53899	1699	52200
신문10 (新聞)	5364/111	4860/99	4429/71	2923/130	4832/95	10045/59	1960/111	51345/8	51345	1960	49385
내용02 (內容)	19725/37	28813/20	7360/48	10684/51	55571/10	10672/56	12153/51	32829/17	55571	7360	48212
사용04 (使用)	16264/46	26152/24	2799/98	3125/123	48137/15	3408/128	1829/115	11416/53	48137	1829	46308
병 04 (病)	44813/9	7406/72	8131/42	11692/47	2974/118	7264/81	7971/62	2215/140	44813	2215	42598
치료 (治療)	42391/10	12613/44	1014/170	1008/179	558/165	1525/177	1960/111	880/173	42391	558	41833

필요(必要)	41180/11	29970/17	13354/32	15824/37	55014/11	22152/26	25612/26	33965/16	55014	13354	41660
예 08(例)	26127/25	42352/11	11943/36	13809/40	52412/14	25739/24	19471/33	41207/13	52412	11943	40469
대화06(對話)	9055/69	22217/27	15249/28	9474/55	23232/38	7713/79	47958/11	12183/49	47958	7713	40245
관계05(關係)	23474/29	31822/16	5311/62	16631/34	30295/25	20807/28	44168/13	30330/21	44168	5311	38857
사실04(事實)	33105/18	34715/13	5575/58	13506/42	15054/51	19910/30	37373/15	44103/11	44103	5575	38528
수 25/26(數)	61135/4	67578/5	50307/5	42837/9	72299/8	64035/4	34106/18	53077/7	72299	34106	38193
능력02(能力)	10554/63	7869/66	3438/88	3125/123	40145/17	5291/98	16465/40	6305/85	40145	3125	37021
학년(學年)	6806/96	7290/73	24482/19	35277/16	929/156	6547/90	37373/15	4970/99	37373	929	36444
설명(說明)	9343/67	17936/33	5333/60	5140/85	40889/16	6009/94	7840/64	18658/30	40889	5140	35748
학생(學生)	40487/12	41195/12	16659/27	52311/6	23418/37	29506/21	25874/25	27717/24	52311	16659	35652
전화07(電話)	3749/137	12497/45	37593/8	24996/21	2044/133	3408/128	6795/70	15051/39	37593	2044	35548
책 01(冊)	52945/6	26615/23	17496/25	21670/23	35499/20	34798/13	31231/20	40809/14	52945	17496	35449
의미02(意味)	17302/43	28929/19	4010/75	5040/85	39402/18	12287/47	26396/22	20078/27	39402	4010	35391
방 07/08(房)	34720/15	12497/45	27060/13	20662/27	18957/41	45111/7	9931/57	24707/26	45111	9931	35180
교사09(教師)	5479/108	6017/82	1917/133	2419/141	35313/21	2421/155	5227/79	18686/29	35313	1917	33396
환자03(患者)	24742/27	31937/15	441/191	101/195	2416/128	1883/168	1568/123	1903/148	31937	101	31837
정도11(程度)	55310/5	56122/8	33384/10	51404/7	34941/22	36053/11	65076/8	45438/10	65076	33384	31692

행동(行動)	4729/118	9489/56	2358/120	5140/85	4646/96	4036/115	33322/19	5680/90	33322	2358	30964
질문(質問)	34086/16	11803/47	3592/81	16832/33	24719/35	5919/95	11238/53	26695/25	34086	3592	30494
산 01(山)	36450/13	21639/28	13354/32	14917/38	15426/49	36591/10	6664/72	28399/23	36591	6664	29927
시간04(時間)	33278/17	50220/9	42396/7	62995/4	36614/19	33273/16	61286/9	47965/9	62995	33273	29722
영화01(映畫)	6460/99	4513/106	18554/23	32153/18	5947/84	11749/51	12283/50	2669/131	32153	2669	29483
중심01(中心)	10093/65	8563/62	1080/167	3931/106	30481/24	7175/83	1437/127	8576/70	30481	1080	29401
대학01(大學)	21686/31	5786/85	7757/45	21368/26	23232/38	34708/13	18948/35	12495/47	34708	5786	28922
세계02(世界)	17533/42	13654/43	1785/138	6955/65	7063/76	30672/17	4051/89	13802/44	30672	1785	28887
차 06/07(車)	16668/45	19093/30	29748/11	30540/19	8735/71	17219/32	2091/109	16585/35	30540	2091	28449
이해06(理解)	15918/47	24300/25	10511/38	9273/57	28622/28	12107/49	37112/17	16755/34	37112	9273	27839
역사04(歷史)	7844/85	7059/74	1366/155	1915/158	28808/27	12915/45	1176/132	8974/68	28808	1176	27632
선수05(選手)	1211/176	579/178	1873/135	1814/160	186/177	27443/22	0/182	767/177	27443	0	27443
방법(方法)	24512/28	27772/22	4892/68	5745/77	31967/23	12197/48	14636/46	16556/36	31967	4892	27076
반 10(班)	28434/22	17126/36	25738/16	41728/10	26578/32	29775/20	15420/45	30273/22	41728	15420	26308
선생01(先生)	6863/93	1620/157	3239/89	2721/134	27507/30	26367/23	1829/115	6447/83	27507	1620	25887
감정06(感情)	3057/146	4629/102	2402/114	4132/102	5390/88	2421/155	27834/21	3635/121	27834	2402	25432
명 02(名)	30567/19	29855/18	11723/37	14917/38	29365/26	30762/17	6272/74	31466/18	31466	6272	25193
배 09(倍)	30106/21	6480/79	20493/21	21469/25	5576/87	20179/29	16334/42	11672/51	30106	5576	24530

반 07 (半)	30164/20	17126/36	25627/17	40015/11	27879/29	30134/19	15681/44	30671/19	40015	15681	24334
교회02 (敎會)	25031/26	1967/147	5994/54	11591/48	1115/148	13094/44	16334/42	2244/139	25031	1115	23916
결정01 (決定)	11016/59	4629/102	2380/115	5544/80	4461/97	4484/111	26004/23	10167/59	26004	2380	23624
수업04 (授業)	692/187	23953/26	17981/24	21570/24	18400/43	807/192	13459/49	11473/52	23953	692	23261
기분01 (氣分)	4383/120	5439/92	7470/47	10180/53	3160/114	7623/80	24828/27	1732/152	24828	1732	23096
고등학교(高等學校)	4729/118	5554/91	10489/39	20461/28	2602/124	1614/176	24044/28	5481/93	24044	1614	22430
지금03	27107	19903	24415	35781	25462	41075	41816	30642	41816	19903	21913
(只今)	/24	/30	/20	/15	/34	/8	/14	/20			
형 01 (兄)	20647/33	28813/20	33626/9	19050/29	24533/36	13363/41	19471/33	16812/33	33626	13363	20263
성격02 (性格)	6863/93	11803/47	6809/50	11289/49	8364/72	4753/108	24044/28	4118/113	24044	4118	19926
기억02 (記憶)	8190/82	7637/68	8946/41	23485/22	4275/99	8789/70	7579/65	9826/61	23485	4275	19210
결과02 (結果)	20359/34	10067/55	1587/146	2318/147	18214/44	5022/103	6142/76	10224/57	20359	1587	18773
노력01 (努力)	21109/32	5786/85	2732/101	9374/56	10408/65	14529/34	20385/31	9286/67	21109	2732	18376
결혼 (結婚)	2595/157	5091/96	19369/22	18344/30	6319/81	9776/62	7187/67	1278/164	19369	1278	18091
최근 (最近)	18917/39	4860/99	1432/153	4233/97	13382/58	4843/106	915/138	6816/81	18917	915	18002
시민 (市民)	4268/121	17936/33	463/187	1713/161	558/165	1883/168	0/182	12921/45	17936	0	17936
층 01/02 (層)	10035/66	5207/95	5112/63	6451/68	11709/61	6368/91	1045/135	18914/28	18914	1045	17868
검찰02 (檢察)	3460/141	116/195	44/198	101/195	0/188	897/190	0/182	17692/31	17692	0	17692

분위기(雰圍氣)	4902/116	2546/131	7889/43	8870/58	2788/121	9417/66	19993/32	4657/107	19993	2546	17447
사업04(事業)	18571/40	2430/133	2248/113	3427/117	15426/49	8251/73	1176/132	10479/55	18571	1176	17395
지방05(地方)	17245/44	4976/98	2314/121	4233/97	2788/121	3587/126	392/158	7213/77	17245	392	16853
관심01(關心)	11535/57	8910/60	6699/51	9777/54	16355/47	8251/73	22999/30	8378/73	22999	6699	16300
계획01(計劃/計畫)	19494/38	5786/85	3217/91	5947/73	9665/68	11031/54	10062/56	5566/92	19494	3217	16277
과거03(過去)	8363/80	17242/35	1190/162	3225/123	4089/102	8341/72	4312/86	9968/60	17242	1190	16052
연극(演劇)	3576/139	694/175	1146/164	6551/67	186/177	16143/33	2613/102	114/197	16143	114	16030
시험03(試驗)	3172/143	7521/69	17232/26	17135/32	19143/40	7892/77	18817/36	4317/110	19143	3172	15971
회사 04(會社)	13265/51	3471/118	13464/31	13103/44	16913/45	11838/50	1437/127	14256/40	16913	1437	15476
건강03(健康)	7613/88	2546/131	2380/115	6249/70	6505/80	17847/31	4704/84	3635/121	17847	2380	15467
반응(反應)	5710/106	5554/90	1829/136	1109/177	13010/59	8879/68	16465/40	1988/146	16465	1109	15356
이유04(理由)	20013/35	10762/50	5509/59	10281/52	16541/46	7982/76	18164/38	16500/37	20013	5509	14504
소설03(小說)	1327/173	8332/64	1124/165	3326/120	14869/52	1883/168	915/138	3720/119	14869	915	13954
차례02(次例)	3518/140	1041/168	661/180	706/184	14497/54	1704/174	915/138	3862/117	14497	661	13836
목적03(目的)	8824/74	5901/84	1807/137	1310/172	14869/52	3139/139	4051/89	6958/78	14869	1310	13558
현재02(現在)	8882/70	9373/57	661/180	2419/141	13939/56	3229/136	4051/89	6503/82	13939	661	13278

경험(經驗)	8824/74	3587/116	4297/72	7358/62	5390/88	7264/81	16857/39	4885/101	16857	3587	13270
시장04(市場)	11593/56	3240/120	3041/92	3528/114	3717/107	13453/40	6 5 3/147	9798/62	13453	653	12799
광고02(廣告)	1557/166	3124/121	2953/93	2419/141	14311/55	3856/117	1568/123	12467/48	14311	1557	12754
선배(先輩)	8363/80	9 2 6/170	7867/44	6148/72	1301/143	3856/117	13590/47	1931/147	13590	926	126 4
교수06(教授)	11996/54	5091/96	5002/66	3427/117	15984/48	12556/46	10715/54	14029/41	15984	3427	12557
시작01(始作)	19782/36	16779/39	14477/29	26811/20	26020/33	25739/24	26004/23	17692/31	26811	14477	12333
외국02(外國)	8882/70	3703/112	5333/60	13305/43	6877/78	11300/53	1045/135	6418/84	13305	1045	12259
관리04(管理)	13207/52	3934/110	2953/93	4233/97	3160/114	5740/96	1045/135	5112/97	13207	1045	12162
인사02/03(人事)	5652/107	4629/102	2776/99	13809/40	3160/114	3408/128	1829/115	5254/94	13809	1829	11979
여행02(旅行)	8 0 7/184	1620/157	5641/56	12599/45	1301/143	2960/145	6 5 3/147	1420/159	12599	653	11946
방송01/02(放送)	3460/142	8910/60	2622/106	4536/90	3345/113	10314/57	0/182	11814/50	11814	0	11814
색 03(色)	8882/70	14349/72	14367/30	5745/77	9293/69	11749/51	2613/102	4629/108	14367	2613	11754
음악01(音樂)	10612/62	5323/94	5619/57	6652/66	4089/102	13632/38	2352/106	2187/142	13632	2187	11445
병원02(病院)	13207/53	4281/108	4143/73	2923/130	1859/135	3139/139	6664/72	2556/132	13207	1859	11349
이후02(以後)	14015/50	3356/119	2776/99	5947/73	13568/57	5022/103	4835/81	13972/42	14015	2776	11238
내일(來日)	1442/170	2661/127	12340/35	4435/92	1115/148	5112/101	2091/109	5112/97	12340	1115	11225
반대03(反對)	5306/113	5670/89	3834/78	2621/136	3531/112	6906/85	7056/69	13830/43	13830	2621	11210

세상01 (世上)	8767/76	6827/76	3570/83	6249/70	4089/102	13632/38	2744/101	3436/124	13632	2744	10888
남편01 (男便)	3172/143	10762/50	4517/69	6451/68	1859/135	9686/63	392/158	2102/144	10762	392	10369
여성01 (女性)	11477/58	6364/81	1388/154	8063/59	5390/88	5022/103	1829/115	4373/109	11477	1388	10089
일부02 (一部)	10670/61	3703/112	881/174	1008/179	6691/79	3408/128	2483/104	8264/75	10670	881	9788
사장15 (社長)	2365/163	463/186	2688/104	1713/161	186/177	3229/136	131/172	9798/62	9798	131	9667
준비 (準備)	8882/70	6827/76	7073/49	16328/35	9107/70	13184/42	13590/47	9712/65	16328	6827	9501
의사12 (醫師)	11766/55	7521/69	2556/110	3629/109	2974/118	10314/57	8363/59	8463/72	11766	2556	9209
예술 (藝術)	1096/180	1157/165	859/175	2117/151	1859/135	9865/61	784/142	1903/149	9865	784	9081
대부분 (大部分)	10727/60	9257/58	3239/89	4435/92	12081/60	4305/113	3790/93	6958/78	12081	3239	8842
위치01 (位置)	2768/150	7521/69	3966/77	2419/141	10408 65	5291/98	1568/123	3067/129	10408	1568	8840
서양 (西洋)	3749/137	2199/140	948/172	1512/165	3717/107	8879/68	131/172	1590/156	8879	131	8748
자유03 (自由)	6863/93	4629/102	1675/141	5846/75	3717/107	9686/63	5750/78	10422/56	10422	1675	8748
전체01 (全體)	8767/76	10530/52	2490/111	2822/133	11151/63	8251/73	2483/104	9769/64	11151	2483	8669
자연01 (自然)	2595/157	6017/82	2424/113	4334/94	5390/88	10852/55	8232/60	4885/101	10852	2424	8428
선택 (選擇)	7901/84	10530/52	3680/79	3326/120	7434/73	6368/91	11499/52	5822/89	11499	3326	8173
식사03 (食事)	8478/79	579/178	1697/140	2217/149	2230/131	1345/184	392/158	710/178	8478	392	8086
방향01 (方向)	7209/90	2083/145	1719/139	3125/123	7620/73	9686/63	8102/61	8690/69	9686	1719	7967

은행02 (銀行)	6979/92	2430/133	3526/84	3629/109	929/156	7803/78	131/172	4743/104	7803	131	7672
기회03 (機會)	6748/97	2661/127	2380/115	8063/59	7063/76	9955/60	9278/58	9599/66	9955	2380	7575
보통 (普通)	7844/85	10530/52	5024/64	3024/129	6319/81	6816/86	7187/67	3209/126	10530	3024	7506
도시03 (都市)	7613/88	1736/154	1036/169	5443/82	929/156	2152/163	131/172	1079/169	7613	131	7482
주위02 (周圍)	1096/180	1851/150	2380/115	4132/102	558/165	1973/167	7971/62	909/172	7971	558	7414
모양02 (模樣)	4095/128	8447/63	2137/126	1915/158	1115/148	8520/71	1960/111	1505/158	8520	1115	7405
사고12 (事故)	7209/90	9142/59	2843/96	5644/80	5018/94	3767/121	10193/55	3209/126	10193	2843	7350
음식 (飮食)	7728/87	463/186	4936/67	4334/94	2602/124	4036/115	1307/129	511/184	7728	463	7266
미래02 (未來)	4210/123	7984/65	837/176	1613/164	1673/138	3408/128	4051/89	2215/140	7984	837	7147
종류 (種類)	4037/131	7869/66	1653/143	1713/161	5204/93	1435/180	784/142	2527/133	7869	784	7085
강 01 (江)	8536/78	6480/79	5994/54	4334/94	3160/114	9148/67	2221/107	7469/76	9148	2221	6926
부인01 (夫人)	1846/165	6827/76	1542/148	4032/104	1487/140	3856/117	4312/86	8321/74	8321	1487	6834
가족01 (家族)	5998/103	3703/112	3482/86	5241/84	743/160	6637/87	7318/66	5879/88	7318	743	6574
작년 (昨年)	5825/105	3703/112	7492/46	5644/79	4275/99	6099/93	3790/93	10224/57	10224	3703	6521
잔 03 (盞)	2768/150	579/178	6611/52	3629/109	186/177	2421/155	1307/129	824/175	6611	186	6425
부모01 (父母)	5133/114	6943/75	2468/112	3629/109	743/160	5650/97	1307/129	6958/78	6958	743	6214
국내02 (國內)	6171/101	2199/140	463/187	2621/136	4461/97	3767/121	0/182	2527/133	6171	0	6171

부부03 (夫婦)	1153 /178	3934/ 110	1520 /150	2419/ 141	5947 /84	6637/ 87	523 /153	568 /182	6637	523	6114
국제02 (國際)	6113 /102	1273 /162	595 /183	3629 /109	372 /172	5112/ 101	131 /172	5169 /95	6113	131	5983
도로07 (道路)	5940 /104	463 /186	2600/ 107	1512/ 165	0 /188	1076/ 188	0 /182	596 /181	5940	0	5940
자식01 (子息)	4095 /128	2314 /137	3592 /81	3528 /114	743 /160	6637/ 87	1829 /115	1221/ 166	6637	743	5893
기자05 (記者)	2884 /149	694 /175	1587/ 146	5040/ 85	2416/ 128	4574 /110	261 /165	6106/ 86	6106	261	5844
행사01 (行事)	2480 /161	2314 /137	2292/ 122	5846/ 75	2974 /118	3318 /135	261 /165	5169 /95	5846	261	5585
태도03 (態度)	3922 /132	3587 /116	573/1 85	1310/ 172	6133 /83	3139/ 139	4835 /81	4175 /111	6133	573	5560
직업 (職業)	6748/ 97	3009 /122	1542 /148	4032/ 104	2044 /133	2601/ 152	3790 /93	1250 /165	6748	1250	5498
왕 04/05 (王)	1557 /166	2661/ 127	2115 /127	5443 /82	1115 /148	3408/ 128	0 /182	1647 /153	5443	0	5443
주변04 (周邊)	4210 /123	2430 /133	4055 /74	7055 /64	2416 /128	2421 /155	1699/ 120	2442 /135	7055	1699	5357
대답 (對答)	3807 /136	5786 /85	2093/ 128	2721 /134	7434/ 74	2691 /150	5880 /77	4828/ 103	7434	2093	5341
벽 06 (壁)	2422 /162	5439/ 92	2159 /125	907 /181	186 /177	4843 /106	3790 /93	1108/ 168	5439	186	5253
이전03 (以前)	5479 /108	4166 /109	617 /182	2117 /151	5762/ 86	2960 /145	2875 /99	4686/ 106	5762	617	5145
직장05 (職場)	5421 /110	1851/ 150	3482 /86	4233 /97	1115/ 148	1525/ 177	2875 /99	6021/ 87	6021	1115	4905
자동 -차 (自動車)	5364 /111	1273 /162	1190/ 162	1512 /165	558 /165	4395 /112	523 /153	1619 /155	5364	523	4841
노인01 (老人)	4960/ 115	1967 /147	463 /187	706 /184	186 /177	2421 /155	1176 /132	795 /176	4960	186	4774

청-소년(靑少年)	4902/116	1851/150	132/194	605/187	558/165	3139/139	131/172	2925/130	4902	131	4772
비행-기(飛行機)	404/195	579/178	2027/130	4737/89	743/160	2332/160	0/182	312/191	4737	0	4737
직원03(職員)	2538/160	1504/159	2027/130	3729/108	2230/131	1256/187	0/182	4714/105	4714	0	4714
공장02(工場)	2711/153	579/178	793/177	1210/175	1115/148	4664/109	0/182	994/171	4664	0	4664
평소(平素)	2595/157	463/186	1961/132	2016/155	2602/124	3767/121	4966/80	1846/150	4966	463	4503
제목02(題目)	2768/150	3009/122	2953/93	1210/175	5390/88	1435/180	915/138	4061/115	5390	915	4475
상품03(商品)	2653/155	1504/159	727/179	3528/114	4275/99	2332/160	0/182	1761/151	4275	0	4275
해외(海外)	4153/126	347/192	771/178	2016/155	4089/102	2152/163	0/182	3976/116	4153	0	4153
가격03(價格)	4153/126	1736/154	3658/80	2621/136	0/188	2691/150	261/165	2158/143	4153	0	4153
종합(綜合)	4210/125	1851/150	992/171	403/191	2788/121	1883/168	131/172	4089/114	4210	131	4080
교통01(交通)	3922/132	1157/165	1278/159	706/184	372/172	1435/180	0/182	369/188	3922	0	3922
희망(希望)	4095/128	1736/154	242/193	1512/165	1301/143	3229/136	3006/98	2300/138	4095	242	3852
거리08(距離)	4268/121	4860/99	5024/64	7358/62	3717/107	6995/84	4312/86	3521/123	7358	3521	3836
고향02(故鄕)	750/186	2661/127	1102/166	202/194	372/172	3767/121	131/172	540/183	3767	131	3636
약속(約束)	3922/132	810/172	2644/105	3830/107	929/156	2960/145	4443/85	3862/117	4443	810	3633

동시02 (同時)	3172/143	4397/107	2248/123	2318/147	3717/107	3856/117	784/142	3663/120	4397	784	3613
건물03 (建物)	3057/146	2083/145	2732/101	4233/97	743/160	717/193	653/147	1022/170	4233	653	3580
재료01 (材料)	519/192	694/175	308/192	605/187	372/172	3408/128	0/182	369/188	3408	0	3408
주인01 (主人)	1557/166	1504/159	1322/157	3125/123	186/177	3498/127	392/158	1193/167	3498	186	3312
대회02 (大會)	1442/170	1041/168	948/172	3427/117	1115/148	987/189	261/165	1647/153	3427	261	3166
오전02 (午前)	1557/166	579/178	1454/152	907/181	186/177	1345/184	261/165	3323/125	3323	186	3137
남녀 (男女)	634/188	2199/140	1300/158	3326/120	1115/148	2601/152	392/158	341/190	3326	341	2985
특별 (特別)	3864/135	2777/126	1895/134	3125/123	4089/102	4305/113	4835/81	4175/111	4835	1895	2940
근처 (近處)	577/190	8 1 0	2843/96	2923/130	0/188	897/190	261/165	284/194	2923	0	2923
동물 (動物)	1269/175	3009/122	1080/167	2117/151	186/177	2242/162	523/153	312/191	3009	186	2823
물론01 (勿論)	1211/176	579/178	110/196	403/191	1673/138	2870/148	392/158	1534/157	2870	110	2760
인기01 (人氣)	1153/178	579/178	2732/101	2217/149	0/188	2601/152	392/158	682/179	2732	0	2732
내년 (來年)	2653/155	347/192	2380/115	2016/155	1487/140	3049/143	1960/111	2073/145	3049	347	2702
축구04 (蹴球)	404/195	231/194	2578/108	2117/151	0/188	1345/184	784/142	483/185	2578	0	2578
시계02 (時計)	634/188	926/170	1366/155	1411/170	372/172	2870/148	1699/120	1420/159	2870	372	2498
교실 (教室)	2019/164	2314/137	1278/159	2419/141	2602/124	448/195	131/172	1420/159	2602	131	2471
사무-실 (事務室)	923/183	2430/133	1675/141	504/190	0/188	628/194	261/165	880/173	2430	0	2430

최고02 (最高)	2711 /153	2199 /140	2578 /108	2520/ 139	1301 /143	3677 /125	2221 /107	2357 /136	3677	1301	2376
속도01 (速度)	2941/ 148	2199 /140	1498 /151	1109/ 177	1301 /143	1883/ 168	784/1 42	1335 /163	2941	784	2157
소식04 (消息)	461 /193	463 /186	485 /186	1411/ 170	558 /165	2152/ 163	0 /182	312 /191	2152	0	2152
청년 (青年)	1327 /173	463 /186	463 /187	907 /181	0 /188	2152/ 163	131 /172	625/1 80	2152	0	2152
책상01 (冊床)	461/1 93	1967 /147	1631/ 145	605 /187	0 /188	269/1 97	523 /153	483 /185	1967	0	1967
오후02 (午後)	1096 /180	1273/ 162	2071/ 129	2520 /139	1487/ 140	1435/ 180	653 /147	2357 /136	2520	653	1866
비밀 (祕密)	807 /184	1157 /165	1653/ 144	302/1 93	0 /188	1794/ 173	523 /153	1392/ 162	1794	0	1794
제일04 (第一)	231 /197	0 /197	132/1 94	0 /197	558 /165	1704 /174	0 /182	199 /195	1704	0	1704
자기03 (自己)	1384/ 172	81 0	595 /183	1512 /165	186 /177	1525 /177	653 /147	483/1 85	1525	186	1339
침대02 (寢臺)	577 /190	/172 116	1256 /161	1310 172	0 /188	448 /195	653 /147	170 /196	1310	0	1310
영어02 (英語)	0 /198	/195 0	66 /197	0 /197	186 /177	0 /198	0 /182	0 /198	186	0	186

<표 16>에서 보듯이 기본 한자어 명사를 정규화 이후 사용역별 최고-최저 출현 빈도에 따라 배열하였다. 예를 들어 "문제06(問題)"는 최고-최저 출현 빈도 차이가 제일 큰 어휘이다. 최고 출현 빈도는 '토론' 사용역에서 150,854번으로 나타나고 있고 최저 출현 빈도가 '대화' 사용역에 25,451번으로 나타나고 있다. 빈도 차이는 125,403번으로 구어에서 출현 빈도 차이는 제일 큰 어휘가 되었다. 또한 두 번째 최고-최저 출현 빈도 차이가 큰 어휘는 "언어01(言語)"이다. 구어에서 최고-최저 출현 빈도 차이에 따라 198개 기본 한자어 명사를 모두 제시하였다. 그리고 출현 빈도 뒤에는 사용역별 배열 순서이다.

예를 들어 “문제06(問題)”는 ‘강연’ 사용역에서 출현 빈도를 제시한 후 ‘강연’ 사용역에서 출현 빈도 1위인 어휘이기 때문에 출현 빈도 뒤에 ‘1’로 표시하기로 한다.

구어 사용역에서 본 연구 대상의 유형 빈도는 다음 <표 17>과 같다.

<표 17> 구어에서 기본 한자어 명사의 유형 빈도 사용역

		강연	강의	대화	독백	발표	방송	상담	토론	총
유형 빈도	회수	35	13	9	25	39	33	27	17	198
	누적비율	18%	7%	5%	13%	20%	17%	14%	9%	100%

<표 17>에서 보듯이 구어에서 가장 많이 나타나는 기본 한자어 명사 사용역은 총 39회로 ‘발표’이다. 다음에는 ‘강연18%>방송17%>상담14%>독백13%>토론9%> 강의7%>대화5%’ 순으로 나타나고 있다. 사용역의 유형 빈도를 누적비율 그래프로 보면 다음과 같다.

<그래프 1> 구어에서 기본 한자어 명사의 유형 빈도 사용역

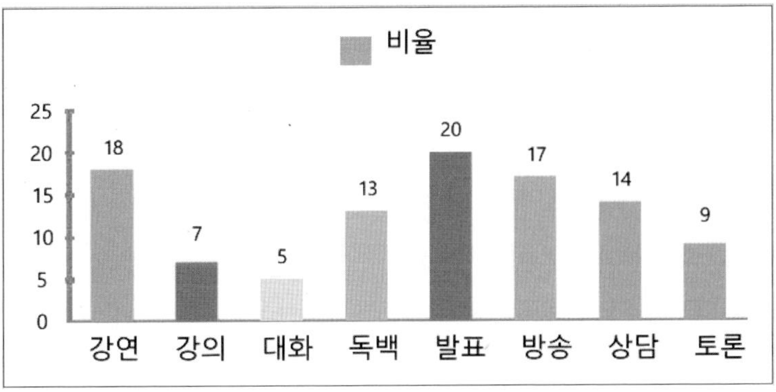

<그래프 1>에서 보듯이 ‘발표’, ‘강연’, ‘방송’ 사용역의 합은 55%로 전체 사용역의 반 이상을 차지하고 있으며 이를 통해 기본 한자어 명사는 ‘발표’,

‘강연’과 ‘방송’ 등 공식적인 주제를 정하고 정보를 전달하는 사용역에서 많이 쓰임을 알 수 있다. 반대로 ‘대화’에서 제일 적게 나타나는 것을 알 수 있는데, 일상생활에서 대화할 때 어휘 다양성이 높아져 유형 빈도가 낮아질 수밖에 없기 때문이다. ‘대화’에서 “일04/05/06/07(日), 전화07(電話), 형01(兄), 결혼(結婚), 색03(色), 내일(來日), 잔03(盞), 인기01(人氣), 축구04(蹴球)” 총 9개 일상생활에 친밀한 관계가 있는 어휘들이 있다. ‘발표’에서 주로 “언어01(言語)”, “문04(門)”과 “분02/03/04/05/06(分)” 등뿐만 아니라 “부분01(部分)”, “교육(教育)”, “전08(前)” 등 39개 공식적인 정보 전달하는 어휘가 있다.

다음에 <표 18>에서 구어 사용역에서 전체 198개 기본 한자어 명사의 총 출현 빈 도 누적 비율을 제시한 것이다.

<표 18> 구어에서 기본 한자어 명사의 출현 빈도 사용역

	강연	강의	대화	독백	발표	방송	상담	토론	총
출현 빈도	2,346,600	2,145,593	1,539,120	2,052,331	2,680,437	2,154,670	2,175,992	2,302,570	17,397,313
누적 비율	13.5%	12.3%	8.8%	11.8%	15.4%	12.4%	12.5%	13.2%	100%

198개 기본 한자어 명사는 구어 사용역 중 ‘발표’에서 2,680,437번으로 가장 높은 빈도를 보이고 있으며 다음으로 ‘강연’과 ‘토론’에서도 2,346,600회, 2,302,570회의 빈도로 많이 사용되고 있다. 그리고 ‘상담’에서는 2,175,992번, ‘방송’에서 2,154,670번, ‘강의’에서 2,145,593번, ‘독백’에서 2,052,331번, ‘대화’에서 1,539,120번의 빈도를 나타내고 있다. ‘대화’ 사용역만 10%이하로 차지하고 다른 사용역은 모두 10%이상 비율로 차지하고 있는 것을 볼 수 있다. <표 18>을 통해 본 연구 대상의 198개 기본 한자어 명사의 출현 빈도는 ‘발표’ 사용역에서 제일 높고 ‘대화’사용역에서 제일 낮다고 확인할 수 있다. 이 결과는 앞에 언급했듯이 유형 빈도가 ‘발표’ 사용역에서

제일 높고 '대화' 사용역에서 제일 낮다는 것과 일치한다. 198개 기본 한자어 명사는 '발표'에서 출현 빈도와 유형 빈도를 모두 높은 비율을, '대화'에서 모두 낮은 비율을 차지하고 있다는 것을 알 수 있다.

여기서 사용역별 출현 빈도 차이에 대한 구체적인 어휘의 분석을 진행할 것이다. 구어 사용역별 출현 빈도 차이에 따라 "문제06(問題)"는 SJ-RIKS 코퍼스 확장판에서 빈도 차이가 가장 큰 어휘이다. 다음의 <그래프 2>는 SJ-RIKS 코퍼스 확장판에서 분석한 "문제06(問題)"의 구어 사용역별 출현 양상이다.

<그래프 2> "문제06(問題)"의 구어 사용 양상

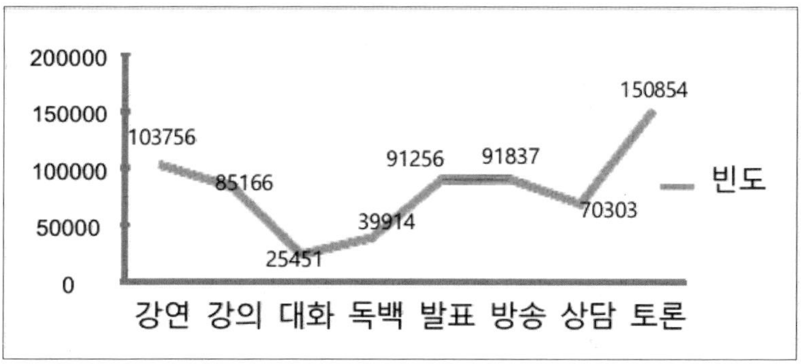

"문제06(問題)"는 SJ-RIKS 코퍼스 확장판 구어 '토론' 사용역에서 150,854번으로 가장 높은 빈도를 보이고 있으며 최저로 '대화'사용역에서는 25,451회의 빈도로 '토론'과 125,403번으로 큰 차이가 있음을 알 수 있다. 말뭉치에서 나타나는 구체적인 예문은 다음(5)와 같다.

(5) ㄱ. 이 문제에 매달리시던 분도 계셨고...

ㄴ. 아까 원장선생님이 말씀하신 것처럼 하여튼 中人에 관련된 모든 문

제...

ㄷ. 中人에 관한 한 생각할 수 있는 여러 어떤 문제들...

ㄹ. 본시에는 그런 시기문제를 떠나서 中人文學 문제를 별도 주제로 했었는데 좀 여의치 못해서 오늘 이번 발표 주제에서는 빠졌습니다만...

- SJ-RIKS 코퍼스 확장판 '토론' 사용역의 예문

예문(5)는 "문제06(問題)"가 제일 많이 나타나는 '토론' 사용역에 나온 예문이다. 토론은 어떤 문제에 대하여 여러 사람이 각각 의견을 말하며 논의한다. 예문(5)에서 '中人'에 관한 문제를 제시하고 해결하는 과정에서 논의할 때마다 "문제06(問題)"를 다시 사용하기 때문에 "문제06(問題)"는 '토론'사용역에서 많이 나타났음을 알 수 있다. 그런데 '대화'는 마주 보며 의견들을 바로 편하게 이야기하기 때문에 문제를 다시 제출 필요가 없기 때문에 '대화' 사용역에서 적제 나타난 것도 알 수 있다. 다음으로 "언어01(言語)"는 '발표' 사용역에서는 111,514번의 빈도를, '강의', '강연', '토론', '상담', '방송'과 '독백' 사용역에서 85,051번, 14,938번, 12,637번, 6,272번, 5,202번과 4,536번의 빈도를 나타내고 있고 '대화'사용역에서 최저로 3,504번이 나타나고 있다. 구어 사용역에서 108,011번으로 차이가 두 번째 큰 어휘를 보이고 있다. 다음 <그래프 3>은 구어에서 "언어01(言語)"의 사용 양상이다.

<그래프 3> "언어01(言語)"의 구어 사용 양상

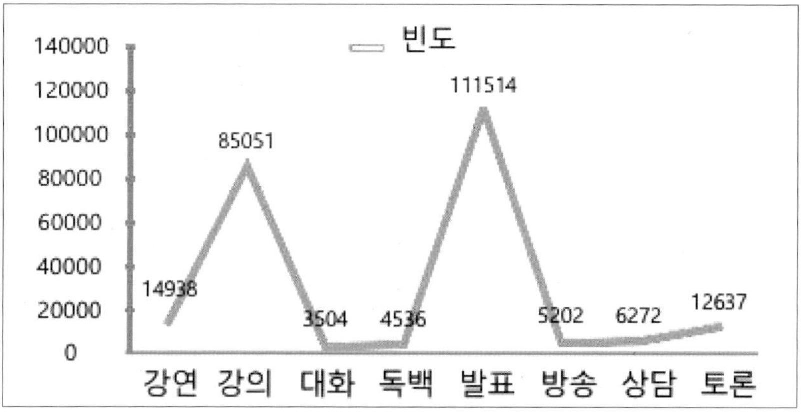

<그래프 3>에서 보듯이 "언어01(言語)"는 '발표'과 '강의'에서 높은 빈도로 나타나고 있다 . 반면 '강연', '대화', '독백', '방송', '상담', '토론'에서 낮은 빈도로 나타나고 있다. 예문을 보면 다음 (6)과 같다.

(6) ㄱ. 그 주제를 한 것은 남녀 언어적 차이거든요.

ㄴ. 남자와 여자의 언어적 차인데

ㄷ. 남녀 여자의 그 성차별에 따른 언어의 그런 다른 차이는 되게 어

ㄹ. 이 언어뿐만 아니라 타학문에서도 그 연구가 그렇게 어

- SJ-RIKS 코퍼스 확장판 '발표' 사용역의 예문

(6 ㄱ~ㄷ)에서 공식적인 남녀 차이에 대해 발표할 때 "언어01(言語)"를 반복적으로 쓰임을 볼 수 있고 (6 ㄹ)에서 학문적인 내용을 말할 때 "언어01(言語)"가 쓰이고 있다. 그러므로 '발표' 사용역 특징에 따라 공식적인 주제나 학문적인 내용을 말할 때는"언어01(言語)"를 자주 쓰이는 것을 볼 수 있다. 높은 빈도의 어휘는 정보 전달을 목적으로 정보의 밀도가 높기 때문에 사용

빈도가 높아지게 된다. 이를 통해 정보 전달을 목적으로 하는 사용역일수록 정보의 밀도가 높기 때문에 사용 빈도가 높아지게 된다. 반대로 '대화' 사용역은 어휘의 다양성이 높아서 빈도가 낮아진다. 따라서 구어 사용역에서 "문04(門)", "분02/03/04/05/06(分)", "부분01(部分)" 등 5위까지 단어들은 최고 출현 빈도가 모두 "언어01(言語)"처럼 '발표' 사용역에 나타나고 있다.

다음 최고-최저 출현 빈도 차이 6위와 7위 어휘를 분석하면 다음 <그래프 4>, <그래프 5>와 같다.

<그래프 4> "공부01(工夫)"의 구어 사용 양상

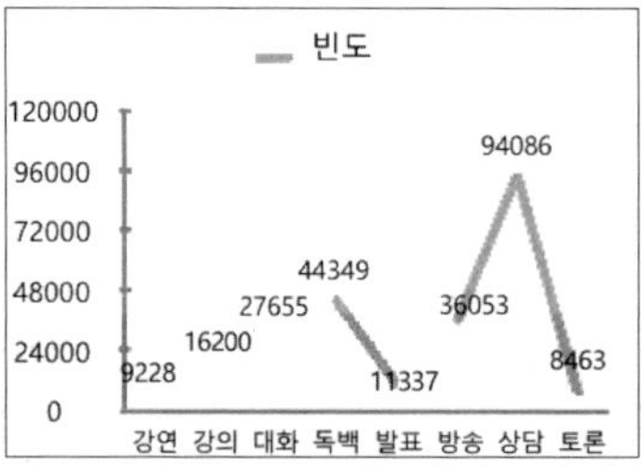

<그래프 5> "학교(學校)"의 구어 사용 양상

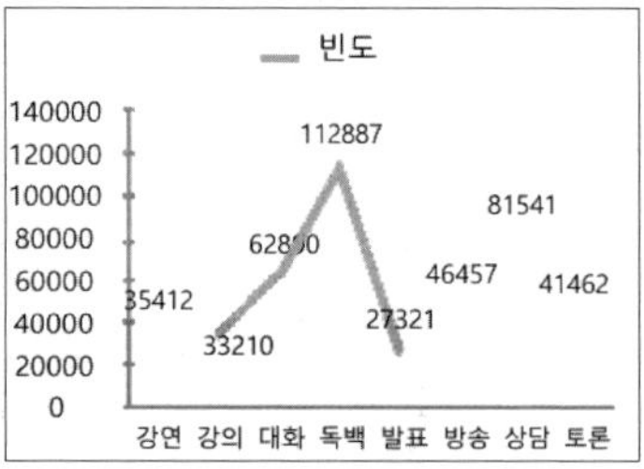

<그래프 4>에서 보듯이 "공부01(工夫)"의 최고 출현 빈도가 '상담'에서 94,086번으로 나타나고 있고 최저 출현 빈도가 '토론'에서 8,463번으로 나타나고 있다. 또한 <그래프 5>에서 "학교(學校)"는 최고 출현 빈도가 112,887번으로 '독백'에 나타나고 있고 최저 출현 빈도가 27,321번으로 '발표'에 나타나고 있다. 출현 빈도 차이에 따라 7위까지의 어휘는 최고 출현 빈도가 '토론', '발표', '상담'과 '독백'에 나타나고 있다. 다른 4가지 구어 사용역에 나타나는 어휘도 살펴보도록 한다. 다음 <그래프 6~9>와 같다.

<그래프 6> "일04/05/06/07(日)"의
구어 사용 양상

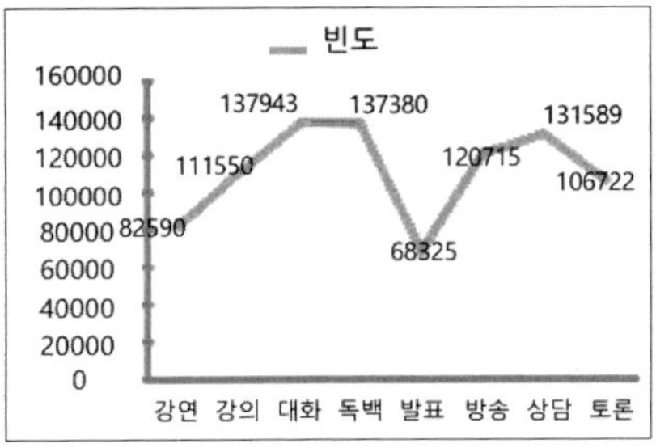

<그래프 7> "병04(病)"의
구어 사용 양상

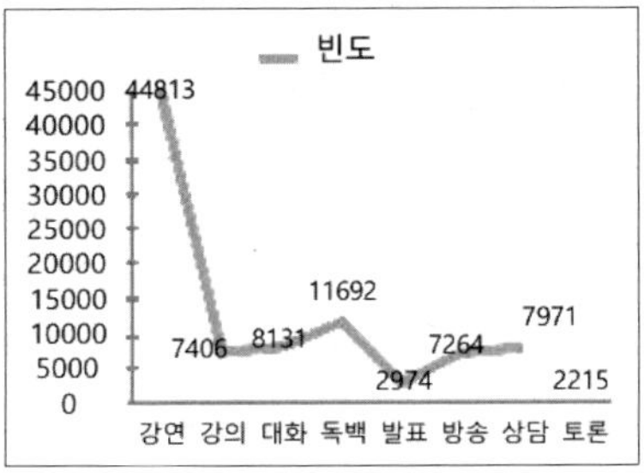

<그래프 8> "방07/08(房)"의
구어 사용 양상

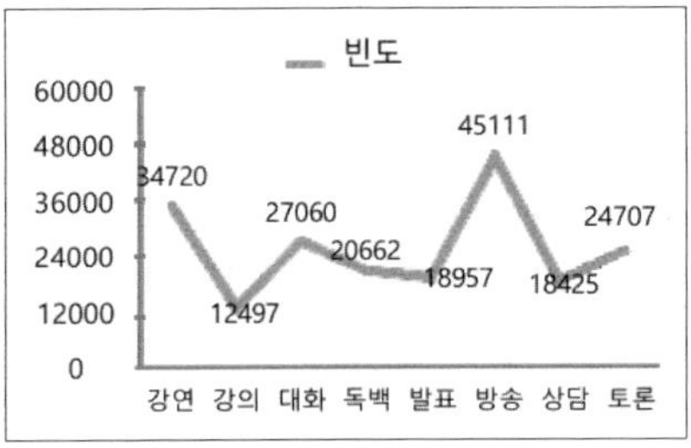

<그래프 9> "환자03(患者)"의
구어 사용 양상

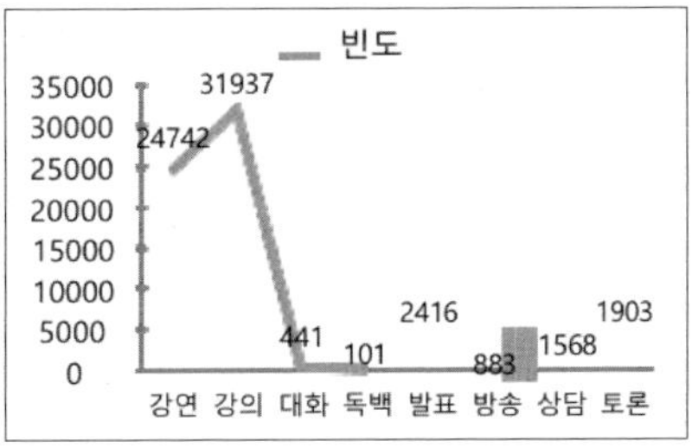

<그래프 6~9>에서 볼 수 있을 듯이 최고 출현 빈도는 각각 '대화', '강연', '방송', '강의' 사용역에서 나타나는 것이다. 위에 그래프를 통해 198개 기본 한자어 명사는 SJ-RIKS 코퍼스 확장판 구어 8개 사용역에서 빈도 차이가 많이 나타나는 것을 확인할 수 있다.

그리고 구어에서 기본 한자어 명사의 유형 빈도와 출현 빈도는 전체 어절 수[35]와 상관없이 나타난다. 전체 어절 수에서 '대화' 32%과 '토론' 25%가 반 정도 이상의 큰 비중으로 차지하고 있는데 '대화'과 '토론'에서 유형 빈도

35 구어 사용역별 전체 어절 수: 대화32%>토론25%>강연12%>방송8%>독백7%>강의6%>상담5%>발표 4%

와 출현 빈도의 누적 비중이 크지 않음을 확인할 수 있다. 밑에 <그래프 10>은 기본 한자어 명사를 구어 8개 사용역에서 유형 빈도, 출현 빈도, 그리고 전체 어절 수의 누적 비율을 보인 것이다.

<그래프 10> 구어 사용역에서 유형 빈도, 출현 빈도, 전체 어절 수의 누적 비율

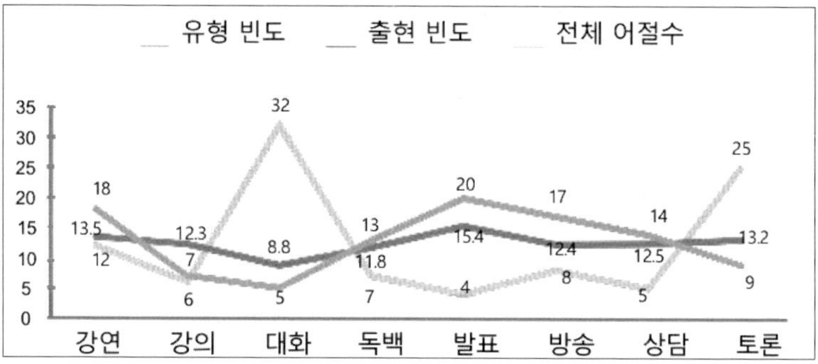

위에 <그래프 10>에서 보듯이 차이가 제일 큰 것은 '대화'와 '토론' 사용역이다. '대화'의 어절 수 32%는 다른 사용역보다 제일 큰 비중을 차지하고 있지만 '대화'에서 유형 빈도와 출현 빈도가 다른 사용역보다 높지 않음을 보일 수 있다. 또한 '발표' 사용역에서 유형 빈도와 출현 빈도가 제일 높지만 어절 수가 제일 낮다고 볼 수 있다. 그래서 기본 한자어 명사의 유형 빈도와 출현 빈도는 사용역의 어절 수와 상관관계가 없다는 것을 확인할 수 있다. '대화' 사용역 특징에 따라 일상생활에서 다양한 어휘들이 있어서 한 어휘의

구어(8개)	강연(퇴임식/설교)	520,161 어절	12%	4,220,377 어절
	강의(수업)	259,257 어절	6%	
	대화(잡담)	1,361,434 어절	32%	
	독백	297,642 어절	7%	
	발표	161,414 어절	4%	
	방송(방담/인터뷰)	334,506 어절	8%	
	상담	229,578 어절	5%	
	토론(토의/회의)	1,056,385 어절	25%	

사용 빈도가 낮아진다. 교수- 학습할 때 '대화' 사용역에서 기본 한자어 명사의 활용도가 낮은 특징을 잘 파악 할 필요가 있다. '토론' 사용역도 마찬가지로 자유롭게 이야기해서 다양한 어휘를 쓰기 때문에 한 어휘의 빈도가 낮아지게 된다. 그래서 전체 어절 수가 크지만 기본 한자어 명사의 유형 빈도와 출현 빈도가 모두 낮게 나타남을 볼 수 있다.

구어 사용역별 사용 양상을 통해서 첫째, 기본 한자어 명사는 '발표'와 '강연' 등 주제를 정하는 공식적인 정보 전달을 목적으로 하는 사용역에서 많이 쓰이고 대개 친교적인 목적으로 이루어지고 사용되는 '대화' 사용역에서 적게 쓰이고 있다는 것을 알 수 있다. 둘째, 구어 사용역별 빈도 차이가 많이 나타나고 있다는 것도 확인할 수 있다. 첫째, 기본 한자어 명사의 유형 빈도와 출현 빈도는 전체 어절 수와 거의 상관관계가 없음을 확인할 수 있었다. <표 19>는 기본 한자어 명사 중 각 구어 사용역에서 최고 출현 빈도를 보이는 어휘들이다. 한국어 학습자들이 기본 한자어 명사를 선별할 때 도움을 줄 수 있을 것이다.

<표 19> 구어 사용역별 최고 출현 빈도의 어휘

강연 (35개)	병04(病), 치료(治療), 책01(冊), 질문(質問), 배09(倍), 교회02(敎會), 결과02(結果), 노력01(努力), 최근(最近), 사업04(事業), 지방05(地方), 계획01(計劃/計畫), 이유04(理由), 관리04(管理), 병원02(病院), 이후02(以後), 여성01(女性), 일부02(一部), 의사12(醫師), 식사03(食事), 도시03(都市), 음식(飮食), 국내02(國內), 국제02(國際), 도로07(道路), 직업(職業), 자동-차(自動車), 노인01(老人), 청-소년(靑少年), 해외(海外), 가격03(價格), 종합(綜合), 교통01(交通), 희망(希望), 속도01(速度)
강의 (13개)	환자03(患者), 수업04(授業), 시민(市民), 과거03(過去), 남편01(男便), 보통(普通), 미래02(未來), 종류(種類), 벽06(壁), 동시02(同時), 동물(動物), 사무-실(事務室), 책상01(冊床)
대화 (9개)	일04/05/06/07(日), 전화07(電話), 형01(兄), 결혼(結婚), 색03(色), 내일(來日), 잔03(盞), 인기01(人氣), 축구04(蹴球)

독백 (25개)	학교(學校), 남자(男子), 학생(學生), 시간04(時間), 영화01(映畫), 차06/07(車), 반10(班), 반07(半), 기억02(記憶), 시작01(始作), 외국02(外國), 인사02/03(人事), 여행02(旅行), 준비(準備), 행사01(行事), 왕04/05(王), 주변04(周邊), 비행-기(飛行機), 거리08(距離), 건물03(建物), 대회02(大會), 남녀(男女), 근처(近處), 오후02(午後), 침대02(寢臺)
발표 (39개)	언어01(言語), 문04(門), 분02/03/04/05/06(分), 부분01(部分), 교육(敎育), 전08(前), 문화 01(文化), 사진06(寫眞), 내용02(內容), 사용04(使用), 필요(必要), 예08(例), 수25/26(數), 능력02(能力), 설명(說明), 의미02(意味), 교사09(敎師), 교사09(敎師), 중심01(中心), 역사04(歷史), 방법(方法), 선생01(先生), 시험03(試驗), 회사04(會社), 소설03(小說), 차례02(次例), 목적03(目的), 현재02(現在), 광고02(廣告), 교수06(敎授), 대부분(大部分), 위치01(位置), 전체01(全體), 태도03(態度), 대답(對答), 이전03(以前), 제목02(題目), 상품03(商品), 교실(敎室), 영어02(英語)
방송 (33개)	방07/08(房), 산01(山), 대학01(大學), 세계02(世界), 선수05(選手), 연극(演劇), 건강03(健康), 시장04(市場), 음악01(音樂), 세상01(世上), 예술(藝術), 서양(西洋), 자연01(自然), 방향01(方向), 은행02(銀行), 기회03(機會), 모양02(模樣), 강01(江), 부부03(夫婦), 자식01(子息), 공장02(工場), 고향02(故鄕), 재료01(材料), 주인01(主人), 물론01(勿論), 내년(來年), 시계02(時計), 최고02(最高), 소식04(消息), 청년(靑年), 비밀(祕密), 제일04(第一), 자기03(自己)
상담 (27개)	공부01(工夫), 친구02(親舊), 자신01(自身), 대화06(對話), 관계05(關係), 학년(學年), 정도11(程度), 행동(行動), 이해06(理解), 감정06(感情), 결정01(決定), 기분01(氣分), 고등학교(高等學校), 지금03(只今), 성격02(性格), 분위기(雰圍氣), 관심01(關心), 반응(反應), 경험(經驗), 선배(先輩), 선택(選擇), 주위02(周圍), 사고12(事故), 가족01(家族), 평소(平素), 약속(約束), 특별(特別)
토론 (17개)	문제06(問題), 신문10(新聞), 사실04(事實), 명02(名), 층01/02(層), 검찰02(檢察), 방송01/02(放送), 반대03(反對), 사장15(社長), 자유03(自由), 부인01(夫人), 작년(昨年), 부모01(父母), 기자05(記者), 직장05(職場), 직원03(職員), 오전02(午前)

빈도 차이가 있어서 사용역별 자주 나타나는 어휘를 <표 19>에서 제시하

였다. 기본 한자어를 선별할 때 자주 나타나는 사용역의 특징을 파악하여 활용할 수 있도록 한다. 다음에 기본 한자어 명사는 문어 사용역에서 사용 빈도와 사용 양상을 살펴보도록 할 것이다.

3.2.2 문어에 대한 논의

총 198개 기본 한자어 명사는 말뭉치에 관한 것으로 SJ-RIKS 코퍼스 확장판에서는 문어 사용역별 실제 출현 빈도는 정규화를 시키고 어휘의 사용 빈도, 그리고 분포 양상을 살펴볼 것이다. 정규화를 시키기 위해 문어에서 사용역별 어절 수를 제시하면 아래 <표 20>과 같다.

<표 20> 문어 사용역별 어절 수

문어(6개)	신문	24,235,433 어절	112,459,151 어절
	잡지	10,799,368 어절	
	준구어(대본)	2,533,543 어절	
	책(소설)	39,620,167 어절	
	책(학술)	32,938,910 어절	
	책(총서류)	2,331,730 어절	

문어에서 총 6개 사용역에서 '실제 사용 비도/해당 사용역의 전체 어절 수*30,000,000=정규화한 빈도' 공식을 이용해서 사용역별 실제 출현 빈도를 정규화 시킬 것이다. 예를 들어, "가격03(價格)"의 '신문' 사용역에 출현 빈도 값이 11,816회라면, 이것을 정규화 공식에 적용한 값(11,816/24,235,433)×30,000,000)은 14,627회가 된다. 다음 <표 21>은 문어에서 기본 한자어 명사를 정규화한 내용이다.

<표 21> 문어에서 기본 한자어 명사의 정규화

	신문	잡지	준구어(대본)	책(소설)	책(학술)	책(총서류)
가격03 (價格)	14627	11281	4014	559	3955	2663
가족01 (家族)	15169	12990	6714	6639	11590	8685
감정06 (感情)	4902	5736	3990	7863	7406	8504
강01 (江)	16237	10626	11948	10376	9967	14937
거리08 (距離)	14506	15170	24606	21305	14396	15195
건강03 (健康)	8591	7498	5198	3157	5762	4838
건물03 (建物)	6424	4006	6418	5056	4428	4979
검찰02 (檢察)	23988	8634	4748	374	500	219
결과02 (結果)	29200	18598	5009	4873	21095	8594
결정01 (決定)	21627	11667	4926	4134	15007	8337
결혼 (結婚)	4548	12934	11427	9869	7013	5597
경험 (經驗)	7076	9842	1812	4180	12775	5725
계획01 (計劃/計畫)	33467	12365	5175	4224	8996	7256
고등학교 (高等學校)	1696	3461	2664	2050	1762	4657
고향02 (故鄕)	3502	6184	4784	8138	4650	4645
공부01 (工夫)	7059	11281	8833	8256	8166	12480
공장02 (工場)	8926	5120	6169	3960	4829	3898
과거03 (過去)	11168	10026	2842	4638	10656	7102
관계05 (關係)	29218	25271	6051	9999	42844	18977
관리04 (管理)	20797	11540	3339	2158	8851	7925
관심01 (關心)	16714	15801	5648	5796	13943	8106
광고02 (廣告)	7954	6923	3244	1278	5963	2586
교사09 (敎師)	12136	9753	2498	2946	7378	4477
교수06 (敎授)	30258	17976	8869	4980	7325	6562
교실 (敎室)	3978	2245	4109	1743	1701	1042
교육 (敎育)	33891	24874	4701	3557	26912	20097
교통01 (交通)	7045	2992	1906	716	2067	6613
교회02 (敎會)	4368	2483	4062	2983	6909	4452
국내02 (國內)	29403	16843	2806	925	5070	3770
국제02 (國際)	21984	10990	1303	794	6913	10280
근처 (近處)	1657	2267	3221	3876	1715	1737
기분01 (氣分)	1908	4356	12528	13743	3629	3075
기억02 (記憶)	3752	8425	5352	11206	8298	7694
기자05 (記者)	79685	21879	22392	5160	4409	9907
기회03 (機會)	8758	7559	4180	5595	6567	5069

남녀 (男女)	3305	3372	2818	2680	3745	3963
남자 (男子)	7677	14934	38353	24581	11264	9238
남편01 (男便)	5036	16345	15216	15706	7709	6755
내년 (來年)	15664	3675	2439	693	277	643
내용02 (內容)	23681	18409	6903	5767	23053	15581
내일 (來日)	2052	2486	2439	7798	2007	1917
노력01 (努力)	13604	11648	4369	4183	12545	10730
노인01 (老人)	4178	3434	24973	13219	4702	5365
능력02 (能力)	10542	10364	2191	2925	13931	8582
대답 (對答)	2591	5798	8561	22089	7756	5803
대부분 (大部分)	14020	14140	3765	4038	13209	10241
대학01 (大學)	26662	20093	7839	6892	14232	22271
대화06 (對話)	11834	8462	2652	3902	9427	5764
대회02 (大會)	31489	6653	2712	1439	2925	4181
도로07 (道路)	8498	4086	7057	2845	2506	5468
도시03 (都市)	14411	10123	4168	6051	12584	15606
동물 (動物)	3887	3795	2060	2216	7792	12377
동시02 (同時)	7773	7898	3422	5444	12073	6446
명02 (名)	69392	58498	29200	39076	74943	67250
모양02 (模樣)	4002	7884	10432	22925	10331	24896
목적03 (目的)	6546	6567	2605	3391	13627	10730
문04 (門)	85392	71413	92823	69175	66049	64098
문제06 (問題)	82596	60045	30669	19245	59855	30917
문화01 (文化)	24480	19354	6406	4318	37797	25346
물론01 (勿論)	1816	2586	1622	2124	2956	1685
미래02 (未來)	5786	6664	1089	2035	6085	4928
반07 (半)	49660	38405	25198	27840	38320	29489
반10 (班)	45240	35688	24085	26240	37501	28498
반응 (反應)	6771	6220	2451	2646	5385	5365
반대03 (反對)	13468	9970	4144	4764	12138	8492
방07/08(房)	69832	48906	92456	77428	51145	45546
방법 (方法)	14926	18276	7886	7969	30920	26105
방송01/02 (放送)	17737	8528	7803	2062	5653	2972
방향01 (方向)	8537	7248	5471	3973	10233	8517
배09 (倍)	30144	27390	27933	34144	34105	38932
벽06 (壁)	6506	6714	10148	12777	8146	8389
병04 (病)	23235	19818	29354	26396	24125	25616
병원02 (病院)	9515	6978	10669	7494	3051	2445

보통 (普通)	2596	4084	2285	2702	5489	9109
부모01 (父母)	10740	9337	3742	5618	9902	8440
부부03 (夫婦)	4635	5581	3919	3589	3712	3358
부분01 (部分)	10924	13626	6868	5095	17246	19646
부인01 (夫人)	8332	8039	11237	11424	8231	7115
분02/03/04/05/06 (分)	51063	55287	36909	36728	63049	64652
분위기 (雰圍氣)	11381	9653	6963	4959	5001	3242
비밀 (祕密)	3440	3595	2309	3892	2707	2445
비행-기 (飛行機)	1727	2397	2475	2396	1964	1943
사고12 (事故)	14872	9212	6276	3921	8685	6330
사무-실 (事務室)	4059	3603	6228	3592	1373	386
사실04 (事實)	29362	29455	15654	24541	36362	20444
사업04 (事業)	26377	14634	4583	2749	7947	6446
사용04 (使用)	20605	21637	4026	4127	32368	21062
사장15 (社長)	19553	12745	24760	6678	3098	1454
사진06 (寫眞)	11490	11376	11498	6669	4234	5365
산01 (山)	81705	56939	28738	37288	59252	61757
상품03 (商品)	10987	7603	2593	747	6834	5777
색03 (色)	19094	21607	21125	27684	22045	45147
서양 (西洋)	1906	3131	616	1461	7199	11000
선배 (先輩)	1352	2953	3718	2456	1130	3255
선생01 (先生)	2941	6409	10408	16687	5958	5134
선수05 (選手)	16579	4236	3813	1380	1457	6420
선택 (選擇)	7704	9767	3777	3006	10477	6021
설명 (說明)	15309	12992	5317	6765	18683	8556
성격02 (性格)	4938	7687	3387	3525	13848	7462
세계02 (世界)	37441	31630	6524	10993	41773	28820
세상01 (世上)	7492	15084	14375	24511	14491	22876
소설03 (小說)	6340	8939	1468	8335	15688	13741
소식04 (消息)	4862	4131	5329	6117	2608	4979
속도01 (速度)	4984	5295	2605	2080	5415	5043
수25/26 (數)	157109	107248	97085	69607	89725	107328
수업04 (授業)	4255	3864	4369	1545	2100	2921
시간04 (時間)	32870	36024	32670	33093	29067	24497
시계02 (時計)	1578	2000	8064	3842	1662	2740
시민 (市民)	17532	8978	3979	2680	10152	3718
시작01 (始作)	29359	38216	26714	41297	32499	27469

시장04 (市場)	41369	29407	8419	3822	13214	6729
시험03 (試驗)	8576	5653	5222	2788	4148	6137
식사03 (食事)	2655	4314	3434	4539	3323	2470
신문10 (新聞)	14442	7923	8028	6460	8271	6343
약속 (約束)	6460	5425	6963	6418	4204	4413
언어01 (言語)	2888	5842	1006	3341	18573	6639
여성01 (女性)	22316	20035	4085	4101	22689	14294
여행02 (旅行)	2888	7150	3955	4456	4246	6626
역사04 (歷史)	12615	12328	3410	6142	22094	23468
연극 (演劇)	3376	4745	3102	1942	5828	2650
영어02 (英語)	40	31	24	11	34	39
영화01 (映畫)	19069	45508	6678	5431	11614	13535
예08 (例)	14048	16673	17868	8603	29177	20007
예술 (藝術)	5615	7731	2664	2615	14325	6575
오전02 (午前)	16988	2828	2120	1417	805	399
오후02 (午後)	25531	5175	4429	4140	1843	1055
왕04/05 (王)	6064	5023	9011	10327	20482	19222
외국02 (外國)	11014	8348	2948	2089	5269	5468
위치01 (位置)	4799	7125	4073	3513	10064	7874
은행02 (銀行)	19181	15498	5672	1654	2851	3577
음식 (飮食)	4757	5823	4109	4597	7138	9109
음악01 (音樂)	8755	14026	14553	3984	10674	11271
의미02 (意味)	12984	19857	4168	10233	43787	15902
의사12 (醫師)	12249	10876	9864	6850	10439	6870
이유04 (理由)	17877	18879	7756	10935	17014	12043
이전03 (以前)	8752	7064	1516	2375	8998	6137
이해06 (理解)	9961	13179	6832	10196	23536	12802
이후02 (以後)	27509	21629	4322	4672	16426	13239
인기01 (人氣)	9376	7689	2842	821	2190	1827
인사02/03 (人事)	19113	15498	11865	8715	4486	3487
일04/05/06/07 (日)	110563	126399	124912	168703	131504	124646
일부02 (一部)	22281	12062	3860	2103	9236	6549
자기03 (自己)	2430	2903	2498	1725	2733	2921
자동-차 (自動車)	11222	7092	4665	3041	4712	3795
자식01 (子息)	2071	4917	16897	12450	5050	5597
자신01 (自身)	28903	45805	17608	51356	48789	42175
자연01 (自然)	9421	15273	3031	5478	19226	15002
자유03 (自由)	10649	11453	2854	6253	18350	13947

작년 (昨年)	8232	4286	3185	2203	771	1235
잔03 (盞)	1721	3684	17738	15934	3337	3834
재료01 (材料)	1927	4484	1149	570	3415	7308
전08 (前)	187701	122463	74327	82049	114359	113285
전체01 (全體)	14248	10976	2972	3479	13245	7720
전화07 (電話)	15311	10962	34671	13462	5075	2740
정도11 (程度)	31127	39988	19171	21262	30100	20174
제목02 (題目)	3015	3792	2558	1479	2621	4297
제일04 (第一)	687	658	557	964	1014	1132
종류 (種類)	2603	3520	1599	1850	8157	11090
종합 (綜合)	12505	5142	1528	613	2916	2432
주변04 (周邊)	9098	7200	5317	3164	4987	5198
주위02 (周圍)	2291	4031	6631	6322	4223	4464
주인01 (主人)	3624	4900	11024	12619	5532	3397
준비 (準備)	12708	11728	11427	7286	7589	4323
중심01 (中心)	11943	11951	3469	2703	16400	15658
지금03 (只今)	20906	25568	18602	20544	18659	21435
지방05 (地方)	16559	8384	6027	3582	15324	18784
직업 (職業)	2753	4175	4713	2044	3994	2200
직원03 (職員)	12798	8242	7886	3131	3384	1621
직장05 (職場)	3570	4798	2345	2160	2915	1827
질문 (質問)	5350	5442	3055	4854	5674	2818
차06/07 (車)	45861	31068	71816	36344	25239	24214
차례02 (次例)	13660	7525	2972	5678	5025	5211
책01 (冊)	75065	47333	19514	19497	39810	63764
책상01 (冊床)	810	2003	9224	3871	1383	939
청년 (靑年)	2416	4103	5577	8483	3418	2650
청-소년 (靑少年)	8337	3411	1184	401	2106	2470
최고02 (最高)	18084	10806	3837	1811	5124	6510
최근 (最近)	37798	21723	4843	1409	7174	3332
축구04 (蹴球)	12911	2586	2404	458	421	3139
층01/02 (層)	19442	15526	11225	8653	20817	13677
치료 (治療)	7239	5720	4938	2094	5675	4310
친구02 (親舊)	6619	18109	21468	19139	9817	19762
침대02 (寢臺)	719	1592	9319	5129	1043	862
태도03 (態度)	7307	6434	1847	7246	9715	6317
특별 (特別)	11997	6989	3434	2479	4897	3538
평소 (平素)	4038	4061	2273	2880	1945	2071

필요 (必要)	29405	28957	15015	15787	35822	20714
학교 (學校)	33957	33791	23149	21451	22170	31959
학년 (學年)	9959	5428	3730	3702	3011	8286
학생 (學生)	32051	25710	23232	14420	18733	13882
해외 (海外)	12096	6695	2001	928	2472	1685
행동 (行動)	7024	7620	3517	7451	15582	10010
행사01 (行事)	20053	7917	2558	2154	6446	4349
현재02 (現在)	9992	8314	2238	1928	7630	4426
형01 (兄)	38286	31185	33274	25747	39772	42767
환자03 (患者)	8992	5414	8040	4563	7785	2740
회사04 (會社)	26118	21076	11403	5757	13045	5442
희망 (希望)	6143	5764	2416	3741	3905	3886

총 198개 기본 한자어 명사는 정규화를 시킨 후 사용역별에서 최고 출현 빈도와 최저 출현 빈도를 제시할 것이다. 그 다음에 최고 출현 빈도와 최저 출현 빈도에 따라 각 사용역의 빈도 차이를 순서대로 제시하여 아래 <표 22>와 같다.

<표 22> 문어에서 기본 한자어 명사의 정규화 후 배열 순서[36]

	신문	잡지	준구어 (대본)	책(소설)	책(학술)	책(총서류)	최고 출현 빈도	최저 출현 빈도	최고-최저 차이
전08 (前)	187701/1	122463/2	74327/5	82049/2	114359/2	113285/2	187701	74327	113374
수25/26 (數)	157109/2	107248/3	97085/2	69607/4	89725/3	107328/3	157109	69607	87502
기자05 (記者)	79685/7	21879/30	22392/25	5160/88	4409/144	9907/67	79685	4409	75275
문제06 (問題)	82596/5	60045/5	30669/12	19245/29	59855/7	30917/15	82596	19245	63351
일04/05/06/07 (日)	110563/3	126399/1	124912/1	168703/1	131504/1	124646/1	168703	110563	58141

책01 (冊)	75065 /8	47333 /10	19514 /28	19497 /28	39810 /14	63764 /7	75065	19497	55568
산01 (山)	81705 /6	56939 /7	28738 /15	37288 /9	59252 /8	61757 /8	81705	28738	52966
차06/07 (車)	45861/1 3	31068 /21	71816 /6	36344 /11	25239 /29	24214 /25	71816	24214	47603
방07/08 (房)	69832/9	48906 /9	92456 /4	77428/3	51145 /9	45546 /9	92456	45546	46910
명02 (名)	69392 /10	58498 /6	29200 /14	39076 /8	74943 /4	67250 /4	74943	29200	45743
영화01 (映畫)	19069 /57	45508 /12	6678 /77	5431 /87	11614 /71	13535 /53	45508	5431	40078
의미02 (意味)	12984/8 3	19857 /38	4168 /113	10233 /48	43787 /11	15902 /41	43787	4168	39618
시장04 (市場)	41369 /15	29407/2 3	8419 /61	3822 /121	13214 /63	6729 /94	41369	3822	37548
관계05 (關係)	29218 /32	25271/2 8	6051 /85	9999 /50	42844 /12	18977 /39	42844	6051	36793
최근 (最近)	37798 /17	21723 /31	4843 /101	1409 /181	7174 /109	3332 /156	37798	1409	36389
세계02 (世界)	37441 /18	31630/1 9	6524 /79	10993 /44	41773 /13	28820 /17	41773	6524	35248
자신01 (自身)	28903 /34	45805 /11	17608 /33	51356 /6	48789/1 0	42175 /12	51356	17608	33748
문화01 (文化)	24480 /40	19354 /40	6406 /81	4318 /103	37797 /17	25346/2 2	37797	4318	33479
전화07 (電話)	15311 /68	10962 /81	34671 /9	13462 /37	5075 /131	2740 /165	34671	2740	31930

36 문어도 구어와 마찬가지로 한 어휘의 최고-최저 출현 빈도에 따라 배열하였다. 예를 들어 "전08(前)"는 문어에서 최고-최저 출현 빈도 차이가 제일 큰 어휘이다. 최고 출현 빈도는 '신문' 사용역에서 187,701번으로 나타나고 있고 최저 출현 빈도가 '준구어(대본)' 사용역에 74,327번으로 나타나고 있다. 최고-최저 출현 빈도 차이에 따라 198개 기본 한자어 명사를 배열하였다. 그리고 출현 빈도 뒤에는 기본 한자어의 사용역별 배열 순서를 함께 표기하였다. 그리고 표 안에 음영 부분은 사용역별 각 어휘의 최고 출현 빈도이다.

남자(男子)	7677/127	14934/57	38353/7	24581/19	11264/73	9238/68	38353	7677	30676
교육(教育)	33891/20	24874/29	4701/105	3557/127	26912/28	20097/34	33891	3557	30335
대회02(大會)	31489/24	6653/130	2712/157	1439/179	2925/165	4181/143	31489	1439	30049
계획01(計劃/計畫)	33467/21	12365/67	5175/97	4224/104	8996/89	7256/89	33467	4224	29242
문04(門)	85392/4	71413/4	92823/3	69175/5	66049/5	64098/6	92823	64098	28724
국내02(國內)	29403/29	16843/47	2806/156	925/186	5070/132	3770/149	29403	925	28478
사용04(使用)	20605/50	21637/32	4026/121	4127/109	32368/23	21062/30	32368	4026	28342
분02/03/04/05/06(分)	51063/11	55287/8	36909/8	36728/10	63049/6	64652/5	64652	36728	27923
색03(色)	19094/56	21607/34	21125/27	27684/15	22045/36	45147/10	45147	19094	26053
교수06(教授)	30258/26	17976/46	8869/58	4980/92	7325/107	6562/99	30258	4980	25278
오후02(午後)	25531/39	5175/149	4429/108	4140/107	1843/182	1055/190	25531	1055	24476
반07(半)	49660/12	38405/14	25198/18	27840/14	38320/16	29489/16	49660	25198	24462
결과02(結果)	29200/33	18598/42	5009/98	4873/94	21095/37	8594/72	29200	4873	24327
검찰02(檢察)	23988/41	8634/97	4748/103	374/197	500/195	219/197	23988	219	23770
사업04(事業)	26377/37	14634/58	4583/107	2749/144	7947/98	6446/102	26377	2749	23628
사장15(社長)	19553/52	12745/66	24760/20	6678/69	3098/161	1454/187	24760	1454	23306

이후02 (以後)	27509/35	21629/33	4322/111	4672/97	16426/48	13239/54	27509	4322	23187
방법 (方法)	14926/71	18276/44	7886/65	7969/59	30920/24	26105/20	30920	7886	23034
노인01 (老人)	4178/158	3434/179	24973/19	13219/38	4702/140	5365/120	24973	3434	21539
국제02 (國際)	21984/46	10990/79	1303/191	794/188	6913/112	10280/64	21984	794	21190
반10 (班)	45240/14	35688/17	24085/22	26240/17	37501/18	28498/18	45240	24085	21155
모양02 (模樣)	4002/161	7884/109	10432/51	22925/22	10331/78	24896/23	24896	4002	20894
정도11 (程度)	31127/25	39988/13	19171/29	21262/26	30100/25	20174/33	39988	19171	20818
필요 (必要)	29405/28	28957/24	15015/37	15787/33	35822/20	20714/31	35822	15015	20807
사실04 (事實)	29362/30	29455/22	15654/35	24541/20	36362/19	20444/32	36362	15654	20708
회사04 (會社)	26118/38	21076/35	11403/46	5757/81	13045/65	5442/119	26118	5442	20675
예08 (例)	14048/78	16673/48	17868/31	8603/54	29177/26	20007/35	29177	8603	20574
일부02 (一部)	22281/45	12062/69	3860/127	2103/161	9236/87	6549/100	22281	2103	20179
역사04 (歷史)	12615/87	12328/68	3410/140	6142/76	22094/35	23468/26	23468	3410	20057
대학01 (大學)	26662/36	20093/36	7839/67	6892/66	14232/57	22271/28	26662	6892	19770
대답 (對答)	2591/179	5798/138	8561/60	22089/23	7756/101	5803/111	22089	2591	19498
관리04 (管理)	20797/49	11540/74	3339/142	2158/158	8851/90	7925/83	20797	2158	18639
여성01 (女性)	22316/44	20035/37	4085/118	4101/110	22689/33	14294/48	22689	4085	18604

학생(學生)	32051/23	25710/26	23232/23	14420/35	18733/41	13882/50	32051	13882	18168
내용02(內容)	23681/42	18409/43	6903/73	5767/80	23053/32	15581/44	23681	5767	17915
행사01(行事)	20053/51	7917/107	2558/164	2154/159	6446/116	4349/139	20053	2154	17899
언어01(言語)	2888/173	5842/136	1006/195	3341/132	18573/44	6639/95	18573	1006	17566
은행02(銀行)	19181/54	15498/52	5672/87	1654/175	2851/168	3577/151	19181	1654	17526
결정01(決定)	21627/47	11667/72	4926/100	4134/108	15007/53	8337/80	21627	4134	17493
형01(兄)	38286/16	31185/20	33274/10	25747/18	39772/15	42767/11	42767	25747	17020
세상01(世上)	7492/128	15084/56	14375/39	24511/21	14491/54	22876/27	24511	7492	17019
이해06(理解)	9961/106	13179/62	6832/75	10196/49	23536/31	12802/55	23536	6832	16704
오전02(午前)	16988/62	2828/186	2120/180	1417/180	805/193	399/195	16988	399	16590
최고02(最高)	18084/58	10806/83	3837/128	1811/172	5124/130	6510/101	18084	1811	16273
자연01(自然)	9421/109	15273/54	3031/148	5478/85	19226/40	15002/46	19226	3031	16194
잔03(盞)	1721/190	3684/173	17738/32	15934/32	3337/159	3834/147	17738	1721	16017
방송01/02(放送)	17737/60	8528/98	7803/68	2062/165	5653/124	2972/161	17737	2062	15675
인사02/03(人事)	19113/55	15498/52	11865/42	8715/52	4486/142	3487/153	19113	3487	15626
자유03(自由)	10649/103	11453/75	2854/152	6253/75	18350/45	13947/49	18350	2854	15497
왕04/05(王)	6064/143	5023/152	9011/57	10327/47	20482/39	19222/38	20482	5023	15460

내년(來年)	15664/67	3675/174	2439/170	693/191	277/197	643/194	15664	277	15387
지방05(地方)	16559/65	8384/101	6027/86	3582/126	15324/52	18784/40	18784	3582	15203
선수05(選手)	16579/64	4236/161	3813/129	1380/182	1457/187	6420/104	16579	1380	15199
시민(市民)	17532/61	8978/95	3979/124	2680/147	10152/80	3718/150	17532	2680	14851
친구02(親舊)	6619/136	18109/45	21468/26	19139/30	9817/84	19762/36	21468	6619	14849
자식01(子息)	2071/183	4917/153	16897/34	12450/41	5050/133	5597/115	16897	2071	14826
시작01(始作)	29359/31	38216/15	26714/17	41297/7	32499/22	27469/19	41297	26714	14584
부분01(部分)	10924/101	13626/61	6868/74	5095/90	17246/46	19646/37	19646	5095	14551
소설03(小說)	6340/141	8939/96	1468/190	8335/56	15688/50	13741/51	15688	1468	14220
가격03(價格)	14627/73	11281/77	4014/122	559/194	3955/151	2663/168	14627	559	14068
선생01(先生)	2941/172	6409/133	10408/52	16687/31	5958/119	5134/125	16687	2941	13746
중심01(中心)	11943/93	11951/70	3469/136	2703/145	16400/49	15658/42	16400	2703	13697
설명(說明)	15309/69	12992/63	5317/93	6765/68	18683/42	8556/74	18683	5317	13366
학교(學校)	33957/19	33791/18	23149/24	21451/24	22170/34	31959/14	33957	21451	12506
축구04(蹴球)	12911/84	2586/187	2404/173	458/195	421/196	3139/159	12911	421	12490
층01/02(層)	19442/53	15526/51	112 5/48	8653/53	20817/38	13677/52	20817	8653	12164
행동(行動)	7024/134	7620/113	3517/135	7451/63	15582/51	10010/66	15582	3517	12065
종합(綜合)	12505/88	5142/150	1528/188	613/192	2916/166	2432/176	12505	613	11892

기분01(氣分)	1908/186	4356/158	12528/40	13743/36	3629/155	3075/160	13743	1908	11835
능력02(能力)	10542/104	10364/85	2191/179	2925/140	13931/59	8582/73	13931	2191	11741
예술(藝術)	5615/145	7731/110	2664/158	2615/150	14325/56	6575/98	14325	2615	11710
배09(倍)	30144/27	27390/25	27933/16	34144/12	34105/21	38932/13	38932	27390	11542
시간04(時間)	32870/22	36024/16	32670/11	33093/13	29067/27	24497/24	36024	24497	11527
도시03(都市)	14411/76	10123/86	4168/113	6051/78	12584/67	15606/43	15606	4168	11438
남편01(男便)	5036/147	16345/49	15216/36	15706/34	7709/102	6755/93	16345	5036	11310
전체01(全體)	14248/77	10976/80	2972/149	3479/130	13245/62	7720/85	14248	2972	11276
직원03(職員)	12798/85	8242/104	7886/66	3131/135	3384/158	1621/186	12798	1621	11177
해외(海外)	12096/91	6695/128	2001/182	928/185	2472/174	1685/185	12096	928	11169
이유04(理由)	17877/59	18879/41	7756/69	10935/45	17014/47	12043/58	18879	7756	11123
관심01(關心)	16714/63	15801/50	5648/88	5796/79	13943/58	8106/82	16714	5648	11065
목적03(目的)	6546/137	6567/131	2605/161	3391/131	13627/61	10730/62	13627	2605	11022
경험(經驗)	7076/131	9842/89	1812/185	4180/106	12775/66	5725/114	12775	1812	10964
사고12(事故)	14872/72	9212/94	6276/82	3921/115	8685/91	6330/106	14872	3921	10950
차례02(次例)	13660/80	7525/116	2972/149	5678/82	5025/134	5211/123	13660	2972	10688
음악01(音樂)	8755/115	14026/60	14553/38	3984/112	10674/74	11271/59	14553	3984	10568
성격02(性格)	4938/149	7687/112	3387/141	3525/128	13848/60	7462/87	13848	3387	10462

서양(西洋)	1906/187	3131/182	616/196	1461/178	7199/108	11000/61	11000	616	10385
대부분(大部分)	14020/79	14140/59	3765/131	4038/111	13209/64	10241/65	14140	3765	10374
동물(動物)	3887/163	3795/171	2060/181	2216/155	7792/99	12377/57	12377	2060	10317
상품03(商品)	10987/100	7603/114	2593/163	747/189	6834/114	5777/112	10987	747	10240
거리08(距離)	14506/74	15170/55	24606/21	21305/25	14396/55	15195/45	24606	14396	10210
교사09(教師)	12136/90	9753/91	2498/166	2946/139	7378/106	4477/134	12136	2498	9637
병04(病)	23235/43	19818/39	29354/13	26396/16	24125/30	25616/21	29354	19818	9536
특별(特別)	11997/92	6989/124	3434/137	2479/151	4897/137	3538/152	11997	2479	9518
종류(種類)	2603/177	3520/177	1599/187	1850/171	8157/96	11090/60	11090	1599	9492
노력01(努力)	13604/81	11648/73	4369/109	4183/105	12545/68	10730/62	13604	4183	9421
반대03(反對)	13468/82	9970/88	4144/115	4764/96	12138/69	8492/77	13468	4144	9323
주인01(主人)	3624/165	4900/154	11024/49	12619/40	5532/125	3397/154	12619	3397	9223
대화06(對話)	11834/94	8462/99	2652/160	3902/116	9427/86	5764/113	11834	2652	9182
외국02(外國)	11014/99	8348/102	2948/151	2089/163	5269/129	5468/117	11014	2089	8925
동시02(同時)	7773/125	7898/108	3422/139	5444/86	12073/70	6446/102	12073	3422	8651
침대02(寢臺)	719/196	1592/196	9319/55	5129/89	1043/191	862/193	9319	719	8600
인기01(人氣)	9376/110	7689/111	2842/153	821/187	2190/175	1827/181	9376	821	8555

가족01 (家族)	**15169/70**	12990/64	6714/76	6639/71	11590/72	8685/71	15169	6639	8530
책상01 (冊床)	810/195	2003/194	**9224/56**	3871/119	1383/188	939/192	9224	810	8415
결혼 (結婚)	4548/155	**12934/65**	11427/44	9869/51	7013/111	5597/115	12934	4548	8386
준비 (準備)	**12708/86**	11728/71	11427/44	7286/64	7589/104	4323/140	12708	4323	8385
과거03 (過去)	**11168/98**	10026/87	2842/153	4638/98	10656/75	7102/91	11168	2842	8326
병원02 (病院)	9515/108	6978/125	**10669/50**	7494/62	3051/162	2445/174	10669	2445	8224
자동-차 (自動車)	**11222/97**	7092/122	4665/106	3041/136	4712/139	3795/148	11222	3041	8182
분위기 (雰圍氣)	**11381/96**	9653/92	6963/71	4959/93	5001/135	3242/158	11381	3242	8139
신문10 (新聞)	**14442/75**	7923/106	8028/64	6460/72	8271/93	6343/105	14442	6343	8099
현재02 (現在)	**9992/105**	8314/103	2238/178	1928/170	7630/103	4426/137	9992	1928	8064
청-소년 (靑少年)	**8337/121**	3411/180	1184/192	401/196	2106/176	2470/172	8337	401	7936
태도03 (態度)	7307/129	6434/132	1847/184	7246/65	**9715/85**	6317/107	9715	1847	7868
이전03 (以前)	8752/116	7064/123	1516/189	2375/154	**8998/88**	6137/108	8998	1516	7482
선택 (選擇)	7704/126	9767/90	3777/130	3006/137	**10477/76**	6021/110	10477	3006	7471
작년 (昨年)	**8232/123**	4286/160	3185/145	2203/156	771/194	1235/188	8232	771	7460
기억02 (記憶)	3752/164	8425/100	5352/91	**11206/43**	8298/92	7694/86	11206	3752	7454
사진06 (寫眞)	11490/95	11376/76	**11498/43**	6669/70	4234/146	5365/120	11498	4234	7264

부모01 (父母)	10740/102	9337/93	3742/132	5618/83	9902/83	8440/78	10740	3742	6998
지금03 (只今)	20906/48	25568/27	18602/30	20544/27	18659/43	21435/29	25568	18602	6966
학년 (學年)	9959/107	5428/145	3730/133	3702/123	3011/163	8286/81	9959	3011	6948
보통 (普通)	2596/178	4084/166	2285/176	2702/146	5489/126	9109/69	9109	2285	6824
재료01 (材料)	1927/185	4484/157	1149/193	570/193	3415/157	7308/88	7308	570	6738
광고02 (廣告)	7954/124	6923/126	3244/143	1278/183	5963/118	2586/171	7954	1278	6676
위치01 (位置)	4799/152	7125/121	4073/119	3513/129	10064/81	7874/84	10064	3513	6551
시계02 (時計)	1578/193	2000/195	8064/62	3842/120	1662/186	2740/165	8064	1578	6486
교통01 (交通)	7045/133	2992/183	1906/183	716/190	2067/178	6613/97	7045	716	6329
강01 (江)	16273/66	10626/84	11948/41	10376/46	9967/82	14937/47	16273	9967	6306
벽06 (壁)	6506/138	6714/127	10148/53	12777/39	8146/97	8389/79	12777	6506	6271
방향01 (方向)	8537/119	7248/118	5471/90	3973/113	10233/79	8517/75	10233	3973	6260
환자03 (患者)	8992/112	5414/147	8040/63	4563/100	7785/100	2740/165	8992	2740	6251
청년 (青年)	2416/181	4103/164	5577/89	8483/55	3418/156	2650/169	8483	2416	6067
도로07 (道路)	8498/120	4086/165	7057/70	2845/142	2506/173	5468/117	8498	2506	5991
주변04 (周邊)	9098/111	7200/119	5317/93	3164/133	4987/136	5198/124	9098	3164	5935
내일 (來日)	2052/184	2486/189	2439/170	7798/61	2007/179	1917/180	7798	1917	5881

사무-실(事務室)	4059/159	3603/175	6228/83	3592/124	1373/189	386/196	6228	386	5842
시험03(試驗)	8576/118	5653/142	5222/95	2788/143	4148/149	6137/108	8576	2788	5788
미래02(未來)	5786/144	6664/129	1089/194	2035/168	6085/117	4928/130	6664	1089	5575
건강03(健康)	8591/117	7498/117	5198/96	3157/134	5762/121	4838/131	8591	3157	5434
공부01(工夫)	7059/132	11281/78	8833/59	8256/57	8166/95	12480/56	12480	7059	5421
의사12(醫師)	12249/89	10876/82	9864/54	6850/67	10439/77	6870/92	12249	6850	5398
치료(治療)	7239/130	5720/141	4938/99	2094/162	5675/122	4310/141	7239	2094	5145
공장02(工場)	8926/113	5120/151	6169/84	3960/114	4829/138	3898/145	8926	3898	5028
음식(飮食)	4757/153	5823/137	4109/116	4597/99	7138/110	9109/69	9109	4109	5000
고향02(故鄕)	3502/167	6184/135	4784/102	8138/58	4650/141	4645/133	8138	3502	4636
기회03(機會)	8758/114	7559/115	4180/112	5595/84	6567/115	5069/126	8758	4180	4578
감정06(感情)	4902/150	5736/140	3990/123	7863/60	7406/105	8504/76	8504	3990	4514
교회02(敎會)	4368/156	2483/190	4062/120	2983/138	6909/113	4452/136	6909	2483	4426
주위02(周圍)	2291/182	4031/168	6631/78	6322/74	4223/147	4464/135	6631	2291	4340
반응(反應)	6771/135	6220/134	2451/169	2646/149	5385/128	5365/120	6771	2451	4320
부인01(夫人)	8332/122	8039/105	11237/47	11424/42	8231/94	7115/90	11424	7115	4309

여행02 (旅行)	2888/173	7150/120	3955/125	4456/102	4246/145	6626/96	7150	2888	4262
연극 (演劇)	3376/169	4745/156	3102/146	1942/169	5828/120	2650/169	5828	1942	3886
희망 (希望)	6143/142	5764/139	2416/172	3741/122	3905/152	3886/146	6143	2416	3728
소식04 (消息)	4862/151	4131/163	5329/92	6117/77	2608/172	4979/128	6117	2608	3509
속도01 (速度)	4984/148	5295/148	2605/161	2080/164	5415/127	5043/127	5415	2080	3335
교실 (教室)	3978/162	2245/193	4109/116	1743/173	1701/185	1042/191	4109	1042	3067
직장05 (職場)	3570/166	4798/155	2345/174	2160/157	2915/167	1827/181	4798	1827	2971
고등학교 (高等學校)	1696/191	3461/178	2664/158	2050/166	1762/183	4657/132	4657	1696	2962
질문 (質問)	5350/146	5442/144	3055/147	4854/95	5674/123	2818/164	5674	2818	2856
수업04 (授業)	4255/157	3864/170	4369/109	1545/176	2100/177	2921/162	4369	1545	2825
제목02 (題目)	3015/171	3792/172	2558/164	1479/177	2621/171	4297/142	4297	1479	2818
약속 (約束)	6460/139	5425/146	6963/71	6418/73	4204/148	4413/138	6963	4204	2758
직업 (職業)	2753/175	4175/162	4713/104	2044/167	3994/150	2200/177	4713	2044	2669
선배 (先輩)	1352/194	2953/184	3718/134	2456/152	1130/190	3255/157	3718	1130	2588
건물03 (建物)	6424/140	4006/169	6418/80	5056/91	4428/143	4979/128	6424	4006	2419
부부03 (夫婦)	4635/154	5581/143	3919/126	3589/125	3712/154	3358/155	5581	3358	2223
근처 (近處)	1657/192	2267/192	3221/144	3876/118	1715/184	1737/183	3876	1657	2219

평소 (平素)	4038 /160	4061/167	2273 /177	2880 /141	1945 /181	2071 /178	4061	1945	2116
식사03 (食事)	2655 /176	4314 /159	3434 /137	4539 /101	3323 /160	2470 /172	4539	2470	2068
비밀 (祕密)	3440 /168	3595/176	2309 /175	3892 /117	2707 /170	2445 /174	3892	2309	1583
물론01 (勿論)	1816 /188	2586 /187	1622 /186	2124 /160	2956 /164	1685 /184	2956	1622	1334
남녀 (男女)	3305 /170	3372 /181	2818 /155	2680 /147	3745 /153	3963 /144	3963	2680	1283
자기03 (自己)	2430 /180	2903 /185	2498 /166	1725 /174	2733 /169	2921 /162	2921	1725	1196
비행-기 (飛行機)	1727 /189	2397 /191	2475 /168	2396 /153	1964 /180	1943 /179	2475	1727	748
제일04 (第一)	687 /197	658 /197	557 /197	964 /184	1014 /192	1132 /189	1132	557	576
영어02 (英語)	40 /198	31 /198	24 /198	11 /198	34 /198	39 /198	40	11	29

총 198개 기본 한자어 명사는 6개 문어 사용역에서 어휘의 출현 빈도 차이에 따라 배열하여 순서대로 위에 <표 22>에 제시하였다. 교수-학습 시 사용역에 따라 자주 쓰이는 어휘를 선별할 수 있도록 한다. 다음 <표 23>은 기본 한자어 명사가 문어에서 나타나는 유형 빈도의 누적 비율이다.

<표 23> 문어에서 기본 한자어의 유형 빈도 사용역

		신문	잡지	준구어(대본)	책(소설)	책(학술)	책(총서류)	총
유형 빈도	회수	82	13	26	18	37	22	198
	누적비율	41%	7%	13%	9%	19%	11%	100%

<표 23>에서 보듯이 기본 한자어 명사가 문어에서 많이 나타나는 사용역은 '신문 41%>책(학술) 19%>준구어(대본) 13%>책(총서류) 11%>책(소설)

9%>잡지 7%' 순서를 나타내고 있다. '신문' 사용역에서 82회로 제일 많이 나타나고 '잡지' 사용역에서 13회로 제일 적게 나타난다고 볼 수 있다. 기본 한자어 명사에 대한 유형 빈도의 누적비율은 다음 <그래프 11>과 같다.

<그래프 11> 문어에서 기본 한자어의 유형 빈도 사용역

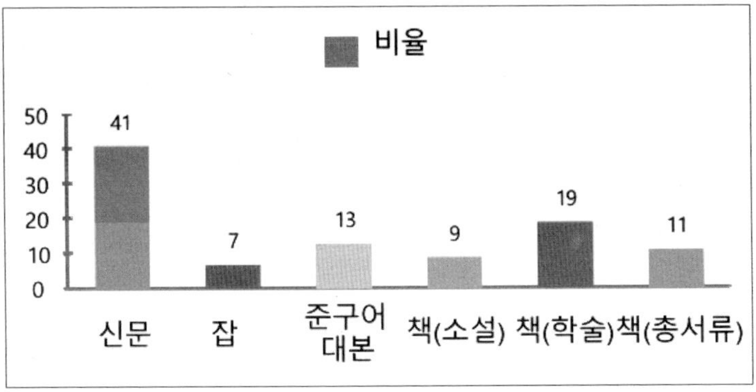

<그래프 11>에서 보듯이 '신문' 사용역은 다른 사용역보다 훨씬 높은 비율을 차지하고 있다. 공식적인 정보 전달을 목적으로 하는 '신문'사용역에서 기본 한자어 명사가 많이 쓰인다고 볼 수 있다. 예를 들면 다음과 같다.

(7) 지난 8일 <u>오전</u> 서울을 출발, 하바로프스크를 거쳐 레닌그라드 상공을 통과해 파리에 도착하였다가 12일 <u>오전</u> 같은 항로로 서울에 돌아온 대한항공 대한항 수석 기장 노응식 씨는 이번 비행이 꿈만 같다고 말하였다.

(8) ㄱ. 대다수 국민들이 공금융기관이 제공하는 저축수단의 수익률정도에 만족하는

ㄴ. 계속적으로 하락하는 주가는 대다수의 투자자들에게

- SJ-RIKS 코퍼스 확장판 '신문' 사용역의 예문

예문(7)에서 보듯이 '신문' 사용역에서 시간 전달에 관한 '전08(前)'어휘를 많이 사용하고 있다. 또한 수량 정보를 전달하기 위한 "수25/26(數)"어휘를 많이 사용하고 있다. '신문' 사용역의 기본 한자어 명사는 주로 정보 부담량과 관련이 있기 때문이다. "전08(前)", "수25/26(數)" 등 어휘를 빼면 단서가 무슨 내용인지 알 수 없다. 예를 들어 예문(7)에서 "전08(前)"을 빼면 서울에 오전이나 오후에 출발하는지도 모른다. "전08(前)"을 제시하면 서울에 언제 출발하는지를 알 수 있다. 기본 한자어 명사에 의해 훨씬 더 많은 정보가 제공되고 있어 적어도 무슨 내용인지는 파악할 수 있다. 기본 한자어 명사는 많은 정보를 제공하고 어떤 내용인지를 파악 할 수 있는 요소이기 때문이다.

다음에 <표 24>는 기본 한자어 명사에 대해 문어 사용역별 출현 빈도 누적 비율을 제시한 것이다.

<표 24> 문어에서 기본 한자어의 출현 빈도 사용역

	신문	잡지	준구어(대본)	책(소설)	책(학술)	책(총서류)	총
총 빈도	3,482,095	2,871,879	2,111,936	1,993,140	2,792,001	2,482,646	15,733,697
누적비율	22.1%	18.3%	13.4%	12.7%	17.7%	15.8%	100%

총 198개 기본 한자어 명사는 문어 각 사용역에서 '신문'에서 3,482,095번으로 가장 높은 빈도를 보이고 있으며 다음으로 '잡지'와 '책(학술)'에서 2,871,879회, 2,792,001회의 빈도로 많이 사용되고 있음을 볼 수 있다. '책(총서류)'에서는 2,482,646번의 빈도를, '준구어(대본)'에서 2,111,936번, '책(소설)'에서 1,993,140번의 빈도를 나타내고 있고 '책(소설)'에서는 제일 적게 보이고 있다. 자세한 내용은 다음 <그래프 12>와 같다.

<그래프 12> 문어에서 기본 한자어의 출현 빈도 사용역

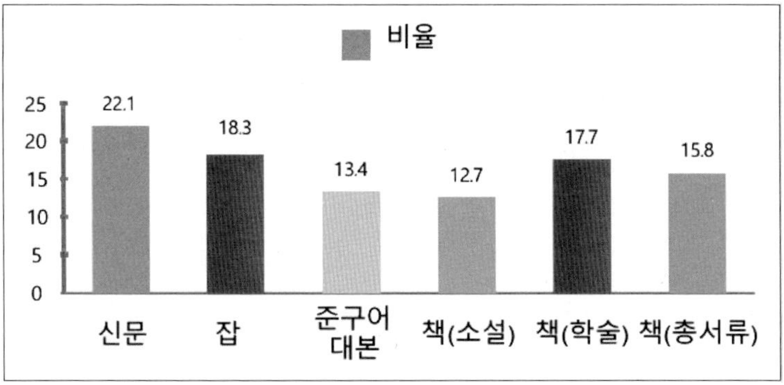

<그래프 12>에서 보듯이 기본 한자어의 출현 빈도는 유형 빈도와 비슷한 점은 '신문' 사용역에서 제일 높은 비율로 차지하고 있다는 것이다.

다음에 문어 사용역에서 출현 빈도 차이에 따라 구체적인 어휘의 분석을 진행할 것이다. 먼저 "전08(前)"은 SJ-RIKS 코퍼스 확장판에서 문어 중 빈도 차이가 가장 큰 기본 한자어 명사이다. 다음의 <그래프 13>은 SJ-RIKS 코퍼스 확장판에서 분석한 "전08(前)"의 문어 사용역별 출현 양상이다.

<그래프 13> "전08(前)"의 문어 사용 양상

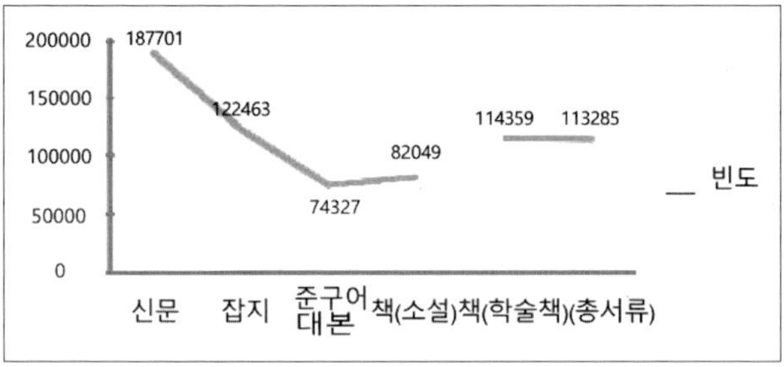

"전08(前)"는 SJ-RIKS 코퍼스 확장판 문어 사용역 '신문'에서 187,701번으로 가장 높은 빈도를 보이고 있으며 최저로 '준구어(대본)'에서는 74,327회

의 빈도로 '신문'과 큰 차이가 있다. "전08(前)"은 '신문' 사용역에서 정보(시간) 전달을 목적으로 하는 경우가 많기 때문이다. 앞에 예문(3)에서 확인할 수 있다. 따라서 시간 전달에 관한 어휘가 '신문' 사용역에서 많이 쓰인다고 알 수 있다. 예를 들어 "오후02(午後)", "오전02(午前)", "내년(來年)", "작년(昨年)" 등이 있다.

최고-최저 출현 빈도의 배열순서에 따라 각 사용역별 나타나는 어휘는 "일 04/05/06/07(日)", "차06/07(車)", "명02(名)", "영화01(映畫)"와 "분02/03/04/05/06(分)" 등이 있다.

<그래프 14> "일04/05/06/07(日)"의 문어 사용 양상

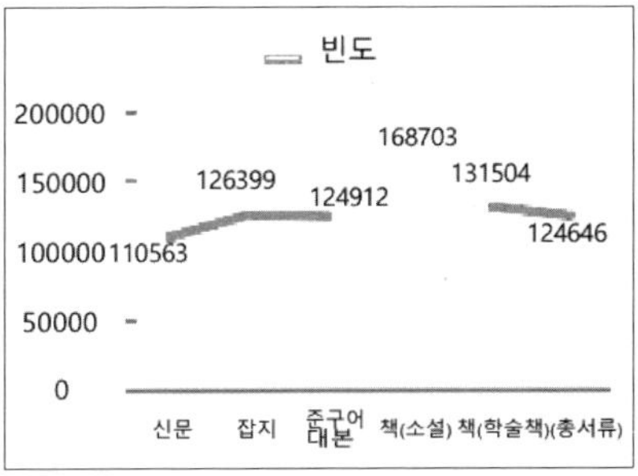

<그래프 15> "차06/07(車)"의 문어 사용 양상

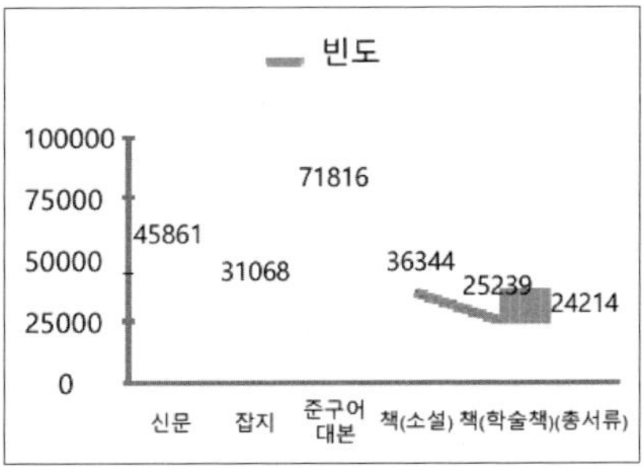

<그래프 16> "명02(名)"의 문어 사용 양상

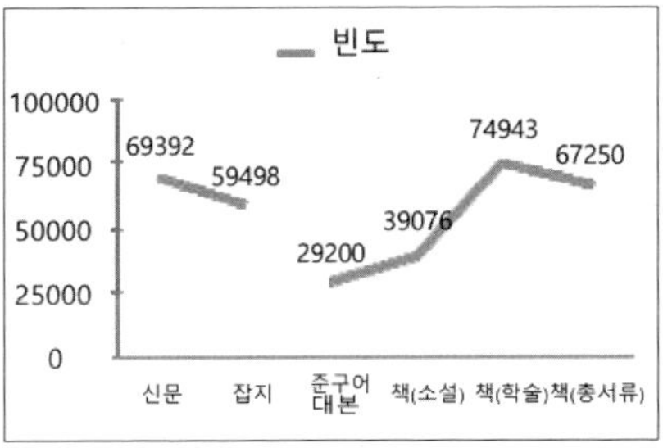

<그래프 17> "영화01(映畫)"의 문어 사용 양상

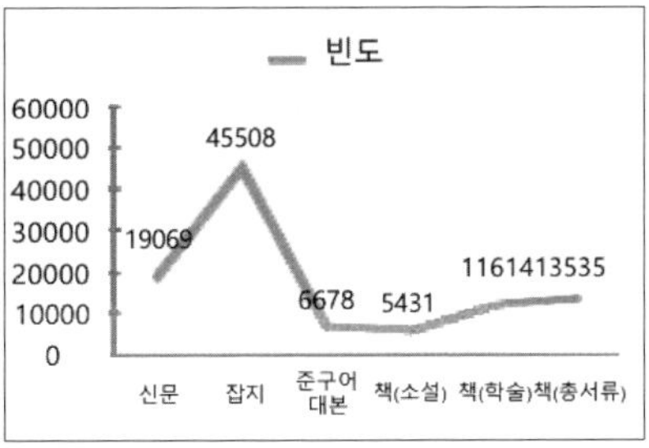

<그래프 18> "분02/03/04/05/06(分)"의 문어 사용 양상

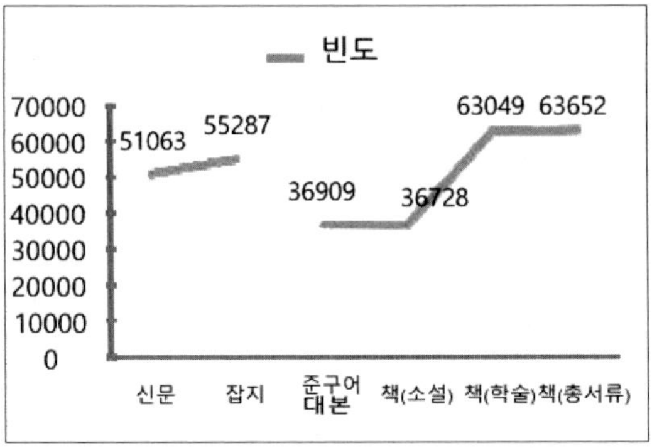

위에 <그래프14~18>를 통해 문어 각 사용역에서 나타나는 어휘를 볼 수 있다. 최고-최저 출현 빈도에 따라 "일04/05/06/07(日)"는 상위 5위 어휘이다. "일 04/05/06/07(日)"의 최고 출현 빈도는 '책(소설) 사용역에 나타나고 있고 "차06/07(車)"는 상위 8위 어휘인데 최고 출현 빈도는 '준구어(대본)'에 나타나고 있다. "명02(名)"와 "영화01(映畫)"는 상위 10위와 11위 어휘이다. 최고 출현 빈도는 각각 '책(학술)'과 '잡지' 사용역에 나타나고 있다. 또한 "분02/03/04/05/06(分)"는 상위 27위 어휘이고 최고 출현 빈도는 '책(총서류)'에 나타나고 있다. 이를 통해 총 198개 기본 한자어 명사는 SJ-RIKS 코퍼스 확장판 문어 6개 사용역에서 구어 사용역과 마찬가지로 빈도 차이가 많은 어휘가 있음을 확인할 수 있다. 그리고 문어에서 기본 한자어 명사의 유형 빈도와 출현 빈도는 전체 어절 수[37]와 상관없이 나타나는 것을 <그래프 19>를 통해 확인할 수 있다.

37 문어 사용역별 전체 어절 수: 책(소설)35.2%>책(학술)29.3%>신문21.6%>잡지9.6%>준구어(대본)2.3%> 책(총서류)2.1%

<그래프 19> 문어 사용역에서 유형 빈도, 출현 빈도, 전체 어절 수의 누적 비율

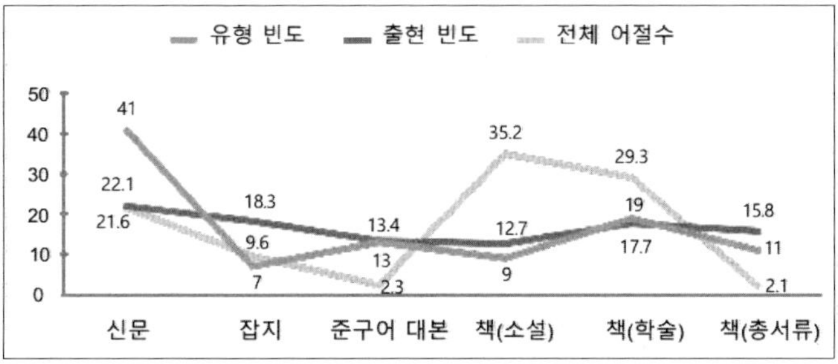

전체 어절 수에서 '책(소설)' 사용역 35.2%과 '책(학술)' 사용역 29.3%가 반 정도 넘어서 높은 비율로 차지하고 있는데 '책(소설)'과 '책(학술)'에서 유형 빈도와 출현 빈도의 누적 비율이 높지 않음을 볼 수 있다. 이를 통해 '책(소설)'과 '책(학술)' 표본 어절 수가 크지만 포함되고 있는 기본 한자어는 어절 수에 따라 많은 것이 아님을 알 수 있다. 즉, '책(소설)' 사용역에서 어절 수가 제일 크지만 기본 한자어의 유형 빈도와 출현 빈도는 높지 않다.

문어 사용역별 사용 양상을 통해서 첫째, 문어에서도 어절 수에 따라 기본 한자어 명사의 유형 빈도와 출현 빈도를 판단할 수 없다는 것을 알 수 있다. 둘째, 기본 한자어 명사는 문어 사용역에서 공식적인 정보를 전달하는 목적인 '신문' 사용역에서 제일 많이 나타나고 있다는 것도 알 수 있다. 셋째, 문어 사용역별 빈도 차이가 있음을 확인할 수 있다. 다음 <표 25>는 기본 한자어 명사 중 문어 사용역에서 최고 출현 빈도를 보이는 어휘들이다. 교수-학습 시 사용역에 따라 자주 쓰이는 어휘를 선별할 수 있도록 한다.

문어(6개)	신문	24,235,433 어절	21.6%	100%
	잡지	10,799,368 어절	9.6%	
	준구어(대본)	2,533,543 어절	2.3%	
	책(소설)	39,620,167 어절	35.2%	
	책(학술)	32,938,910 어절	29.3%	
	책(총서류)	2,331,730 어절	2.1%	

<표 25> 문어 사용역별 최고 출현 빈도의 어휘

신문(82개)	전08(前), 수25/26(數), 기자05(記者), 문제06(問題), 책01(冊), 산01(山), 시장04(市場), 최근(最近), 교육(教育), 대회02(大會), 계획01(計劃/計畫), 국내02(國內), 교수06(教授), 오후02(午後), 반07(半), 결과02(結果), 검찰02(檢察), 사업04(事業), 이후02(以後), 국제02(國際), 반10(班), 회사04(會社), 일부02(一部), 대학01(大學), 관리04(管理), 학생(學生), 내용02(內容), 행사01(行事), 은행02(銀行), 결정01(決定), 오전02(午前), 최고02(最高), 방송01/02(放送), 인사02/03(人事), 내년(來年), 선수05(選手), 시민(市民), 가격03(價格), 학교(學校), 축구04(蹴球), 종합(綜合), 전체01(全體), 직원03(職員), 해외(海外), 관심01(關心), 사고12(事故), 차례02(次例), 상품03(商品), 교사09(教師), 특별(特別), 노력01(努力), 반대03(反對), 대화06(對話), 외국02(外國), 인기01(人氣), 가족01(家族), 준비(準備), 과거03(過去), 자동-차(自動車), 분위기(雰圍氣), 신문10(新聞), 현재02(現在), 청-소년(青少年), 작년(昨年), 부모01(父母), 학년(學年), 광고02(廣告), 교통01(交通), 강01(江), 환자03(患者), 도로07(道路), 주변04(周邊), 시험03(試驗), 건강03(健康), 의사12(醫師), 치료(治療), 공장02(工場), 기회03(機會), 반응(反應), 희망(希望), 건물03(建物), 영어02(英語)
잡지(13개)	영화01(映畫), 정도11(程度), 시간04(時間), 남편01(男便), 이유04(理由), 대부분(大部分), 결혼(結婚), 지금03(只今), 미래02(未來), 여행02(旅行), 직장05(職場), 부부03(夫婦), 평소(平素)
준구어 (대본) (26개)	차06/07(車), 방07/08(房), 전화07(電話), 남자(男子), 문04(門), 사장15(社長), 노인01(老人), 잔03(盞), 친구02(親舊), 자식01(子息), 음악01(音樂), 거리08(距離), 병04(病), 침대02(寢臺), 책상01(冊床), 병원02(病院), 사진06(寫眞), 시계02(時計), 사무-실(事務室), 주위02(周圍), 교실(教室), 수업04(授業), 약속(約束), 직업(職業), 선배(先輩), 비행-기(飛行機)
책(소설) (18개)	일04/05/06/07(日), 자신01(自身), 대답(對答), 세상01(世上), 시작01(始作), 선생 01(先生), 기분01(氣分), 주인01(主人), 기억02(記憶), 벽06(壁), 청년(青年), 내일(來日), 고향02(故鄕), 부인01(夫人), 소식04(消息), 근처(近處), 식사03(食事), 비밀(祕密)
책(학술) (37개)	명02(名), 의미02(意味), 관계05(關係), 세계02(世界), 문화01(文化), 사용04(使用), 방법(方法), 필요(必要), 사실04(事實), 예08(例), 여성

	01(女性), 언어01(言語), 이해06(理解), 자연01(自然), 자유03(自由), 왕04/05(王), 소설03(小說), 중심01(中心), 설명(說明), 층01/02(層), 행동(行動), 능력02(能力), 예술(藝術), 목적03(目的), 경험(經驗), 성격02(性格), 동시02(同時), 태도03(態度), 이전03(以前), 선택(選擇), 위치01(位置), 방향01(方向), 교회02(敎會), 연극(演劇), 속도01(速度), 질문(質問), 물론01(勿論)
책(총서류) (22개)	분02/03/04/05/06(分), 색03(色), 모양02(模樣), 역사04(歷史), 형01(兄), 지방05 (地方), 부분01(部分), 배09(倍), 도시03(都市), 서양(西洋), 동물(動物), 종류(種類), 보통(普通), 재료01(材料), 공부01(工夫), 음식(飮食), 감정06(感情), 고등학교(高等學校), 제목02(題目), 남녀(男女), 자기03(自己), 제일04(第一)

3.3. 사용역별 검색 결과 및 한국어교육학적 의의

3.2절에서 총 198개 기본 한자어 명사를 대상으로 사용역별 사용 빈도와 사용 양 상에 대해 살펴보았다. 사용 양상에 따라 결론으로 얻게 된 한국어교육학적 의의는 다음과 같다.

첫째, 기본 한자어 명사는 SJ_RIKS 코퍼스 확장판에서 사용역별 빈도 상당히, 유의미할 정도로 빈도 차이가 있었다. 구어와 문어로 나눠 교수-학습한다면 활용할 수 있기 위해 기본 한자어 명사에서 고빈도 어휘와 빈도 차이가 많은 어휘 목록을 제시하였다(<표 16>과 <표 22>).

기본 한자어 명사는 사용역별 배열 순서를 제시하며 구어 '강연' 사용역에서 가장 많이 나타나는 어휘는 "문제06(問題)"이고 두 번째로 많이 나타나는 어휘는 "전08(前)"이고 세 번째는 "일04/05/06/07(日)"이다. 문어 '신문' 사용역에서 가장 많이 나타나는 어휘는 "전08(前)"이고 두 번째는 "수25/26(數)"이며, 세 번째는 "일04/05/06/07(日)"이다. 구어와 문어 사용역에서 많이 사용되고 있는 어휘 목록을 제시해서 교수-학습자들에게 사용역별 어휘를 선별할 때 도움이 될 것이다. 또한 <표 16>과 <표 22>는 기본 한자어 명사 최고-최저 출현 빈도의 차이에 따라 배열하였다. 기본 한자어 명사는 빈도 차이가 많이 나타나는 것을 확인할 수 있다. 그리고 이를 통해 교수-학습할 때 한 어휘는 사용역별에 따라 잘 파악할 수 있도록 도움을 줄 수 있다. 예를 들어 구어에서 최고-최저 출현 빈도 제일 큰 어휘는 "문제06(問題)"이다. "문제06(問題)"의 최고 출현 빈도가 '토론'에서 나타나고 있고 최저 출현 빈도가 '대화'에서 나타나고 있다. 최고-최저 출현 빈도 차이를 통해 교수- 학습할 때 "문제06(問題)"는 '토론' 사용역에서 많이 쓰이는 것을 알 수 있고 '대화' 사용역에서 적게 쓰이는 것도 알 수 있다. 출현 빈도의 차이에 따라 어떤 사용역에서 어떤 어휘를 많이 쓰고 있는 것을 판단할 수 있다.

둘째, 구어 사용역에서 기본 한자어 명사의 유형 빈도는 '발표' 사용역에서 제 일 많이 나타나고 출현 빈도도 '발표' 사용역에서 많이 나타나는 것을 통해 사용역별 특징에 따라 주제를 정하는 공식적인 정보 전달을 목적으로 하는 사용역에서 많이 쓰인다고 알 수 있다. 또한 기본 한자어 명사의 유형 빈도는 '대화' 사용역에서 제일 적게 나타나고 출현 빈도도 '대화'사용역에서 적게 나타나는 것이다. 이를 통해 일상생활에서 일반적으로 의사소통하는 사용역에서 기본 한자어 명사가 적게 쓰인다는 걸 알 수 있다.

문어 사용역의 경우, 기본 한자어 명사의 유형 빈도는 '신문' 사용역에서 제일 많이 나타나고 출현 빈도도 '신문' 사용역에서 많이 나타난다. 사용역 특징에 따라 '신문'은 격식적인 정보를 전달하는 사용역이다. 즉, 구어, 문어와 무관하게, 기본 한자어 명사가 많이 나타나는 사용역은 공식적인 정보를 전달하는 것이 목적인 사용역이다. 또한, 기본 한자어 명사의 유형 빈도는 '잡지' 사용역에서 제일 적게 나타나고 출현 빈도가 '책(소설)'에서 적게 나타난다. 정보 전달에 초점이 맞추어진 다른 문어들과 달리 '잡지'와 '책(소설)'사용역은 흥미 위주의 독서를 목적으로 하는 사용역이기 때문이다. 특히, 허구적인 이야기를 위주로 하는 '책(소설)' 사용역은 공식적인 사실을 위주로 하는 '신문' 사용역과 큰 차이를 보인다.

셋째, 기본 한자어 명사의 유형 빈도와 출현 빈도는 전체 어절 수와 상관없이 나타난다. 예를 들어 구어 전체 어절 수에서 '대화' 32%과 '토론' 25%가 반 정도로 제일 큰 비중을 차지하고 있는데 '대화'과 '토론'에서 유형 빈도와 출현 빈도의 누적 비중이 크지 않음을 확인할 수 있다. '대화'의 어절 수는 다른 사용역보다 제일 크다고 하지만 '대화'사용역에서 유형 빈도가 다른 사용역보다 제일 적게 나타나고 있고 출현 빈도도 다른 사용역보다 적게 나타나고 있다. 그래서 기본 한자어 명사의 유형 빈도와 출현 빈도는 사용역의 어절 수와 관계가 없다는 것을 확인할 수 있다. '대화' 사용역은 가장 다양한 어휘들이 있어서 한 어휘의 사용 빈도가 낮아진다. 교수-학습할 때 '대화' 사용역에서 기본 한자어 명사의 활용도가 낮은 특징을 잘 파악하도록 한다. '토론' 사용역도 마찬가지로 자유롭게 이야기해서 다양한 어휘를 쓰기 때문에 한 어휘의 빈도가 낮아질 수밖에 없다. 그래서 전체 어절 수가 크지만 기본 한자어 명사의 유형 빈도와 출현 빈도가 다 낮게 나타남을 알 수 있다. 문어도 마찬가지로 어절 수에 따라 기본 한자어 명사의 유형 빈도와 출현 빈도를 판단할 수 없다는 것을 확인할 수 있다.

이는 연구 대상인 총 198개 기본 한자어 명사의 사용 양상에 따라 얻은 결과이다. 출현 빈도를 통해 기본 한자어 명사는 사용역별 출현 빈도 차이가 많이 나타나는 것을 확인할 수 있다. 게다가 기본 한자어 명사의 사용역별 배열순서도 같이 제시하였다. 한 어휘의 사용역별 차이를 볼 수 있을 뿐만 아니라 사용역별로 많이 사용되고 있는 어휘도 확인할 수 있어서 본 연구에서 제시한 목록의 사용역을 활용한 자료로 한국어를 교육한다면 큰 효과가 있을 것이라 기대한다.

제4장

기본 한자어 명사와 결합한 명사구

제3장에서는 본 연구 대상인 198개 기본 한자어 명사를 사용역별 사용양상에 대한 내용을 분석하였다. 제4장에서는 198개 기본 한자어 명사 뒤에 결합한 명사구에 대한 내용을 분석할 것이다. 먼저 기본 한자어 명사 뒤에 결합한 명사구를 어떻게 찾았는지를 제시할 것이다. 그리고 기본 한자어 명사와 뒤에 결합한 명사구의 등급을 표로 제시할 것이다. 그 이후에 찾는 명사구에 대한 분석을 할 것이다. 분석은 주로 패턴 형식으로 진행할 것이다. 어떤 패턴과 어떤 등급이 제일 많이 나타나는지를 검색하고 앞으로 한국어교육을 할 때 도움이 될 것이라 기대한다.

4.1. 기본 한자어 명사와 결합한 명사구의 목록

최길시(1998)에서는 언어생활을 하는 데 필수적으로 습득해야 할 기본어휘를 약 2천 개로 제시하고 있는데 명사 1,095개, 동사 455개, 형용사 197개의 뒤를 이어 부사는 100개를 차지하고 있다. 또 김광해(2003)에서도 '한국어 교육을 위한 기본어휘'로 726개의 낱말 목록을 제시하고 있는데 여기에서도 명사 344개, 동사 156개, 형용사 79개의 뒤를 이어 부사는 52개를 차지하였다. 아래의 <표 26>은 조남호(2003)에 제시된 품사를 구분하여 제시한 것이다.

<표 26> 조남호(2003)에 제시된 품사별 분포

품사 \ 등급	초급	중급	고급	계
명사	497	1,199	1,708	3,404
고유명사	21	27	15	63
의존명사	33	44	53	130
대명사	32	5	10	47
수사	45	2	-	47
동사	155	501	689	1,345
형용사	75	132	169	376
보조용언	18	5	10	33
관형사	27	19	23	69
부사	65	146	182	393
감탄사	12	22	10	44
분석불능	2	9	3	14
계	982	2,111	2,872	5,965

조남호(2003)에서도 명사가 제일 많고 다음으로 동사, 부사, 형용사의 순서로 개수가 많다는 것을 확인할 수 있다. 명사가 동사, 부사, 형용사보다도 많은 개수를 차지하고 있으므로 뒤에 결합한 구는 명사구를 대상으로 하는 것은 타당하다고 본다. 본 연구 대상의 198개 기본 한자어 명사는 EmEditor를 통해 뒤에 결합한 명사구를 검색할 것이다. 먼저, EmEditor에서 명사의 태그는 'NNG'이고 본 연구 대상의 198개 기본 한자어 명사 '/NNG(\+([가-흫]){1,5}/NNG){1,3}' 공식을 이용해서 198개 기본 한자어 명사 뒤에 결합한 명사구를 찾을 것이다.

<표 27> 뒤에 결합한 명사구를 찾는 정규 검색식

※/NNG(\+([가-흫]){1,5}/NNG){1,3}

이 공식에서 'NNG'는 EmEditor에서 명사의 태그라서 첫 번째 나타나는 'NNG'가 기본 한자어 명사를 가리킨다. 두 번째 나타나는 'NNG'가 뒤에 결합한 명사만 검색하는 뜻이다. '\'는 나타날 명사구의 자리이다. '가-흫'은 한국어 자음 순서에 따라 기본 한자어 명사 뒤에 결합한 다섯까지 명사를 모두 검색할 수 있을 것이다. 이 공식을 통해 198개 기본 한자어 명사 뒤에 결합한 명사구를 모두 제시할 것이다.

둘째, 등급 분류는 조남호(2003)의 "한국어 학습용 어휘 선정 결과 보고서"에 따라 등급을 표시할 것이다. 그중에 초급 어휘는 'A'로, 중급 어휘는 'B'로, 고급 어휘는 'C'로 표시된다. 외국어로서의 한국어 교육이 활발하게 이루어질 때 선정된 한국어 학습용 어휘 목록이 필요하기 때문에 조남호(2003)에서 한국어 학습용 어휘에 속하지 않는 어휘는 한국어 학습에 필요가 없는 어휘로 판단된다. 그래서 조남호(2003)의 기존에 따라 속하지 않는 어휘는 전부 'F'로 표시된다. 즉, 'F'는 외국인 한국어 학습자들에게 필요가 없는 어휘인 것이다. 본 연구는 조남호(2003)에 따라 등급을 정리하면 표시 기호가 다음 <표 28>과 같다.

<표 28> 등급에 따라 표시 기호

등급	표시 기호
초급(497개)	A
중급(1,199개)	B
고급(1,708개)	C
조남호(2003), "한국어 학습용 어휘 선정 결과 보고서" 등급별에 속하지 않는 것	F

EmEditor를 통해 위에 '※/NNG(\+([가-흫]){1,5}/NNG){1,3}'를 이용해서 기본 한자어 명사 뒤에 결합한 명사구를 모두 검색할 것이다.[38] 그리고 검색한 후 조남호(2003)에 따라 등급을 표시할 것이다. 예를 들면 다음 <표 29>에서 "가격03(價格)"과 같다.

<표 29> "가격03(價格)" 뒤에 결합한 명사구의 등급 목록

1. 가격03(價格) B		
구어		
문어(64개)	가격/NNG+표시/NNG	B+C
	가격/NNG+기준/NNG	B+B
	가격/NNG+경쟁/NNG	B+C
	가격/NNG+상승/NNG	B+F
	가격/NNG+열세/NNG	B+F
	가격/NNG+차/NNG	B+C
	가격/NNG+경쟁력/NNG+상승/NNG	B+C+F
	가격/NNG+인하/NNG	B+C
	가격/NNG+산정/NNG	B+F
	가격/NNG+결정/NNG	B+B
	가격/NNG+인상/NNG	B+C
	가격/NNG+경쟁력/NNG	B+C
	가격/NNG+폭락/NNG	B+F
	가격/NNG+회복/NNG	B+C
	가격/NNG+제한/NNG+폭/NNG	B+B+B
	가격/NNG+면/NNG	B+C
	가격/NNG+차이/NNG	B+B
	가격/NNG+조작/NNG	B+F
	가격/NNG+담합/NNG	B+F
	가격/NNG+고시/NNG	B+F

38 여기서 검색한 결과는 부록에 제시할 것이다. 외국인 학습자들은 어떤 명사구를 자주 나타나는지를 잘 파악하기 위해 부록에서 198개 기본 한자어 어휘의 명사구 빈도수를 제시한다. 명사구는 구어에서 모두 제시하고 문어에서 5번 빈도수까지 제시한다.

	가격/NNG+제안/NNG+서/NNG B+C+F 가격/NNG+자유/NNG B+F 가격/NNG+체계/NNG B+F 가격/NNG+이미지/NNG B+B 가격/NNG+할인/NNG B+B 가격/NNG+변동/NNG B+C 가격/NNG+조정/NNG B+C 가격/NNG+우대/NNG B+F 가격/NNG+덤핑/NNG B+F 가격/NNG+하락/NNG B+F 가격/NNG+정보/NNG B+B 가격/NNG+파괴/NNG B+F 가격/NNG+정책/NNG B+F 가격/NNG+비교/NNG B+B 가격/NNG+통제/NNG B+C 가격/NNG+기구/NNG B+C 가격/NNG+급/NNG B+A 가격/NNG+전가/NNG+현상/NNG B+F+C 가격/NNG+측정/NNG B+F 가격/NNG+동향/NNG B+F 가격/NNG+관련/NNG B+B 가격/NNG+지수/NNG B+F 가격/NNG+상승포도/NNG B+F 가격/NNG+안정/NNG B+C 가격/NNG+비율/NNG B+C 가격/NNG+문제/NNG B+A 가격/NNG+문제/NNG+라드/NNG B+A+F 가격/NNG+자율/NNG B+C 가격/NNG+장치/NNG B+F 가격/NNG+보상/NNG B+C 가격/NNG+책정/NNG B+F 가격/NNG+전략/NNG B+F 가격/NNG+전쟁/NNG B+F

	가격/NNG+차별/NNG	B+C
	가격/NNG+구조/NNG	B+C
	가격/NNG+차액/NNG	B+F
	가격/NNG+등귀/NNG	B+F
	가격/NNG+관계/NNG	B+B
	가격/NNG+탄력/NNG	B+F
	가격/NNG+유지/NNG+법/NNG	B+F+B
	가격/NNG+질서/NNG+확립/NNG	B+B+F
	가격/NNG+설정/NNG	B+F
	가격/NNG+요소/NNG	B+F
	가격/NNG+한도/NNG	B+F

"가격03(價格)"은 고초(2016) "한·중 한자어 비교사전 구축을 위한 기본 연구"에서 기본 한자어 명사, 즉 초급 명사에 속하는데 조남호(2003), "한국어 학습용 어휘선정 결과 보고서"에서 중급 명사에 속한다. 본 연구의 등급별은 조남호(2003)에 따라 분류하기 때문에 여기서 "가격03(價格)"은 중급 'B'를 표시하기로 한다. '가격03(價格)'은 구어 뒤에 결합한 명사가 적고 문어에 많은 편이다. '가격/NNG+표시/NNG'는 'NNG'가 명사의 태그라서 '가격/명사+표시/명사'의 뜻이다. 조남호(2003)에 따라 '가격03(價格)'은 중급에 속하기 때문에 'B'로 표시하고 '표시'가 고급에 속하기 때문에 'C'로 표시한다. 그래서 '가격/NNG+표시/NNG'는 'B+C'로 표시한다. 또한 '가격/NNG+상승/NNG'은 '가격'은 중급에 속해서 'B'로 표시하고 '상승'이 조남호(2003)에 따라 학습용 어휘가 아니라서 'F'로 표시한다. 그래서 '가격/NNG+상승/NNG'는 'B+F'로 표시한다. 이런 방법으로 기본 한자어 명사와 기본 한자어 명사 뒤에 결합한 명사구의 등급을 모두 표시할 것이다.

198개 기본 한자어 명사 뒤에 결합한 명사는 EmEditior를 통해 제시한 후 조남호(2003)에 따라 위에 <표 29>처럼 등급도 제시하였다. 초급 어휘가

'A'로, 중급 어휘가 'B'로, 고급 어휘가 'C'로 표시한다. 조남호(2003)에 속하지 않는 어휘가 'F'로 표시된다. 그리고 위에 <표 28>처럼 표시한 후 Excel에서 패턴을 정리할 것이다.

4.2. 기본 한자어 명사와 결합한 명사구의 패턴

패턴은 2개 단어가 있으면 형식이 '명사+명사'이다. 예를 들어 '초급 명사+초급 명사'가 'A+A'이고 '초급 명사+중급 명사'라 'A+B'이고 '초급 명사+고급 명사'가 'A+C'이다. 여기서 'F'rk 한국어 학습용에 속하지 않는 어휘라서 외국인 한국어 학습자에게 어렵거나 필요가 없는 어휘이기 때문에 한국어를 잘 익히도록 하는 데 도움이 되지 않아서 앞으로 연구에서 'F'를 빼기로 한다. 그리고 본 연구에서 등급을 분석하기 위해서 패턴을 만들 것이다. <표 29>처럼 등급을 모두 제시한 후 Excel를 통해 각 등급을 몇 번을 나타나는지를 검색할 것이다. 검색한 결과는 다음 <표 30>과 같다. 이 표는 패턴이 나타나는 개수의 순서에 따라 제시하였다.

<표 30> 기본 한자어 명사와 결합한 명사구의 등급표

1	A+F	2888
2	B+F	2383
3	A+B	1514
4	A+C	1432
5	B+C	1255
6	B+B	1195
7	F+F	897
8	A+A	873
9	C+F	561
10	B+A	471
11	F+C	432
12	F+B	405

13	C+C	285
14	C+B	281
15	B+F+F	216
16	F+A	213
17	A+F+F	167
18	B+B+F	151
19	C+A	136
20	B+F+B	134
21	A+B+F	124
22	A+F+C	111
23	B+F+C	110
24	B+C+F	102
25	B+B+B	100
26	A+F+B	98
27	A+C+F	95
28	A+B+C	83
29	B+B+C	82
30	A+B+B	80
31	B+C+B	76
32	B+C+C	68
33	B+F+A	64
34	B+B+A	62
35	A+C+B	56
36	F+F+F	54
37	A+C+C	52
38	A+F+A	51
39	A+B+A	50
40	C+F+F	40
41	F+F+C	39
42	F+B+F	36
43	A+C+A	34
44	B+A+F	34
45	B+C+A	33
46	F+B+B	32
47	F+C+F	32
48	F+F+B	31
49	A+A+F	26
50	A+A+B	23

51	A+A+C	23
52	C+F+C	22
53	F+B+C	22
54	F+B+A	19
55	F+C+C	19
56	C+B+F	17
57	C+F+B	17
58	C+B+B	16
59	F+C+B	16
60	F+F+A	16
61	B+A+B	15
62	C+C+B	14
63	C+C+C	13
64	A+A+A	12
65	B+A+A	12
66	C+C+F	12
67	B+A+C	11
68	B+B+F+F	10
69	B+C+F+F	10
70	B+F+B+F	10
71	A+F+C+F	9
72	F+C+A	9
73	A+B+C+F	8
74	A+F+F+F	8
75	B+F+B+B	8
76	C+B+C	8
77	F+A+F	8
78	A+C+B+F	7
79	A+F+B+F	7
80	B+B+C+F	7
81	B+F+F+B	7
82	B+F+F+C	7
83	B+F+F+F	7
84	C+B+A	7
85	A+B+C+C	6
86	A+B+F+F	6
87	A+F+F+B	6
88	B+A+F+B	6

89	B+B+B+C	6
90	C+F+A	6
91	F+A+B	6
92	A+B+B+F	5
93	A+C+F+C	5
94	B+B+B+F	5
95	B+C+F+B	5
96	B+F+C+F	5
97	A+B+F+C	4
98	A+C+C+F	4
99	B+A+B+B	4
100	B+B+B+B	4
101	B+B+C+B	4
102	B+C+F+A	4
103	B+F+B+C	4
104	B+F+C+B	4
105	F+A+C	4
106	F+F+F+F	4
107	A+A+F+F	3
108	A+B+B+A	3
109	A+B+C+B	3
110	A+B+F+B	3
111	A+F+A+B	3
112	A+F+B+A	3
113	A+F+B+B	3
114	A+F+B+C	3
115	A+F+C+C	3
116	A+F+F+A	3
117	A+F+F+C	3
118	B+B+A+B	3
119	B+B+F+A	3
120	B+C+C+F	3
121	B+C+F+C	3
122	B+F+C+C	3
123	C+A+F	3
124	F+A+A	3
125	F+B+B+B	3
126	F+B+B+F	3

127	F+B+F+C	3
128	F+F+B+F	3
129	F+F+F+B	3
130	A+A+B+F	2
131	A+A+F+C	2
132	A+B+B+C	2
133	A+C+B+A	2
134	A+C+C+B	2
135	A+C+F+B	2
136	A+C+F+F	2
137	B+A+B+C	2
138	B+A+F+F	2
139	B+B+A+A	2
140	B+B+B+A	2
141	B+B+C+C	2
142	B+B+F+C	2
143	B+C+B+B	2
144	B+C+B+F	2
145	B+F+A+C	2
146	B+F+A+F	2
147	B+F+B+A	2
148	C+A+B	2
149	C+C+A	2
150	C+F+B+A	2
151	C+F+C+B	2
152	C+F+C+F	2
153	C+F+F+F	2
154	F+A+B+F	2
155	F+A+F+F	2
156	F+F+B+B	2
157	F+F+C+F	2
158	F+F+F+A	2
159	F+F+F+C	2
160	A+A+A+B	1
161	A+A+B+B	1
162	A+A+B+C	1
163	A+A+C+B	1
164	A+C+A+F	1

165	A+C+B+C	1
166	A+C+C+A	1
167	A+F+A+C	1
168	A+F+A+F	1
169	A+F+C+A	1
170	A+F+C+B	1
171	B+A+B+F	1
172	B+A+C+B	1
173	B+A+C+C	1
174	B+A+C+F	1
175	B+A+F+A	1
176	B+A+F+C	1
177	B+B+A+F	1
178	B+B+C+A	1
179	B+B+F+B	1
180	B+C+A+B	1
181	B+C+A+F	1
182	B+C+B+A	1
183	B+C+C+A	1
184	B+C+C+B	1
185	B+C+FF	1
186	B+F+A+B	1
187	B+F+C+A	1
188	B+F+F+A	1
189	C+A+A	1
190	C+A+B+B	1
191	C+A+C+C	1
192	C+A+F+B	1
193	C+A+F+C	1
194	C+B+A+B	1
195	C+B+B+F	1
196	C+B+F+B	1
197	C+B+F+C	1
198	C+C+B+C	1
199	C+C+C+C	1
200	C+F+B+B	1
201	C+F+C+C	1
202	C+F+F+C	1

203	F+B+B+A	1
204	F+B+B+C	1
205	F+B+C+A	1
206	F+B+C+B	1
207	F+B+F+A	1
208	F+B+F+B	1
209	F+B+F+F	1
210	F+C+A+F	1
211	F+C+B+B	1
212	F+C+B+F	1
213	F+C+C+A	1
214	F+C+C+F	1
215	F+C+F+C	1
216	F+C+F+F	1
217	F+F+A+C	1
218	F+F+B+A	1
219	F+F+B+C	1
		18476

EmEditor를 통해서 검색할 때 뒤에 결합한 명사는 다섯 가지를 검색하였다. 초급 어휘로 예를 들면 'A+A', 'A+A+A', 'A+A+A+A', 'A+A+A+A+A' 다섯 가지가 있어야 하는데 실제 나온 결과에 네 가지만 나타난다. 그래서 패턴은 2개 단어(NNG+NNG)가 있는 패턴이 있고 3개 단어(NNG+NNG+NNG)가 있는 패턴이 있고 4개 단어(NNG+NNG+NNG+NNG)가 있는 패턴이 있다. 앞으로 연구에서는 이런 패턴 형식으로 표기하여 진행할 것이다.

위에 <표 30>에서 보듯이 제일 많이 나타나는 것은 'A+F'가 2,888회로 나타나고 있다. 두 번째는 'B+F'가 2,383회로 나타나고 있다. 앞에 제시하였던 'F'가 외국인 한국어 학습자들에게 어려운 어휘나 필요가 없는 어휘라서 한국어를 배우는 동안 도움이 되지 않는다고 판단하여 'F'를 삭제하기로 하였다. 'F'가 없으므로 첫 번째로 많이 나타나는 패턴은 'A+B'가 1,514회로 나타난다. 두 번째로 많이 나타나는 패턴은 'A+C'가 1,432회로 나타난다.

'F'가 없는 패턴에서 제일 적게 나타난 패턴이 'C+C+C+C'가 1회로 나타난다. 또한 4개 단어가 있는 패턴에서 대부분은 'F'를 포함하거나 개수가 적게 나타나는 것을 볼 수 있다. 예를 들어 4개 단어가 있는 패턴에서 제일 많이 나타나는 것이 'A+B+C+C'도 6회만 나타난다. 나타나는 개수가 너무 적기 때문에 앞으로 연구에서 4개 단어가 있는 패턴을 빼고 2단어가 이루어진 패턴(NNG+NNG), 그리고 3단어가 이루어진 패턴(NNG+NNG+NNG)을 연구할 것이다.

4.2.1. 두 단어로 이루어진 패턴(NNG+NNG)

두 단어로 된 패턴은 총 16개 형식이 있다. 패턴에 대한 형식, 논리적인 비율과 실제 비율은 다음 <표 31>과 같이 제시하였다.

<표 31> 두 단어로 된 패턴의 형식

패턴	논리적 비율	실제 비율/개수	
A+A	6.25%	5.44%	873
A+B	6.25%	9.44%	1514
A+C	6.25%	8.93%	1432
A+F	6.25%	18.00%	2888
B+A	6.25%	2.94%	471
B+B	6.25%	7.45%	1195
B+C	6.25%	7.82%	1255
B+F	6.25%	14.85%	2383
C+A	6.25%	0.85%	136
C+B	6.25%	1.75%	281
C+C	6.25%	1.78%	285
C+F	6.25%	3.50%	561
F+A	6.25%	1.33%	213
F+B	6.25%	2.52%	405
F+C	6.25%	7.82%	1255
F+F	6.25%	5.59%	897
			16044(총 개수)

전체 초급, 중급, 고급, 그리고 제외한 것을 포함해서 총 16개 패턴이 있다. 그래 서 각 패턴의 논리적인 비율은 100/16을 계산하면 6.25%로 나타난다. 그런데 실제적 인 비율은 논리적인 비율과 비교하면 차이가 많이 나타났음을 볼 수 있다. 구체적인 분석은 다음과 같다.

4.2.1.1 초급 한자어 명사와 결합한 명사

초급 명사 뒤에 결합한 명사는 3개가 있다. '초급 명사+초급 명사'(A+A), '초급 명사+중급 명사'(A+B), '초급 명사+고급 명사'(A+C) 3개가 있다. 자세한 비율은 다음 <표 32>과 같다.

<표 32> 두 단어로 된 패턴에서 초급 명사 뒤에 결합한 명사 비율

패턴	논리적 비율	실제 비율
A+A	6.25%	5.44%
A+B	6.25%	9.44%
A+C	6.25%	8.93%

원래 초급, 중급, 고급, 그리고 한국어 학습용 어휘에 속하지 않는 것을 다 포함해서 총 4개가 있는데 여기서 'F'를 제외하면 초급 명사 'A' 뒤에 결합한 명사를 3개로 정리하였다. 즉, 'A+A', 'A+B'와 'A+C'이 있다. 논리적인 비율이 모두 6.25%로 나타나는데 실제 비율이 'A+A'는 5.44%로 논리적인 비율 6.25%보다 적게 나타나고 있다. 'A+B'는 9.44%로 논리적인 비율 6.25%보다 훨씬 많이 나타나고 있다. 그리고 'A+C'도 8.93%로 논리적인 비율보다 많이 나타나고 있음을 볼 수 있다. 밑에 <그래프 20>과 같다.

<그래프 20> 두 단어로 된 패턴에서 초급 명사 뒤에 결합한 명사 비율

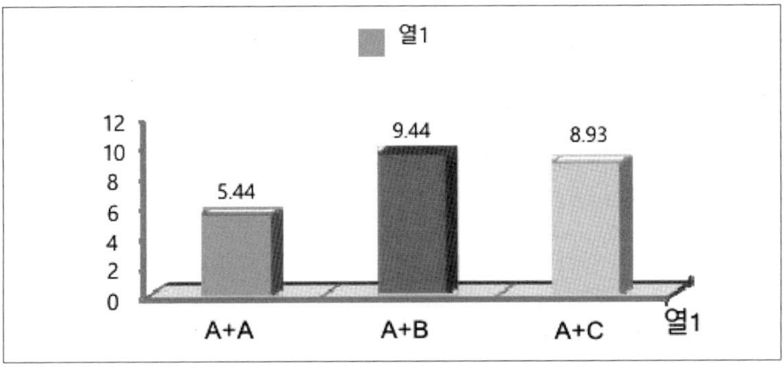

위에 <그래프 20>에서 보듯이 'A+A'가 5.44%로 나타나고 있고 'A+B'가 9.44%로 나타나고 있고 'A+C'가 8.93%로 나타나고 있다. 그 중에서 'A+B'가 제일 많이 나타났음을 볼 수 있다. 'A+C'도 비슷하게 8.93%로 많이 나타나고 있다. 'A+B'와 'A+C'가 모두 논리적인 비율 6.25%보다 많이 나타난 편이다. 그런데 'A+A'가 5.44%로 논리적인 비율보다 적게 나타나고 있다. 초급 한자어 명사 뒤에 결합한 초급 명사 비율이 5.44%이며 중·고급이 모두 평균 6.25%보다 9.44%와 8.93%로 상당히 많이 나타나고 있다. 특히 중급 명사가 제일 많은 것을 볼 수 있다. 왜냐하면 초급 명사가 원래 개수가 적고[39] 기본 한자어 명사와 결합한 명사라서 고급이 좀 어려울 수도 있다. 그래서 뒤에 결합한 명사는 중급은 제일 많다. 초급 명사 뒤에 결합한 명사이면 중급이 많이 나타나고, 고급이 중급보다 조금 적게 나타나고, 초급이 제일 적게 나타나는 것을 확인할 수 있다.

앞으로 한국어를 교수-학습할 때 초급 한자어 명사 뒤에 결합한 명사에 대해 중·고급 특히 중급 어휘를 많이 사용하고 초급 어휘를 적게 사용하는

39 조남호(2003), "한국어 학습용 어휘 선정 결과 보고서"에서 초급 명사가 497개 있고, 중급 명사가 1,199개 있고, 고급 명사가 2,708개 있다고 제시하고 있다.

것이 좋다. 예를 들어 "가족01(家族)"은 초급 명사인데 일상 대화할 때 '가족토론', '가족모임', '가족문화', '가족관계'에서 '토론, 모임, 문화, 관계' 등 중급 명사를 많이 사용하는 것이 좋다.

4.2.1.2 중급 한자어 명사와 결합한 명사

중급 명사 뒤에 결합한 명사는 3개가 있다. 즉 초급, 중급과 고급이다. 그래서 형식이 '중급 명사+초급 명사'(B+A), '중급 명사+중급 명사'(B+B), '중급 명사+고급 명사'(B+C)가 있다. 자세한 내용은 다음 <표 33>과 같다.

<표 33> 두 단어로 된 패턴에서 중급 명사 뒤에 결합한 명사 비율

패턴	논리적 비율	실제 비율
B+A	6.25%	2.94%
B+B	6.25%	7.45%
B+C	6.25%	7.82%

위에 <표 33>에서 보듯이 논리적인 비율도 모두 6.25%이다. 중급 명사 뒤에 결합한 명사 형식은 3개가 있다. 'B+A', 'B+B'와 'B+C'가 있다. 즉, '중급 명사+ 초급 명사', '중급 명사+중급 명사', 그리고 '중급 명사+고급 명사'가 있다. 그 중에서 'B+B'와 'B+C'는 각각 7.45%와 7.82%로 비슷하여, 논리적인 비율 6.25%보다 많이 나타나고 있다. 그런데 'B+A'가 2.94%로 'B+B'와 'B+C'보다 훨씬 적게 나타남을 볼 수 있다. 다음 <그래프 21>과 같다.

<그래프 21> 두 단어로 된 패턴에서 중급 명사 뒤에 결합한 명사 비율

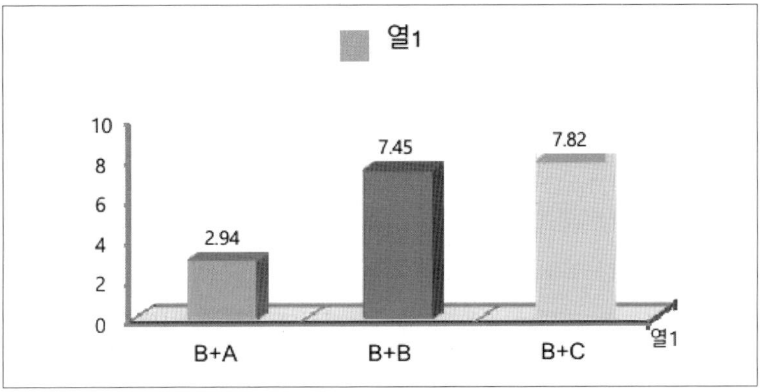

위에 <그래프 21>에서 보듯이 중급 명사 뒤에 결합한 명사는 초급이 2.94%로 나타나고 있고 중급이 7.45%로 나타나고 있고 고급이 7.82%로 나타나고 있다. 중급 명사 뒤에 결합한 명사가 초급 명사 뒤에 결합한 명사와 비슷하게 나타난다. 즉 뒤에 결합한 초급 명사가 제일 적을 뿐만 아니라 논리적인 비율보다도 낮게 나타난 것이다. 뒤에 결합한 중급 명사와 고급 명사가 거의 비슷하게 나타나고 논리적인 비율 6.25%보다 훨씬 많이 나타남을 확인할 수 있다. 그래서 결과는 초급 명사 뒤에 결합한 명사와 비슷해서 중·고급은 많이 나타나는 편이다.

그래서 교수-학습할 때 초·중급 한자어 명사 뒤에 결합한 명사는 중·고급을 많이 사용하고 초급을 적게 사용하는 것이 좋다.

4.2.1.3 고급 한자어 명사와 결합한 명사

고급 명사 뒤에 결합한 명사도 3개가 있다. 고급 명사+초급 명사'(C+A), 고급 명사+중급 명사'(C+B)와 고급 명사+고급 명사'(C+C)가 있다. 각 패턴에서 결합한 실제 비율은 다음 <표 34>와 같다.

<표 34> 두 단어로 된 패턴에서 고급 명사 뒤에 결합한 명사 비율

패턴	논리적 비율	실제 비율/개수
C+A	6.25%	0.85%
C+B	6.25%	1.75%
C+C	6.25%	1.78%

고급 명사 뒤에 결합한 명사 형식도 3개가 있다. 'C+A', 'C+B'와 'C+C'가 있다. 즉 '고급 명사+초급 명사', '고급 명사+중급 명사', 그리고 '고급 명사+고급 명사'이다. 논리적인 비율도 마찬가지로 6.25%로 나타난다. 실제 비율이 논리적인 비율보다 차이가 많이 있는 것을 볼 수 있다. 그런데 앞에 초·중급 명사 뒤에 결합한 명사의 비율은 대부분이 논리적인 비율보다 많이 나타나는데 여기서 고급 명사 뒤에 결합한 명사 비율은 모두 논리적인 비율보다 적게 나타난다. 밑에 <그래프 22>와 같다.

<그래프 22> 두 단어로 된 패턴에서 고급 명사 뒤에 결합한 명사 비율

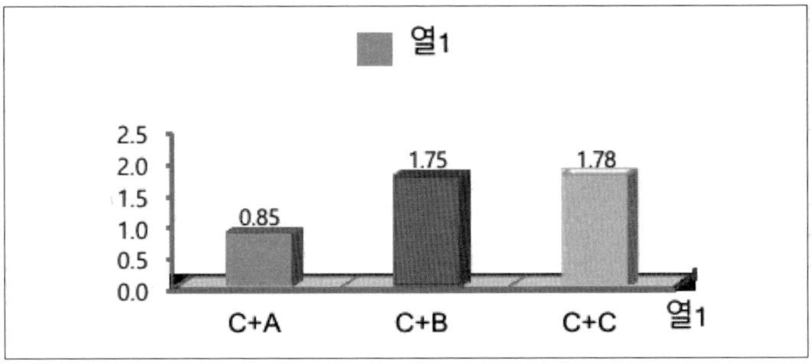

논리적인 비율이 6.25%인데 여기서 'C+A'가 0.85%, 'C+B'가 1.75%, 그리고 'C+C'가 1.78%로 나타나고 있다. 앞에 초·중급과 달리 모두 논리적인 비율보다 적게 나타남을 볼 수 있다. 왜냐하면 원래 198개 한자어 명사는 모두 기본 한자어 명사이기 때문에 당연히 거의 다 초급에 속해야 하는데

학자마다 등급 분류가 좀 달라서 중급이나 고급에 속하는 어휘도 나타난다. 그래도 초급은 많이 나타나는 것이 당연하고 중·고급에 속하는 어휘가 적으면 뒤에 결합한 명사도 적어질 수밖에 없다. 그래서 등급이 높을수록 비율이 낮아져서 논리적인 비율보다 적게 나타나는 것을 확인할 수 있다.

두 단어로 된 패턴에서 초·중·고급 한자어 명사 뒤에 결합한 명사가 초급보다 중·고급이 많은 편이다. 고급 한자어 명사 뒤에 결합한 명사를 보면 뒤에 결합한 고급 명사(C+C)가 중급보다 조금 많은데 중·고급 명사 원래 개수를 비교하면 중급 명사는 1.199개가 있고 고급 명사는 2,708개가 있어서 고급이 중급보다 훨씬 많은 편이다. 비율로 보면 중급 명사 비율은 더 많은 것을 볼 수 있다. 왜냐하면 고급 명사(2,708개)가 50.18%로 반 정도 넘게 차지하고 있는데 'C+B' 1.75%, 'C+C' 1.78%가 나타나서 0.03% 너무 작은 차이가 나왔다. 앞에 중급 명사도 마찬가지로 'B+B'7.45%, 'B+C'7.82%로 작은 차이가 나타났다. 그래서 실제 뒤에 결합한 명사의 비율은 중급이 많은 것을 알 수 있다.

초·중·고급 한자어 명사 뒤에 결합한 명사는 초급보다 중·고급 특히 중급이 비교적 많은 것을 알 수 있다. 뒤에 결합한 명사는 중급이 제일 많이 나타나는 것을 확인할 수 있어서 교수-학습할 때 중급 명사를 많이 사용하는 것이 좋다.

여기까지 두 단어로 된 패턴을 분석하였다. 본 연구 대상의 198개 기본 한자어 명사 뒤에 결합한 명사에 대해 중·고급이 많이 나타나고 초급이 적게 나타났음을 알 수 있다. 한국어를 교수-학습할 때 도움이 된다고 생각한다. 다음 절에서 세 단어로 된 패턴을 분석할 것이다.

4.2.2 세 단어로 이루어진 패턴(NNG+NNG+NNG)

세 단어로 된 패턴은 총 64개 형식이 있다. 패턴에 대한 형식, 논리적인 비율과 실제 비율은 다음 <표 35>에서 제시하였다.

<표 35> 세 단어로 된 패턴의 형식(F가 있음)

패턴	논리적 비율	실제 비율/개수	
A+A+A	1.5625%	0.4159%	12
A+A+B	1.5625%	0.7972%	23
A+A+C	1.5625%	0.7972%	23
A+A+F	1.5625%	0.9012%	26
		2.9115%	
A+B+A	1.5625%	1.7331%	50
A+B+B	1.5625%	2.7730%	80
A+B+C	1.5625%	2.8769%	83
A+B+F	1.5625%	4.2981%	124
		11.6811%	
A+C+A	1.5625%	1.1785%	34
A+C+B	1.5625%	1.9411%	56
A+C+C	1.5625%	1.8024%	52
A+C+F	1.5625%	3.2929%	95
		8.2149%	
A+F+A	1.5625%	1.7678%	51
A+F+B	1.5625%	3.3969%	98
A+F+C	1.5625%	3.8475%	111
A+F+F	1.5625%	5.7886%	167
		14.8008%	
A++		37.6083%	
B+A+A	1.5625%	0.4159%	12
B+A+B	1.5625%	0.5199%	15
B+A+C	1.5625%	0.7972%	23
B+A+F	1.5625%	0.9012%	26
		2.6342%	
B+B+A	1.5625%	2.1490%	62
B+B+B	1.5625%	3.4662%	100

B+B+C	1.5625%	2.8423%	82
B+B+F	1.5625%	5.2340%	151
		13.6915%	
B+C+A	1.5625%	1.1438%	33
B+C+B	1.5625%	2.6343%	76
B+C+C	1.5625%	2.3570%	68
B+C+F	1.5625%	3.5355%	102
		9.6706%	
B+F+A	1.5625%	2.2184%	64
B+F+B	1.5625%	4.6447%	134
B+F+C	1.5625%	3.8128%	110
B+F+F	1.5625%	7.4870%	216
		18.1629%	
B++		44.1592%	
C+A+A	1.5625%	0.0347%	1
C+A+B	1.5625%	0.0693%	2
C+A+C	1.5625%	0	0
C+A+F	1.5625%	0.1040%	3
		0.2080%	
C+B+A	1.5625%	0.2426%	7
C+B+B	1.5625%	0.5546%	16
C+B+C	1.5625%	0.2773%	8
C+B+F	1.5625%	0.5893%	17
		1.6638%	
C+C+A	1.5625%	0.0693%	2
C+C+B	1.5625%	0.4853%	14
C+C+C	1.5625%	0.4506%	13
C+C+F	1.5625%	0.4159%	12
		1.4211%	
C+F+A	1.5625%	0.2080%	6
C+F+B	1.5625%	0.5893%	17
C+F+C	1.5625%	0.7626%	22
C+F+F	1.5625%	1.3865%	40
		2.9464%	
C++		6.2393%	
F+A+A	1.5625%	0.1040%	3
F+A+B	1.5625%	0.2080%	6
F+A+C	1.5625%	0.1386%	4

F+A+F	1.5625%	0.2773%	8
		0.7279%	
F+B+A	1.5625%	0.6586%	19
F+B+B	1.5625%	1.1092%	32
F+B+C	1.5625%	0.7626%	22
F+B+F	1.5625%	1.2478%	36
		3.7782%	
F+C+A	1.5625%	0.3120%	9
F+C+B	1.5625%	0.5546%	16
F+C+C	1.5625%	0.6586%	19
F+C+F	1.5625%	1.1092%	32
		2.6344%	
F+F+A	1.5625%	0.5546%	16
F+F+B	1.5625%	1.0745%	31
F+F+C	1.5625%	1.3518%	39
F+F+F	1.5625%	1.8718%	54
		4.8527%	2885
F++		11.9932	

위에 <표 35>에서 보듯이 초급, 중급, 고급과 제외한 것은 총 4개가 있다. 그래서 패턴은 64개(16*4)가 있다. 그래서 논리적인 비율이 1.5625%(100/64)이다. 하지만 앞에 말했던 'F'가 한국어 학습자에게 필요가 없는 어휘라서 빼기로 하였다. 그래서 패턴은 27개가 있다. 다음 <표 36>과 같다.

<표 36> 세 단어로 된 패턴의 형식(F가 없음)

초급(A)	A+A	A+A+A
		A+A+B
		A+A+C
	A+B	A+B+A
		A+B+B
		A+B+C
	A+C	A+C+A
		A+C+B
		A+C+C

<table>
<tr><td rowspan="9">중급(B)</td><td rowspan="3">B+A</td><td>B+A+A</td></tr>
<tr><td>B+A+B</td></tr>
<tr><td>B+A+C</td></tr>
<tr><td rowspan="3">B+B</td><td>B+B+A</td></tr>
<tr><td>B+B+B</td></tr>
<tr><td>B+B+C</td></tr>
<tr><td rowspan="3">B+C</td><td>B+C+A</td></tr>
<tr><td>B+C+B</td></tr>
<tr><td>B+C+C</td></tr>
<tr><td rowspan="9">고급(C)</td><td rowspan="3">C+A</td><td>C+A+A</td></tr>
<tr><td>C+A+B</td></tr>
<tr><td>C+A+C</td></tr>
<tr><td rowspan="3">C+B</td><td>C+B+A</td></tr>
<tr><td>C+B+B</td></tr>
<tr><td>C+B+C</td></tr>
<tr><td rowspan="3">C+C</td><td>C+C+A</td></tr>
<tr><td>C+C+B</td></tr>
<tr><td>C+C+C</td></tr>
</table>

위에 <표 36>는 세 단어로 된 패턴이다. 큰 분류에 초급, 중급과 고급이 3개 있다. 세 단어로 된 패턴은 총 27개가 있다. 먼저, 큰 분류 초급, 중급과 고급을 나눈다. 두 번째 초·중·고급이 각각 뒤에 결합한 초급, 중급과 고급을 제시한다. 여기까지는 두 단어로 된 패턴이다. 그 다음에는 두 단어로 된 패턴 뒤에도 각각씩 초·중·고급을 붙일 것이다. 그래서 첫 번째 칸에서 초급, 중급과 고급을 제시하고, 두 번째 칸에서 2개 단어가 있을 때 결합한 어휘의 9개 형식이고, 세 번째 칸에서 3개 단어가 있는 형식이다. 다음에 셋 단어로 된 각 패턴에서 등급별 나타나는 비율과 특징을 분석할 것이다. 구체적인 내용이 다음 절에 제시할 것이다.

4.2.2.1 초급 한자어 명사와 결합한 명사구

초급 명사 뒤에 결합한 명사구는 '초급 명사+초급 명사+초·중·고급 명사'(A+A+A/B/C), '초급 명사+중급 명사+초·중·고급 명사'(A+B+A/B/C)와 '초급 명사+고급 명사+초·중·고급 명사'(A+C+A/B/C)이 있다. 먼저 '초급 명사+초급 명사' 즉 'A+A' 뒤에 결합한 초급, 중급과 고급의 비율을 분석할 것이다.

Ⅰ. A+A+<u>A/B/C</u>

<표 37> 세 단어로 된 패턴에서 'A+A' 뒤에 결합한 명사 비율

패턴	논리적 비율	실제 비율
A+A+A	1.5625%	0.4159%
A+A+B	1.5625%	0.7972%
A+A+C	1.5625%	0.7972%
		2.0103%

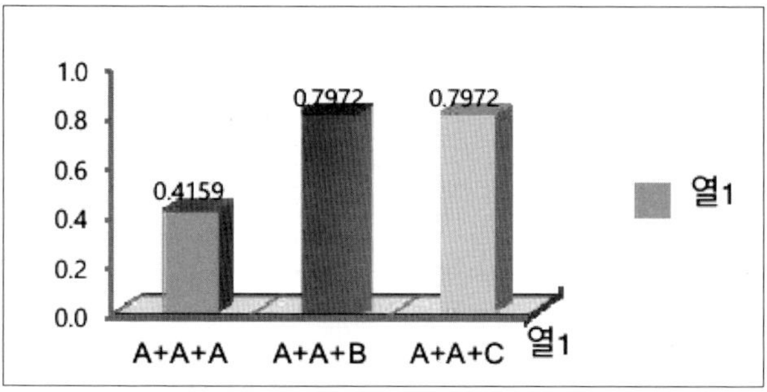

'초급 명사+초급 명사'(A+A) 뒤에 결합한 명사의 비율을 위에 <표 37>에 제시하였다. 원래 제일 많이 나타나는 것이 조남호(2003)에 속하지 않는 명사라서 외국인 한국어 학습자들에게 필요가 없는 어휘라고 판단해서 빼기로 하였다. 다음에 뒤에 결합한 명사는 중급과 고급이 똑같이 0.7972%로 나타나고 있다. '초급 명사+초급 명사'(A+A) 뒤에 결합한 명사에서 초급이 제일 적게 나타나는 것을 알 수 있다. 그리고 논리적인 비율이 1.5625%인데 뒤에 결합한 명사가 모두 논리적인 비율 보다 적게 나타나고 있다. '초급 명사+초

급 명사+명사' 이런 형식이면 마지막 뒤에 결합한 명사가 너무 간단하면 뜻을 완전히 표현할 수 없다. 따라서 조금 어려운 중급이나 고급 어휘를 결합해야 한다.

'A+A' 뒤에 결합한 명사에서 중·고급이 초급보다 많이 나타나는 것을 보 수 있다. 한국어를 교수-학습할 때 잘 파악해야 한다. 또한 'A+A' 뒤에 결합한 명사 는 모두 논리적인 비율보다 적게 나타나는 것을 보면 앞에 제시하였던 'A+A'와 관계가 있다. 'A+A'가 비교적 적게 나타나서 뒤에 결합한 어휘도 적게 나타날 수밖에 없다. 지금까지 'A+A' 뒤에 결합한 명사를 모두 분석하였다, 다음에 '초급 명사+중급 명사'(A+B) 뒤에 결합한 명사의 등급 비율을 분석할 것이다.

Ⅱ. A+B+A/B/C

<표 38> 세 단어로 된 패턴에서 'A+B' 뒤에 결합한 명사 비율

패턴	논리적 비율	실제 비율
A+B+A	1.5625%	1.7331%
A+B+B	1.5625%	2.7730%
A+B+C	1.5625%	2.8769%
		7.3830%

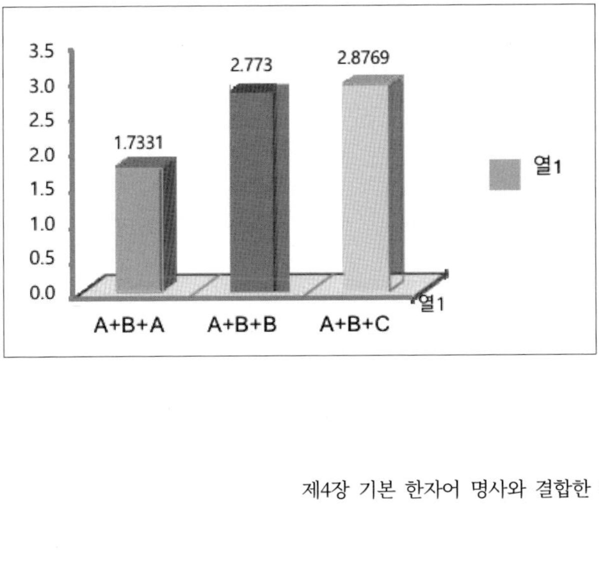

'초급 명사+중급 명사'(A+B) 뒤에 결합한 어휘의 비율이 위에 <표 38>과 같다. 고급이 2.8769%로 제일 많이 나타남을 알 수 있다. 두 번째 중급 명사의 비율이 2.7730%이고 고급 명사와 아주 작은 차이로 나타나고 있다. 이렇게 보면 제일 많이 나타나는 것이 고급 명사인데 실제 고급 명사의 개수는 초·중·고급 어휘에서 50.18%로 높은 비율로 나타나서 여기에 중급 명사와 차이가 거의 없는 것을 보면 중급 명사의 비율이 제일 많이 나타나는 것을 알 수 있다. 또한 초급 명사가 제일 적게 나타나는 것도 알 수 있다. 그리고 논리적인 비율이 1.5625%인데 '초급 명사+중급 명사'(A+B) 뒤에 결합한 명사가 모두 논리적인 비율보다 많이 나타나는 것을 알 수 있다. 앞에 '초급 명사+초급 명사'(A+A) 뒤에 결합한 명사가 모두 논리적인 비율보다 낮은데 여기서 '초급 명사+중급 명사'(A+B) 뒤에 결합한 명사가 모두 논리적인 비율보다 많이 나타나고 있다.

두 단어로 된 패턴에서 초급 명사 뒤에 결합한 명사는 초급 비율이 중급 비율보다 낮은 편이다. 또한 3개 단어가 있을 때 'A+A' 뒤에 결합한 명사가 모두 논리적인 비율보다 낮고 'A+B' 뒤에 결합한 명사가 모두 논리적인 비율보다 높은 편이다. 한국어를 가르칠 때 초급 한자어 뒤에 결합한 명사를 선별할 때 초급이 중급 보다 적게 사용하고 '초급 명사+초급 명사' 뒤에 결합한 명사도 '초급 명사+중급 명사' 뒤에 결합한 명사보다 적게 사용하는 것이 좋다. 그리고 세 단어로 된 패턴에서 'A+A'와 'A+B' 뒤에 결합한 명사는 모두 초급보다 중·고급이 많이 나타나는 것을 확인할 수 있다.

Ⅲ. A+C+<u>A/B/C</u>

<표 39> 세 단어로 된 패턴에서 'A+C' 뒤에 결합한 명사 비율

패턴	논리적 비율	실제 비율
A+C+A	1.5625%	1.1785%
A+C+B	1.5625%	1.9411%
A+C+C	1.5625%	1.8024%
		4.9220%

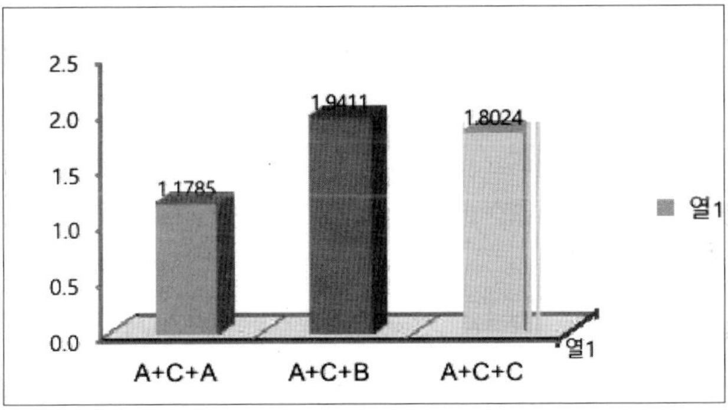

'초급 명사+고급 명사'(A+C) 뒤에 결합한 명사의 비율이 위에 <표 39>와 같다. '초급 명사+고급 명사+초급 명사'(A+C+A)가 여전히 1.1785%로 제일 적게 나타나는 것을 볼 수 있다. 다음에 '초급 명사+고급 명사+고급 명사'(A+C+C)가 1.8024%로 나타나고 있고 '초급 명사+고급 명사+중급 명사'(A+C+B)가 1.9411%로 제일 많이 나타나는 것을 알 수 있다. 그래서 '초급 명사+고급 명사' 뒤에 결합한 명사에서 중급 명사가 제일 많이 나타나는 것을 확인할 수 있다.

지금까지 초급 명사 뒤에 결합한 세 단어로 된 패턴을 모두 분석하였다. 초급 명사 뒤에 결합한 명사구의 총비율은 다음 <표 40>과 같다.

<표 40> 세 단어로 된 패턴에서 초급 명사 뒤에 결합한 명사구 총비율

패턴	세 번째 결합한 명사의 총 실제 비율
A+A+A/B/C	2.0103%
A+B+A/B/C	7.3830%
A+C+A/B/C	4.9220%

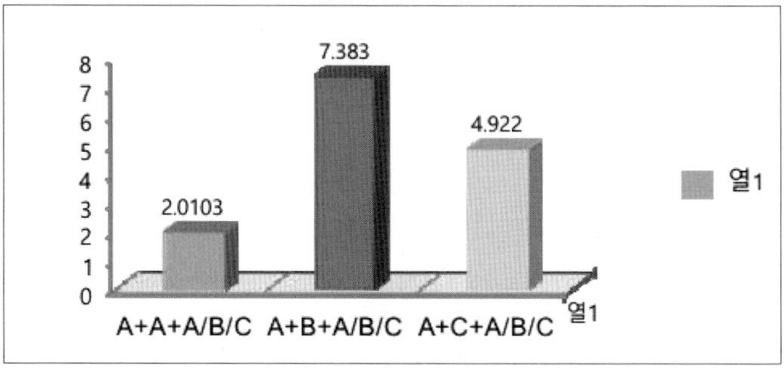

'초급 명사+초급 명사'(A+A)와 '초급 명사+고급 명사'(A+C) 뒤에 결합한 명사 의 총비율에 비교해도 높은 비율이 나타나고 있다. 그래서 세 단어로 된 패턴에서 초급 명사 뒤에 결합한 명사구는 중급이 제일 많은 것을 알 수 있다.

이를 통해 초급 한자어 명사 뒤에 두 단어로 된 패턴과 세 단어로 된 패턴은 모두 중급이 제일 많이 나타나는 것을 알 수 있다. 그리고 'A+A'와 'A+A' 뒤에 결합한 명사는 모두 논리적인 비율보다 낮은 편이고 'A+B'와 'A+B' 뒤에 결합한 명사는 모두 논리적인 비율보다 높은 편이다. 한국어를 교수-학습한다면 초급 한자어 뒤에 결합한 명사구에 대하여 너무 간단한 단어를 적게 사용하고 조금 어려운 단어를 사용해야 한다는 점을 잘 파악해야 한다. 지금까지 초급 한자어 명사 뒤에 결합한 명사구를 모두 분석한 후 중급 한자어 명사 뒤에 결합한 명사구를 분석하도록 한다. 구체적인 내용을 다음 절에 제시할 것이다.

4.2.2.2 중급 한자어 명사와 결합한 명사구

중급 한자어 명사 뒤에 결합한 명사는 초급, 중급, 고급이 3개 있다. '중급 명사+초급 명사+초·중·고급 명사'(B+A+A/B/C), '중급 명사+중급 명사+초·중·고급 명사'(B+B+A/B/C), 그리고 '중급 명사+고급 명사+초·중·고급 명사'(B+C+A/B/C) 9개 형식이 있다. 먼저 '중급 명사+초급 명사'(B+A) 뒤에 결합한 명사의 등급을 분석할 것이다.

Ⅰ. B+A+<u>A/B/C</u>

<표 41> 세 단어로 된 패턴에서 'B+A' 뒤에 결합한 명사 비율

패턴	논리적 비율	실제 비율
B+A+A	1.5625%	0.4159%
B+A+B	1.5625%	0.5199%
B+A+C	1.5625%	0.7972%
		1.7330%

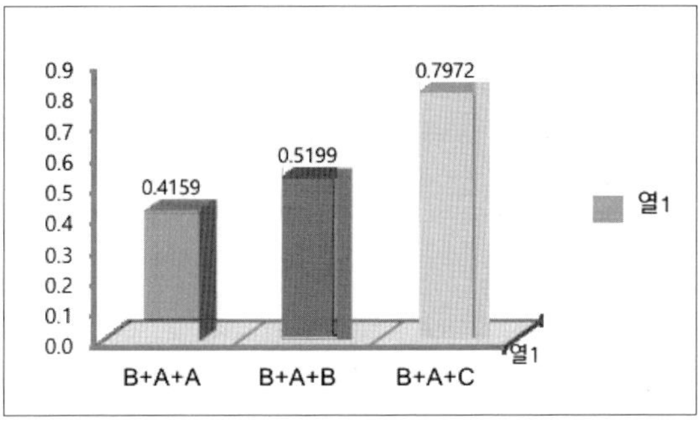

위에 <표 41>에서는 '중급 명사+초급 명사'(B+A) 뒤에 결합한 초·중·고급 명사의 비율이다. 먼저 '중급 명사+초급 명사+초급 명사' 즉 'B+A+A'가 0.4159%로 논리적인 비율 1.5625%보다 낮은 것으로 나타나고 있다. 두 번째 '중급 명사+초급 명사+중급 명사' 즉 'B+A+B'가 0.5199%로도 논리적인

비율 1.5625%보다 낮은 것으로 나타나고 있다. 마지막 '중급 명사+초급 명사+고급 명사' 즉 'B+A+C'가 0.7972%로 여전히 논리적인 비율보다 낮은 것으로 나타나고 있다. 여기서 제일 많이 나타나는 것은 '중급 명사+초급 명사+고급 명사' 즉 'B+A+C'가 있다. 즉, '중급 명사+초급 명사' 뒤에 결합한 명사에서 고급 명사가 제일 많이 나타남을 알 수 있다.

중급 한자어 명사 뒤에 결합한 명사인데 모두 논리적인 비율보다 낮은 편이다. 왜냐하면 중급이라도 두 번째 단어가 모두 초급 명사 때문이다. 기본 한자어 명사 뒤에 결합한 명사에서 초급이 적게 나타나는 것을 알고 있다. 또한 뒤에 결합한 명사가 초급 때문에 모두 논리적인 비율보다 적게 나타남을 확인할 수 있다. 그리고 그 중에서 초급 비율도 제일 낮은 것을 알 수 있다. 다음에 '중급 명사+중급 명사'(B+B) 뒤에 결합한 명사의 등급 비율을 분석할 것이다.

Ⅱ. B+B+A/B/C

<표 42> 세 단어로 된 패턴에서 'B+B' 뒤에 결합한 명사 비율

패턴	논리적 비율	실제 비율
B+B+A	1.5625%	2.1490%
B+B+B	1.5625%	3.4662%
B+B+C	1.5625%	2.8423%
		8.4575%

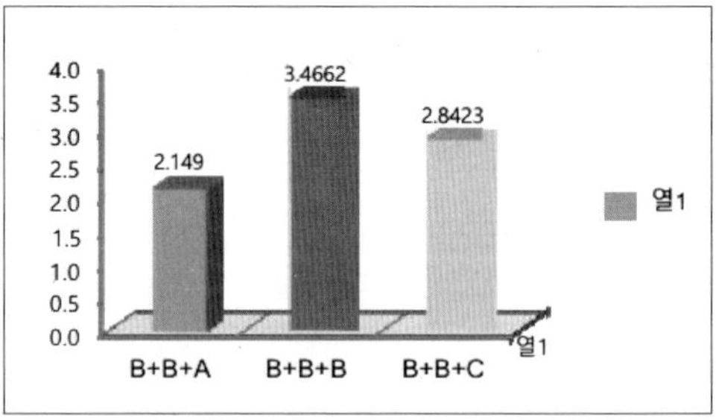

위에 <표 42>에서는 '중급 명사+중급 명사'(B+B) 뒤에 결합한 명사의 비율이다. 표에서 보듯이 제일 많은 것은 'B+B+B' 즉 '중급 명사+중급 명사+중급 명사'가 3.4662%로 논리적인 비율 1.5625%보다 훨씬 많이 나타남을 볼 수 있다. 다음에 'B+B+C' 즉 '중급 명사+중급 명사+고급 명사'가 2.8423%로 논리적인 비율보다 도 많이 나타남을 알 수 있다. 제일 적게 나타나는 것이 'B+B+A' 즉 '중급 명사+중급 명사+초급 명사'가 2.1490%로 나타나고 있다. 그래도 'B+B+A'는 논리적인 비율1.5625%보다 많이 나타난 편이다. '중급 명사+중급 명사'(B+B) 뒤에 결합한 명사는 모두 논리적인 비율보다 훨씬 높은 비율로 나타남을 확인할 수 있다. 게다가 뒤에 결합한 중급 명사도 제일 많이 나타나는 것을 알 수 있다.

한국어를 교수-학습할 때 초급 한자어 명사 뒤에 중급 명사가 제일 많이 나타나는 것을 알고 있다. 여기서 중급 한자어 명사 뒤에도 중급 명사가 많이 나타나는 것을 볼 수 있다. 그리고 세 단어로 된 패턴이 있을 때 중급 한자어 명사 뒤에 결합한 명사에서 두 번째 명사가 중급이면 모두 논리적인 비율보다 훨씬 많이 나타나는 것도 외국인 한국어 학습자들에게 알려줘야 한다. 다음에 '중급 명사+고급 명사'(B+C) 뒤에 결합한 명사의 등급 비율을 분석할 것이다.

Ⅲ. B+C+<u>A/B/C</u>

<표 43> 세 단어로 된 패턴에서 'B+C' 뒤에 결합한 명사 비율

패턴	논리적 비율	실제 비율
B+C+A	1.5625%	1.1438%
B+C+B	1.5625%	2.6343%
B+C+C	1.5625%	2.3570%
		6.1351%

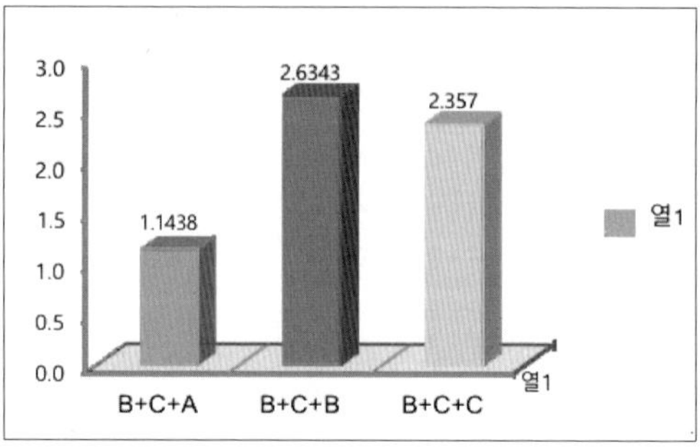

위에 <표 43>에서는 '중급 명사+고급 명사'(B+C) 뒤에 결합한 명사의 비율이다. '중급 명사+고급 명사+초급 명사'(B+C+A)가 1.1438%로 나타나고 있고 '중급 명사+고급 명사+중급 명사'(B+C+B)가 2.6343%로 나타나고 있고, '중급 명사+고급 명사+고급 명사'(B+C+C)가 2.3570%로 나타나고 있다. 'B+C+A'가 제일 낮은 비율이 나타나고 있고, 논리적인 비율보다도 낮게 나타난다. 'B+C+B'가 여전히 높은 비율이 나타나고 있고, 논리적인 비율 1.5625%보다 훨씬 많이 나타난 편이다. 'B+C+C'가 두 번째 많이 나타나는 것이고 논리적인 비율보다 높은 비율로 차지하고 있다. 그래서 '중급 명사+고급 명사'(B+C) 뒤에 결합한 명사는 중급이 제일 많이 나타남을 확인할 수 있고 초급이 제일 적게 나타남도 알 수 있다.

여기까지 세 단어로 된 패턴에서 중급 명사 뒤에 결합한 명사구의 총비율을 모두 분석하였다. 3개 단어가 있을 때 중급 한자어 명사 뒤에 결합한 명사구의 총비율이 다음 <표 44>를 본다.

<표 44> 세 단어로 된 패턴에서 중급 명사 뒤에 결합한 명사구 총비율

패턴	세 번째 결합한 명사의 총 실제 비율
B+A+A/B/C	1.7330%
B+B+A/B/C	8.4575%
B+C+A/B/C	6.1351%

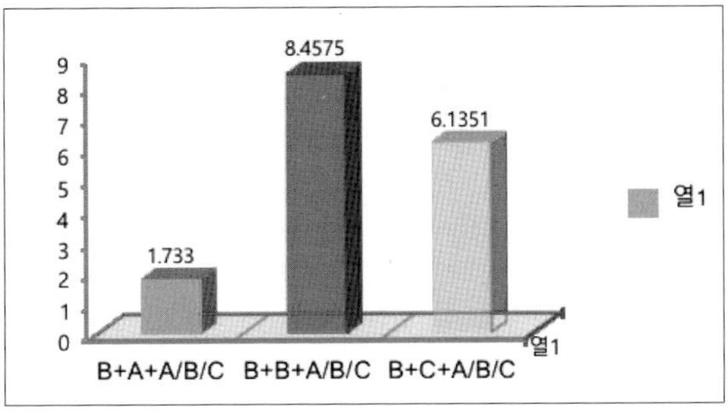

세 단어로 된 패턴에서 중급 명사 뒤에 결합한 명사의 등급 비율이 위에 <표 44>를 보시면 나온다. 'B+A+A/B/C' 즉 '중급 명사+초급 명사' 뒤에 결합한 초·중·고급 명사의 비율은 총 1.7330%로 나타나고 있다. 'B+B+A/B/C' 즉 '중급 명사+중급 명사' 뒤에 결합한 초·중·고급 명사의 비율은 총 8.4575%로 훨씬 많이 나타나고 있음을 볼 수 있다. 다음에 'B+C+A/B/C' 즉 '중급 명사+고급 명사' 뒤에 결합한 초·중·고급 명사의 비율이 총 6.1351%로 나타나고 있다. 제일 높은 비율은 '중급 명사+중급 명사+초/중/고급 명사' 즉 'B+B+A/B/C'이다. 그래서 제일 많이 나타나는 것은 여전히 중급 명사이고 두 번째 많이 나타나는 것은 고급이고 초급 명사는 제일 적게 나타나는 것을 확인할 수 있다.

그래서 한국어를 교수-학습한다면 연구 대상의 198개 기본 한자어 명사 뒤에 결합한 명사구를 가르칠 때 '중급 명사+중급 명사'(B+B) 뒤에 결합한 명사는 제일 많이 나타나는 것을 알려줘야 한다. 그리고 앞에 제시하였던 'B+B' 뒤에 결합한 명사가 모두 논리적인 비율보다 훨씬 많이 나타나는 것도 가르쳐야 한다. 그런데 중급 한자어 명사는 초급 한자어 명사와 똑같이 뒤에 결합한 초급 명사가 제일 적게 나타나는 것도 알 수 있다. 지금까지 중급 한자어 명사 뒤에 결합한 세 단어로 된 패턴을 모두 분석하였다. 다음 절에서 고급 한자어 명사 뒤에 결합한 명사구를 분석할 것이다.

4.2.2.3 고급 한자어 명사와 결합한 명사구

고급 한자어 명사 뒤에 결합한 명사구도 초·중급 한자어 명사 뒤에 결합한 명사구 형식과 똑같이 3개가 있다. 즉 '고급 명사+초급 명사+초·중·고급 명사'(C+A+A/B/C), '고급 명사+중급 명사+초·중·고급 명사'(C+B+A/B/C), 그리고 '고급 명사+고급 명사+초·중·고급 명사'(C+C+A/B/C) 3개가 있다. 자세한 실제 비율이 다음과 같다.

Ⅰ. C+A+<u>A/B/C</u>

<표 45> 세 단어로 된 패턴에서 'C+A' 뒤에 결합한 명사 비율

패턴	논리적 비율	실제 비율
C+A+A	1.5625%	0.0347%
C+A+B	1.5625%	0.0693%
C+A+C	1.5625%	0
		0.1040%

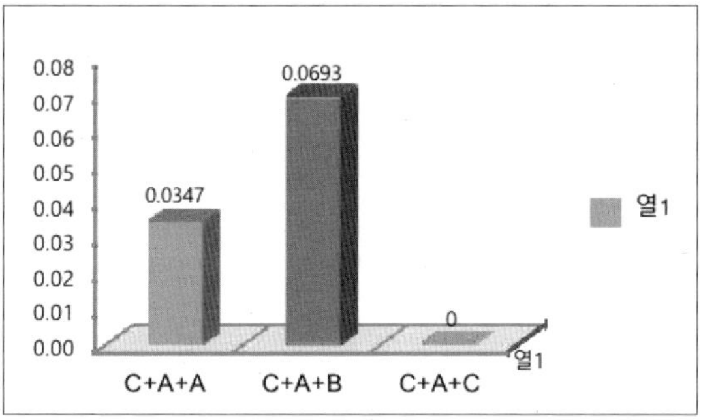

위에 <표 45>에서 보듯이 제일 많이 나타난 것이 '고급 명사+초급 명사+중급 명사' 즉 'C+A+B'가 있다. 'C+A+B'가 0.0693%로 나타나고 있고 'C+A+A'가 0.0347%로 나타나고 있고 'C+A+C'가 0%로 나타나고 있다. 앞에 패턴은 2개 단어가 있을 때도 등급이 높을수록 비율이 낮은 편이다. 여기서도

마찬가지로 '고급 명사+초급 명사'(C+A) 뒤에 결합한 명사 비율이 모두 논리적인 비율 1.5625%보다 낮은 것을 볼 수 있다. 원래 기본 한자어 명사 때문에 고급에 속하는 어휘가 많지 않아서 뒤에 결합한 어휘도 많지 않다. 그래서 '고급 명사+초급 명사'(C+A) 뒤에 결합한 명사 비율이 모두 논리적인 비율보다 낮게 나타난다. 또한 '고급 명사+초급 명사+고급 명사'(C+A+C)가 하나라도 나타나지 않음을 볼 수 있다. 그래서 위에 포를 통해 고급 명사 뒤에 결합한 명사 비율이 모두 낮게 나타남을 알 수 있고 그 중에서 중급이 제일 많이 나타나는 것을 알 수 있다.

한국어 교수-학습자들은 고급 한자어 명사 뒤에 결합한 명사구에 대해 모두 논리적인 비율보다 낮게 나타나는 것을 잘 파악해야 한다. 뒤에 결합한 명사구를 선별한다면 도움을 줄 수 있을 것이다.

Ⅱ. C+B+A/B/C

<표 46> 세 단어로 된 패턴에서 'C+B' 뒤에 결합한 명사 비율

패턴	논리적 비율	실제 비율
C+B+A	1.5625%	0.2426%
C+B+B	1.5625%	0.5546%
C+B+C	1.5625%	0.2773%
		1.0745%

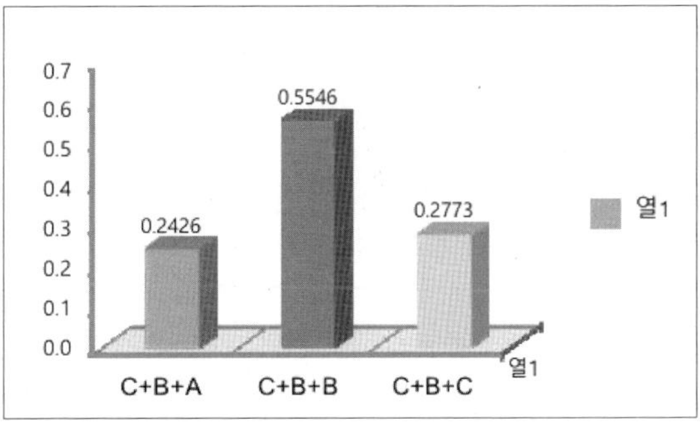

<표 46>에서 보듯이 'C+B+A' 즉 '고급 명사+중급 명사+초급 명사'가 0.2426%로 나타나고 있고 'C+B+B' 즉 '고급 명사+중급 명사+중급 명사'가 0.5546%로 나타나고 있고 'C+B+C' 즉 '고급 명사+중급 명사+고급 명사'가 0.2773%로 나타나고 있다. 그 중에서 'C+B+B'는 중급이 제일 많이 나타나는 것을 볼 수 있고 'C+B+A'는 초급이 제일 적게 나타나는 것도 볼 수 있다. 여기서도 고급 명사 뒤에 결합한 명사구이기 때문에 모두 논리적인 비율 1.5625%보다 훨씬 낮게 나타남을 알 수 있다. 왜냐하면 모두 기본 한자어 명사이기 때문에 고급에 속하는 어휘의 양이 많지 않아서 뒤에 결합한 어휘도 많지 않을 수밖에 없다.

Ⅲ. C+C+A/B/C

<표 47> 세 단어로 된 패턴에서 'C+C' 뒤에 결합한 명사 비율

패턴	논리적 비율	실제 비율
C+C+A	1.5625%	0.0693%
C+C+B	1.5625%	0.4853%
C+C+C	1.5625%	0.4506%
		1.0052%

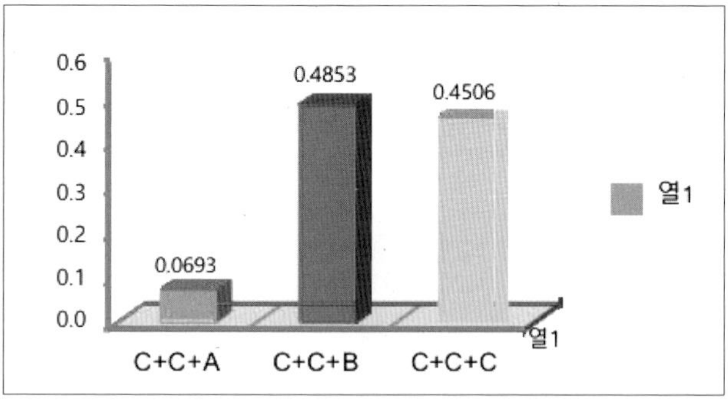

'고급 명사+고급 명사' 뒤에 결합한 명사는 초급, 중급과 고급이 있다.

위에 <표 47>에서 보듯이 첫 번째 많이 나타나는 것이 'C+C+B' 즉 '고급 명사+고급 명사+중급 명사'가 있다. 'C+C+B'가 0.4853%로 나타나고 있고 'C+C+C'가 0.4506%로 나타나고 있고 'C+C+A'가 0.0693%로 나타나고 있다. 여기도 뒤에 결합한 명사구에서 중급이 제일 많이 나타남을 확인할 수 있다. 고급은 중급보다 조금 낮게 나타나고 초급이 여전히 제일 적게 나타나는 것을 볼 수 있다. 앞에 고급 명사 뒤에 결합한 초급이나 중급과 똑같아서 논리적인 비율 1.5625%보다 모두 낮게 나타남을 알 수 있다. 고급 명사 때문에 적게 나타난다. 지금까지 결과가 거의 모두 비슷하게 나타난다. 즉 본 연구 대상인 198개 기본 한자어 명사 뒤에 결합한 명사구는 중·고급 특히 중급이 제일 많이 나타남을 확인할 수 있다.

다음에 세 단어가 있는 패턴이 있을 때 뒤에 결합한 명사구 총비율은 <표 48>과 같다.

<표 48> 세 단어로 된 패턴에서 고급 명사 뒤에 결합한 명사구 총비율

패턴	세 번째 결합한 명사의 총 실제 비율
C+A+A/B/C	0.1040%
C+B+A/B/C	1.0745%
C+C+A/B/C	1.0052%

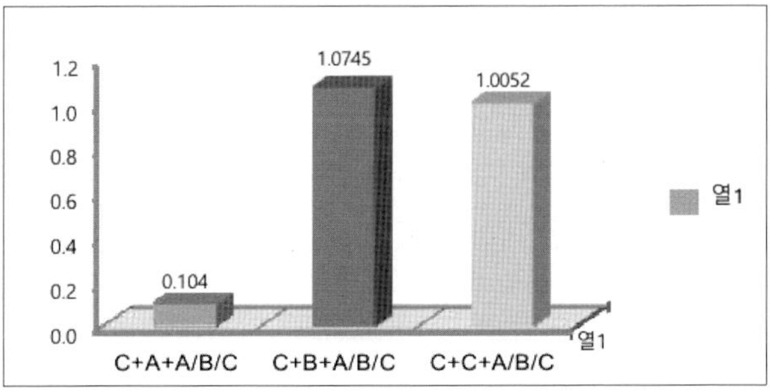

위에 <표 48>에서 보듯이 고급 명사가 뒤에 결합한 명사구에서 초급이 0.1040%로 나타나고 있고 중급이 1.0745%로 나타나고 있고 고급이 1.005%로 나타나고 있다. 제일 많이 나타나는 것은 중급이고 제일 적게 나타난 것은 초급이다. 그리고 고급 한자어 명사 뒤에 결합한 명사이기 때문에 대부분이 논리적인 비율보다 낮게 나타난다고 알 수 있다.

지금까지 본 연구 대상인 198개 기본 한자어 명사 뒤에 결합한 명사구를 모두 분석하였다. 두 단어로 된 패턴과 세 단어로 된 패턴을 나누어 등급별에 따라 분석을 진행하였다. 얻은 결과는 뒤에 결합한 명사에서 중·고급 특히 중급 명사가 많이 나타나는 것이다. 게다가 뒤에 결합한 명사는 중급 명사이면 대부분이 논리적인 비율보다 높다는 것을 알 수 있다.

4.3. 기본 한자어 명사와 결합한 고빈도 명사구

198개 기본 한자어 명사 뒤에 결합한 명사구는 등급별로 분석하였다. 이 절에서 결합한 고빈도 명사구를 제시하도록 한다.

<표 49> 기본 한자어 명사 뒤에 고빈도 명사구

1. 가격03 (價格)	구어	가격+경쟁력, 효과, 선, 인하, 변수
	문어	가격+경쟁력, 인하, 차, 인상, 상승, 경쟁, 제한폭, 변동, 안정, 지수
2. 가족01 (家族)	구어	가족+관계, 문제, 경영, 형태, 복지+학과
	문어	가족+관계, 제도, 단위, 문제, 형태, 구성원, 신문, 운동+협의회, 모임, 협의회
3. 감정06 (感情)	구어	감정+이입, 조작, 면, 구조, 표현
	문어	감정+이입, 표현, 상태, 결과, 대립, 평가사, 가격, 변화, 세계, 평가
4. 강01 (江)	구어	X
	문어	강+건너, 언덕, 수재

5. 거리08 (距離)	구어	거리+정치, 주의, 면, 고요, 선수
	문어	거리+행진, 응원, 시위, 유세, 투쟁, 축제, 홍보, 풍경, 질서, 제한
6. 건강03 (健康)	구어	건강+보험, 보험+공단, 증진+사업, 상태, 진단
	문어	건강+상태, 보험, 진단, 문제, 보조+식품, 검진, 증진, 유지, 상담, 보험+공단
7. 건물03 (建物)	구어	건물+면적, 신축+비용, 값
	문어	건물+터, 벽, 안, 앞, 철거, 주인, 신축, 구조, 속, 내부
8. 검찰02 (檢察)	구어	검찰+총장, 수사, 간부, 조사, 기록
	문어	검찰+총장, 수사, 조사, 조직, 관계자, 수뇌부, 청사, 간부, 개혁, 인사
9. 결과02 (結果)	구어	결과+보고, 보고서, 상
	문어	결과+발생, 보고, 분석, 보고서, 값, 발표, 중심, 고려, 해석, 책임
10. 결정01 (決定)	구어	결정+과정, 단위, 단계, 사실, 구조
	문어	결정+과정, 사항, 요인, 작용, 구조, 방식, 입자, 프로그램, 안, 이론
11. 결혼 (結婚)	구어	결혼+생활, 년수, 날짜, 일, 상대
	문어	결혼+생활, 제도, 후, 전, 문제, 비용, 관계, 준비, 선물, 정보+회사
12. 경험 (經驗)	구어	경험+부족, 론, 주의자, 방, 인질
	문어	경험+론, 세계, 부족, 방식, 과학, 대상, 주의자, 비판론, 형식, 법칙
13. 계획01 (計劃/計畫)	구어	계획+아래, 문제, 승인, 설, 목표
	문어	계획+경제, 기간, 사업, 아래, 수립, 단계, 법, 경제+체제, 화, 이론
14. 고등학교 (高等學校)	구어	고등학교+장, 때, 면
	문어	고등학교/NNG+때, 시절
15. 고향02 (故鄕)	구어	고향+동네, 방문단
	문어	고향+집, 땅, 마을, 사람, 방문, 친구, 길, 방문단, 산천, 생각
16. 공부01 (工夫)	구어	공부+장관, 시간, 가치, 문제, 합니단데
	문어	공부+시간, 벌레, 방법, 자, 길, 책, 반, 열, 안, 상서

17. 공장02 (工場)	구어	공장+용지, 설립+절차, 설립, 건설비, 확장
	문어	공장+지대, 부지, 용지, 노동자, 폐수, 설립, 자동화, 가동, 생활, 건설
18. 과거03 (過去)	구어	과거+제도, 동사, 정부, 선거, 력
	문어	과거+청산, 제도, 시험, 정권, 지향적, 문제, 시제, 청산+작업, 역사, 공부
19. 관계05 (關係)	구어	관계+부처, 기관, 법령, 장관, 자료
	문어	관계+개선, 부처, 기관, 당국, 정상화, 망, 장관, 법령, 공무원, 식
20. 관리04 (管理)	구어	관리+체제, 제도, 위원회, 체계, 본부장
	문어	관리+체제, 사무소, 능력, 체계, 소장, 공단, 종목, 업무, 정책, 방식
21. 관심01 (關心)	구어	관심+도, 분야, 법, 속, 영역
	문어	관심+도, 사항, 분야, 종목, 대상, 밖, 지역, 속, 영역, 집중
22. 광고02 (廣告)	구어	광고+회사, 수입, 단가, 효과, 문제
	문어	광고+회사, 대행사, 모델, 효과, 전략, 수입, 시장, 문안, 방송, 문구
23. 교사09 (教師)	구어	교사+님, 관, 자질, 상, 정원
	문어	교사+휴양원, 생활, 상, 자격증, 채용, 양성, 집단, 임용, 모임, 대회
24. 교수06 (教授)	구어	교수+요목, 면, 합창단, 법적, 식당
	문어	교수+팀, 협의회, 방법, 회의, 사회, 채용, 임용, 학습, 출신, 생활
25. 교실 (教室)	구어	교실+붕괴, 현장, 붕괴
	문어	교실+문, 수업, 망, 붕괴, 안, 밖, 교육, 바닥, 교육+환경, 환경
26. 교육 (教育)	구어	교육+과정, 개혁, 정책, 대학원, 기관
	문어	교육+과정, 개혁, 기관, 제도, 정책, 환경, 현장, 내용, 방송, 수준
27. 교통01 (交通)	구어	교통+수요, 카드, 문제, 시스템, 시설
	문어	교통+체증, 문제, 혼잡, 법규, 정책, 카드, 시설, 상황, 대책, 정보
28. 교회02 (教會)	구어	교회+관, 안, 주의, 생활, 사학
	문어	교회+학교, 여성, 음악, 지도자, 협의회, 안, 일, 재산, 건물, 조직

<table>
<tr><td rowspan="2">29. 국내02
(國內)</td><td>구어</td><td>국내+기업, 시장, 정치, 산업, 총생산</td></tr>
<tr><td>문어</td><td>국내+시장, 기업, 총생산, 업체, 정치, 은행, 경제, 문제, 산업, 수요</td></tr>
<tr><td rowspan="2">30. 국제02
(國際)</td><td>구어</td><td>국제+사회, 경쟁력, 수지, 시장, 관계</td></tr>
<tr><td>문어</td><td>국제+사회, 경쟁력, 수지, 정치, 전화, 정세, 관계, 질서, 대회, 시장</td></tr>
<tr><td rowspan="2">31. 근처
(近處)</td><td>구어</td><td>X</td></tr>
<tr><td>문어</td><td>근처+벤치+위, 거리, 밭, 의과학, 병원</td></tr>
<tr><td rowspan="2">32. 기분01
(氣分)</td><td>구어</td><td>기본+합의서, 계획, 정신, 입장, 재산</td></tr>
<tr><td>문어</td><td>기분+전환, 풀이, 파, 상, 상태</td></tr>
<tr><td rowspan="2">33. 기억02
(記憶)</td><td>구어</td><td>기억+상실증, 능력, 번지, 상</td></tr>
<tr><td>문어</td><td>기억+장치, 상실증, 속, 용량, 상실, 소자, 술, 자, 능력, 매체</td></tr>
<tr><td rowspan="2">34. 기자05
(記者)</td><td>구어</td><td>기자+회견, 협회, 간담회, 회견+후, 생활</td></tr>
<tr><td>문어</td><td>기자+회견, 간담회, 회견장, 생활, 협회, 클럽, 총회, 출신, 양반, 수첩</td></tr>
<tr><td rowspan="2">35. 기회03
(機會)</td><td>구어</td><td>기회+집</td></tr>
<tr><td>문어</td><td>기회+손실, 구조, 확대, 포착, 박탈, 보장</td></tr>
<tr><td rowspan="2">36. 남녀
(男女)</td><td>구어</td><td>남녀+공학, 차별, 관계, 차별적, 차이</td></tr>
<tr><td>문어</td><td>남녀+관계, 차별, 공학, 학생, 동등, 아동, 고용+평등+법, 불평등, 주연+상, 비율</td></tr>
<tr><td rowspan="2">37. 남자
(男子)</td><td>구어</td><td>남자+애, 친구, 아이, 형제, 선생님</td></tr>
<tr><td>문어</td><td>남자+애, 친구, 아이, 단식, 배우, 아동, 팀, 직원, 복식, 배구</td></tr>
<tr><td rowspan="2">38. 남편01
(男便)</td><td>구어</td><td>남편+상</td></tr>
<tr><td>문어</td><td>남편+상, 살해, 복, 명의, 대신</td></tr>
<tr><td rowspan="2">39. 내년
(來年)</td><td>구어</td><td>X</td></tr>
<tr><td>문어</td><td>내년+이후, 봄, 예산, 말, 시즌, 상반기, 경제, 하반기, 총선, 보살</td></tr>
<tr><td rowspan="2">40. 내용02
(內容)</td><td>구어</td><td>내용+면, 구성, 변경, 파악, 반응</td></tr>
<tr><td>문어</td><td>내용+면, 증명, 분석, 분류, 구성, 중심, 파악, 가운데, 연수, 보충</td></tr>
<tr><td rowspan="2">41. 내일
(來日)</td><td>구어</td><td>내일+밤, 아침</td></tr>
<tr><td>문어</td><td>내일+밤, 아침, 신문, 여행, 여성+센터, 모래</td></tr>
<tr><td rowspan="2">42. 노력01
(努力)</td><td>구어</td><td>노력+인민, 문제, 부족</td></tr>
<tr><td>문어</td><td>노력+동원, 끝, 봉사, 상, 여하, 영웅, 속, 부족</td></tr>
</table>

43. 노인01 (老人)	구어	노인+취업+우선권+제도, 인구, 치매, 치매+문제, 복지
	문어	노인+복지, 인구, 회관, 세대, 대학, 복지+시설, 의료비, 부부, 복지+법
44. 능력02 (能力)	구어	능력+시험, 면, 위주, 부재, 문제
	문어	능력+부족, 위주, 개발, 면, 시험, 급제, 평가, 향상, 급, 밖
45. 대답 (對答)	구어	X
	문어	대답+대신, 소리, 솜씨, 책임
46. 대부분 (大部分)	구어	대부분+현실화
	문어	대부분+지역, 주부, 일+본서, 이
47. 대학01 (大學)	구어	대학+입시, 생활, 입시+제도, 시절, 교육
	문어	대학+입시, 교육, 병원, 시절, 생활, 수학+능력+시험, 입학, 사회, 진학, 도서관
48. 대화06 (對話)	구어	대화+참여자, 명, 내용, 과정, 자료
	문어	대화+상자, 내용, 재개, 시간, 국면, 채널, 정치, 노력, 창구, 상대
49. 대회02 (大會)	구어	대회+시설
	문어	대회+기간, 신기록, 신기록+종전, 의장, 장소, 조직위, 본부, 운영, 때, 준비
50. 도로07 (道路)	구어	도로+공사, 부, 교통, 표지판, 관리+공단
	문어	도로+공사, 교통+법, 건설, 표지판, 교통안전+협회, 사정, 확장, 교통, 개설, 위
51. 도시03 (都市)	구어	도시+철도, 국가, 지역, 근로자, 교통
	문어	도시+계획, 국가, 지역, 생활, 빈민, 아, 문제, 계획+법, 공간, 개발
52. 동물 (動物)	구어	동물+보호+구역, 소리, 병원
	문어	동물+실험, 세계, 병원, 행동학자, 뼈, 행동학, 보호+단체, 보호, 화, 학대
53. 동시02 (同時)	구어	동시+대화, 다발, 다발+대화, 작전, 발화+전환
	문어	동시+분양, 가입, 입장, 다발, 녹음, 통역사, 호가, 상영, 개봉, 파업
54. 명02 (名)	구어	명명+척도, 차명+계좌, 서명+운동, 서명+날인, 유명+인사
	문어	서명+운동, 유명+인사, 실명+전환, 차명+계좌, 지명+수배, 가명+계좌, 실명+확인, 유명+상표, 합명+회사, 서명+날인
55. 모양02 (模樣)	구어	
	문어	모양+틀, 판

56. 목적03 (目的)	구어	목적+고, 극, 댐, 시, 고등학교
	문어	목적+달성, 항목, 지향적, 사항, 합리적, 항, 사업, 범위, 합리성, 문학
57. 문04 (門)	구어	전문+교사, 경영인, 용어, 기관; 동문+회관
	문어	문+앞; 전문+지식, 인력, 업체, 경영인, 위원, 기관, 분야, 회사; 문+길이
58. 문제06 (問題)	구어	문제+제기, 해결, 학생, 래, 해결+능력
	문어	문제+해결, 제기, 틀, 상황, 풀이, 영역, 연구소, 행동, 학생, 해결+능력
59. 문화01 (文化)	구어	문화+관광부, 정책, 면, 연구원, 활동
	문어	문화+관광부, 산업, 예술, 운동, 체육부, 교류, 행사, 센터, 공간, 정책
60. 물론01 (勿論)	구어	X
	문어	물론+해석, 주, 일반, 일+본, 여기, 법조계, 대부분
61. 미래02 (未來)	구어	미래+지향적, 발전, 과제, 창출, 산업
	문어	미래+지향적, 사회, 산업, 세대, 주의자, 예측, 지향, 가치, 세계, 학회
62. 반07 (半)	구어	반+동안, 지하, 정도, 건조, 재벌
	문어	절반+이상; 반+시간; 후반+작업; 반+토막; 절반+정도, 수준, 반+지하, 강제적, 강제, 정도
63. 반10 (班)	구어	양반+지배층, 문화, 관료, 지주, 사회
	문어	양반+댁; 동반+자살; 양반+계급, 사회, 님, 과장, 가문, 문화, 계층, 광대
64. 반응 (反應)	구어	반응+자, 발화, 표현+부분, 요구+부분, 결과
	문어	반응+시간, 변수, 속도, 형태, 능력, 검사, 달, 점, 자
65. 반대03 (反對)	구어	반대+의견, 입장, 운동, 방향, 인물,
	문어	반대+운동, 입장, 의견, 방향, 세력, 의사, 투쟁, 시위, 여론, 신문
66. 방07/08 (房)	구어	방+안; 사랑방+모임; 동방+생명; 주방+일; 씨방+새
	문어	방+안; 안방+문; 방+값; 주방+용품; 방+속; 머릿방+아씨; 방+앞, 밖; 난방+시설; 주방+기구
67.방법 (方法)	구어	방법+성, 이외, 문제
	문어	방법+면, 원리
68.방송01/02(放送)	구어	방송+일, 언어, 협회, 학과, 반
	문어	방송+위원회, 시간, 작가, 매체, 정책, 기자, 출연, 프로그램, 활동, 광고

69. 방향01 (方向)	구어	방향+설정, 사전, 관, 사
	문어	방향+전환, 감각, 설정, 제시, 선회, 모색, 정립, 족, 감, 지시 등
70. 배09 (倍)	구어	배+안
	문어	배+안, 이상, 삯, 속, 도수, 부분
71. 벽06 (壁)	구어	X
	문어	암벽+등반; 철벽+수비; 벽+거울, 기둥, 지붕, 장식; 장벽+개방; 벽+틈, 구멍, 위
72. 병04 (病)	구어	투병+생활; 질병+예방; 병+치다꺼리
	문어	투병+생활; 질병+치료; 병+의원; 나병+환자; 병+기관; 신병+확보; 병+후, 치료; 신병+처리; 당뇨병+환자
73. 병원02 (病院)	구어	병원+생활, 침대, 자료
	문어	병원+문, 신세, 치료, 생활, 차, 부대, 관계자, 일, 집, 노조
74. 보통 (普通)	구어	보통+사람, 문제, 지능, 명사, 일
	문어	보통+사람, 명사, 때, 선거, 일, 예금, 선거권, 시민, 교육, 법
75. 부모01 (父母)	구어	부모+공양, 회의, 입장, 위원
	문어	부모+형제, 자식, 세대, 효율성+훈련, 처자, 교육, 집, 덕, 곁, 말
76. 부부03 (夫婦)	구어	부부+관계, 싸움, 생활, 쎄미나, 남녀
	문어	부부+관계, 싸움, 생활, 동반, 사이, 상, 합산, 갈등, 가족, 중심
77. 부분01 (部分)	구어	부분+임금, 개정, 집합, 현실화, 부분
	문어	부분+파업, 부분, 개방, 집합, 임금, 한정, 본능, 개각, 주제, 창
78. 부인01 (夫人)	구어	X
	문어	부인+명의, 회장, 사, 친목계, 이름, 병원, 댁
79. 분 02/03/04/05/06 (分)	구어	신분+상승, 보장, 계층; 삼분+데이트; 신분+제도
	문어	가처분+신청; 부분+파업, 기분+전환; 친분+관계, 신분+상승, 제도, 질서, 보장; 부분+부분; 세분+시장
80. 분위기 (雰圍氣)	구어	분위기+래+면
	문어	분위기+속, 조성
81. 비밀 (祕密)	구어	비밀+번호, 보장, 보호, 협약, 계좌
	문어	비밀+번호, 결사, 보장, 투표, 협상, 접촉, 장부, 송금, 통로, 유지
82. 비행-기 (飛行機)	구어	비행기+값, 시뮬레이션
	문어	비행기+소리, 안, 삯, 값, 여행, 구름, 사고

83. 사고12 (事故)	구어	사고+장애, 적성, 작용, 재발, 원인
	문어	사고+원인, 현장, 능력, 발생, 체계, 위험, 지점, 경위, 예방, 차
84. 사무-실 (事務室)	구어	사무실+이래
	문어	사무실+안, 앞, 빌딩
85. 사실04 (事實)	구어	사실+관계, 여부, 증명, 정보화, 조사
	문어	사실+관계, 여부, 확인, 보도, 규명, 판단, 조사, 심리, 인정, 행위
86. 사업04 (事業)	구어	사업+추진, 계획, 기간, 시행, 계획서
	문어	사업+계획, 계획서, 승인, 추진, 본부, 자금, 부문, 분야, 영역, 확장
87. 사용04 (使用)	구어	사용+내역, 성, 환경, 가, 가능
	문어	사용+가치, 후, 방법, 금지, 인, 빈도, 가능, 시간, 내역, 기간
88. 사장15 (社長)	구어	사장+론, 말
	문어	사장+집, 자리, 상, 이, 댁, 상패, 후보, 추천+위원회, 출신, 차
89. 사진06 (寫眞)	구어	사진/NNG+학과, 반, 식자, 상, 감상
	문어	사진/NNG+기자, 설명, 촬영, 자료, 값, 전시회, 속, 제공, 작품, 액자
90. 산01 (山)	구어	양산+단층; 산+논두렁; 동상+과학+어린이집; 동산+과학+유아+학교; 산+신령님
	문어	산+중턱, 밑, 너머; 고산+지대; 산+그림자, 아래; 양산+체제; 등산+놀이; 산+위; 화산+댁
91. 상품03 (商品)	구어	상품+화폐+경제, 전시회, 공장, 확보력, 개발
	문어	상품/NNG+수지, 가치, 생산, 시장, 경제, 정보, 광고, 개발, 가격, 판매
92. 색03 (色)	구어	색+약; 회색+지대; 색+색깔; 염색+기; 녹색+극장
	문어	유색/NNG+인종; 녹색+혁명, 운동; 염색+공장; 도색+잡지; 녹색+마케팅, 가게, 교통+운동; 백색+가전; 무색+투명
93. 서양 (西洋)	구어	서양+말, 사람, 파, 사조, 작품
	문어	서양+사람, 의학, 음악, 문화, 문학, 철학, 말, 문명, 사회, 문물
94. 선배 (先輩)	구어	선배+의원, 교수, 동료+의원, 의원님, 배우
	문어	선배+언니, 작가, 기자, 형, 검사, 교수, 교사, 세대, 학자, 집

95. 선생01 (先生)	구어	선생+안
	문어	선생+댁, 노릇, 집, 전, 기념+사업회, 기념사업+협회
96. 선수05 (選手)	구어	선수+교체, 보고서, 급, 생명, 이름
	문어	선수+생활, 협의회, 상, 층, 시절, 교체, 생명, 기용, 노조, 선발
97. 선택 (選擇)	구어	선택+제약, 과목, 반, 상황, 과정
	문어	선택+과목, 사항, 기준, 과정, 한정, 제약, 사양, 후보, 행위, 상황
98. 설명 (說明)	구어	설명+고리, 하
	문어	설명+변수, 방식, 역, 틀, 의무, 부, 변량, 체계, 자료, 원리
99. 성격02 (性格)	구어	성격+장애, 문제, 검사, 차이, 이상자
	문어	성격+규정, 변화, 묘사, 형성, 규명, 탓, 차이, 창조, 면, 장애
100. 세계02 (世界)	구어	세계+경제, 시장, 대전, 질서, 속
	문어	세계+대전, 경제, 시장, 체제, 문학, 질서, 평화, 랭킹, 선수권+대회, 각국
101. 세상01 (世上)	구어	세상+만물, 물정, 체계, 풍파
	문어	세상+사람, 물정, 체험, 보기, 밖, 만물, 구경, 속, 이야기, 이치
102. 소설03 (小說)	구어	X
	문어	소설/NNG+문학, 쓰기, 속, 작가, 작품
103. 소식04 (消息)	구어	X
	문어	소식+사의
104. 속도01 (速度)	구어	속도+조절, 조절+론, 향상+시, 향상, 향상+추세
	문어	속도+조절, 변화, 경쟁, 주의, 조절+론, 제한, 효율, 면, 검사, 평가
105. 수25/26 (數)	구어	복수+전공, 실수+화, 인수+합병, 소수+민족, 점수+차
	문어	소수+민족, 함수+관계, 복수+지원, 점수+차, 복수+노조, 극; 소수+의견; 함수+합성; 소수+주주, 집단
106. 수업04 (授業)	구어	수업+시간, 방식, 분위기, 실수, 진행
	문어	수업+시간, 거부, 일수, 방법, 연한, 내용, 방식, 복귀, 준비, 평가
107. 시간04 (時間)	구어	시간/+동안, 관계상, 활용, 관계, 낭비
	문어	시간+동안, 강사, 경과, 여행, 낭비, 반, 정도, 전, 개념, 이상

108. 시계02 (時計)	구어	시계+방향, 바늘, 줄
	문어	시계+바늘, 방향, 줄, 소리, 판, 포, 침, 집, 장치, 주머니
109. 시민 (市民)	구어	시민+단체, 연대, 사회, 교육, 연합
	문어	시민+단체, 사회, 군, 의식, 회관, 계급, 참여, 사회단체, 연대, 공원
110. 시작01 (始作)	구어	시작+단계, 해자, 자, 시간
	문어	시작+단계, 전, 해, 활동, 부분, 후, 노트, 시간, 음, 하+낟
111. 시장04 (市場)	구어	시장+경제, 원리, 질서, 개방, 논리
	문어	시장+경제, 점유율, 개방, 규모, 원리, 경제+체제, 조사, 바닥, 개입, 가격
112. 시험03 (試驗)	구어	시험+기간, 문제, 제도, 조사, 준비
	문어	시험+문제, 성적, 과목, 발사, 방송, 준비, 기간, 결과, 제도, 가동
113. 식사03 (食事)	구어	식사+시간, 습관, 양, 후
	문어	식사+시간, 준비, 때, 당번, 습관, 후, 대접, 예절, 요법, 문제
114. 신문10 (新聞)	구어	신문+고시, 개혁, 시장, 고시+안, 판매
	문어	신문+기자, 광고, 방송+학과, 보도, 배달, 기업, 협회, 지면, 소설, 시장
115. 약속 (約束)	구어	약속+이행, 시간, 어음, 위반
	문어	약속+시간, 장소, 이행, 위반, 하, 날짜, 사항, 의식, 불이행, 문화
116. 언어01 (言語)	구어	언어+적성, 병리학, 처리, 표현, 영역
	문어	언어+능력, 공동체, 사용, 체계, 행위, 기호, 연구, 영역, 정책, 습득
117. 여성01 (女性)	구어	여성+시대, 정책, 운동, 경찰서, 문제
	문어	여성+단체, 운동, 문제, 노동자, 해방, 인력, 범죄, 단체+연합, 해방론, 교육
118. 여행02 (旅行)	구어	여행+비, 습관, 때
	문어	여행+가방, 상품, 경비, 정보, 수지, 업계, 시, 기간, 계획, 안내서

119. 역사04 (歷史)	구어	역사+학자, 앞, 속, 용어, 사전
	문어	역사+학자, 소설, 인식, 발전, 철학, 속, 교과서, 서술, 시대, 기록
120. 연극 (演劇)	구어	연극+반, 동아리, 대본, 부, 판
	문어	연극+무대, 반, 평론가, 예술, 공연, 운동, 협회, 잔치, 활동, 기자
121. 영어02 (英語)	구어	X
	문어	영어+반
122. 영화01 (映畫)	구어	영화+감상, 산업, 검열, 비평, 프로그램
	문어	영화+산업, 제작, 평론가, 음악, 시장, 속, 팬, 진흥+공사, 구경, 평
123. 예08 (例)	구어	X
	문어	예+문화
124. 예술 (藝術)	구어	예술+작품, 활동, 창작, 교육, 솜씨
	문어	예술+작품, 영화, 혼, 활동, 세계, 분야, 감독, 형식, 사회학, 장르
125. 오전02 (午前)	구어	오전+발표, 세션
	문어	오전+장, 회의, 수업, 시간
126. 오후02 (午後)	구어	X
	문어	오후+장, 시간, 수업, 시간대, 일
127. 왕04/05 (王)	구어	왕+선생님, 구정, 기형, 가슴, 선생님+이야기
	문어	대왕+마마; 왕+갈비, 서방, 세제, 노릇, 거북; 사천왕+상; 왕+소나무, 사진, 사례
128. 외국02 (外國)	구어	외국+문학, 사람, 자본, 기업, 애
	문어	외국+기업, 자본, 영화, 업체, 은행, 군, 사람, 문학, 회사, 여행
129. 위치01 (位置)	구어	위치+문제, 래, 성, 비정, 추적
	문어	위치+에너지, 선정, 토, 정보, 문제, 관계, 변화, 비정, 확인, 추적

130. 은행02 (銀行)	구어	은행+경영, 잎, 제도, 대출, 강도
	문어	은행+감독원, 잎, 주, 계좌, 연합회, 대출, 돈, 경영, 예금, 거래
131. 음식 (飮食)	구어	음식+쓰레기
	문어	음식+문화, 값, 맛, 찌꺼기, 쓰레기, 솜씨, 냄새, 재료, 집, 장만
132. 음악01 (音樂)	구어	음악+사이, 소리, 선생, 감상, 관
	문어	음악+소리, 교육, 학교, 세계, 대학, 감독, 평론가, 감상, 파일, 양식
133. 의미02 (意味)	구어	의미+망, 구조, 빈도, 자질, 학회
	문어	의미+망, 구조, 작용, 자질, 부여, 체계, 역, 변화, 해석, 범주
134. 의사12 (醫師)	구어	의사+결정, 진행, 전달, 협회, 선생님
	문어	의사+결정, 표시, 전달, 표현, 선생님, 진행, 결정+과정, 협회, 표명, 교환
135. 이유04 (理由)	구어	이유+자
	문어	이유+인, 여하, 악, 동
136. 이전03 (以前)	구어	이전+문제
	문어	이전+공사, 계획, 등기, 사업, 총리, 문제, 지사, 비용, 장관, 시기
137. 이해06 (理解)	구어	이해+미, 조정, 당사자, 그룹, 방식
	문어	이해+당사자, 집단, 방식, 대립, 부족, 상충, 다툼, 관심, 당사국, 가능
138. 이후02 (以後)	구어	이후+종지
	문어	이후+문, 총리
139. 인기01 (人氣)	구어	인기+스타, 질정, 도
	문어	인기+가수, 학과, 도, 작가, 스타, 상품, 연예인, 가요, 몰이, 배우

140. 인사02/03 (人事)	구어	인사+위원회, 팀, 담당자, 문제, 청문회+제도
	문어	인사+청문회, 제도, 위원회, 관리, 조치, 정책, 문제, 청탁, 비리, 적체
141. 일04/05/06/07 (日)	구어	월요일+날; 금요일+날; 일요일+날; 토요일+날; 수요일+날
	문어	항일/+투쟁; 주일+학교; 매일+밤, 매일; 항일+운동; 재일+한국인; 친일+세력; 시일+안; 생일+파티; 일요일+날
142. 일부02 (一部)	구어	일부+언론, 세력, 지역, 부처, 대학
	문어	일부+지역, 장관, 의원, 지방, 국가, 대학, 구간, 승소, 인사, 기업
143. 자기03 (自己)	구어	자기+소개서, 성찰, 관리, 자본, 평가
	문어	자기+자본, 자본+비율, 계발, 소개서, 관리, 성찰, 자신, 공명, 부상+열차, 방어
144. 자동-차 (自動車)	구어	자동차+산업, 대금, 전용+극장, 대금+지급+금, 사업부
	문어	자동차+산업, 회사, 보험, 업체, 시장, 부품, 공장, 사고, 사업, 공업
145. 자식01 (子息)	구어	자식+복, 자랑, 걱정, 교육
	문어	자식/+사랑, 농사, 복, 교육, 자랑, 인, 노릇, 문제, 욕심, 세대
146. 자신01 (自身)	구어	자신+부조화, 문
	문어	자신+속
147. 자연01 (自然)	구어	자연+언어, 과학, 언어+처리, 증가, 분만
	문어	자연+과학, 발생적, 상태, 생태계, 언어, 철학, 과학적, 자원, 세계, 과학자
148. 자유03 (自由)	구어	자유+투표, 민주주의, 기업원, 경쟁, 교양
	문어	자유+민주주의, 무역, 시장, 경쟁, 의지, 무역+지대, 시간, 투표, 기고가, 무역+협정
149. 작년 (昨年)	구어	X
	문어	작년+동기, 대비, 수준, 동기+대비, 한, 여름, 말+현재, 가을
150. 잔03 (盞)	구어	X
	문어	잔+속; 등잔+밑
151. 재료01 (材料)	구어	자료+제출, 화면, 요청, 처리, 수집
	문어	재료+값, 공학, 보유, 면, 자체, 공학부, 개발

152. 전08 (前)	구어	사전+검사; 전+부총리; 사전+준비; 전+대통령; 사전+약정
	문어	사전+선거+운동; 전+대통령; 사전+구속+영장, 협의; 전+총리; 사전+준비; 전+의원, 총장, 장관; 사전+승인
153. 전체01 (全體)	구어	전체+상, 수입, 예산, 산업, 구간
	문어	전체+회의, 인구, 상, 사회, 면적, 수석, 효용, 평균, 교수, 대회
154. 전화07 (電話)	구어	전화+통화, 연결, 심방, 대화, 회사
	문어	전화+통화, 요금, 회사, 카드, 연락, 통지문, 상담, 방, 가입자, 회선
155. 정도11 (程度)	구어	정도+면, 관리, 빽, 마이크+소리, 경영
	문어	정도+해, 상보, 술, 면, 부사, 경영, 차, 이상, 무림, 감
156. 제목02 (題目)	구어	X
	문어	제목+아래, 소리, 검색
157. 제일04 (第一)	구어	제일+집, 화원, 아파트, 금융
	문어	제일+수도회, 합섬, 영주, 야당, 평화, 투자+증권, 원칙, 극장, 고보, 화재
158. 종류 (種類)	구어	종류+표현
	문어	종류+주주+총회
159. 종합 (綜合)	구어	종합+대책, 토론, 병원, 과세, 계획
	문어	종합+주가+지수, 병원, 상사, 대책, 과세, 건설, 대학, 운동장, 토지세, 소득세
160. 주변04 (周邊)	구어	주변+지역, 항, 사람, 집단, 정세
	문어	주변+지역, 기기, 국가, 환경, 사람, 정세, 인물, 상황, 장치, 여건
161. 주위02 (周圍)	구어	주위+환경, 사람
	문어	주위+사람, 환경, 조직
162. 주인01 (主人)	구어	주인+의식
	문어	주인+여자, 의식, 마님, 영감, 남자, 나리, 사내, 노릇, 행세, 마누라
163. 준비 (準備)	구어	준비+상황, 과정, 위원회, 운동, 직업
	문어	준비+작업, 위원회, 기간, 과정, 운동, 상황, 위원장, 단계, 태세, 모임

164. 중심01 (中心)	구어	중심+어, 표현+부분, 세력, 공항, 표현
	문어	중심+국가, 개념, 세력, 각, 도시, 지역, 과제, 역할, 타선, 사상
165. 지금03 (只今)	구어	지금+걸, 은행
	문어	지금+이사, 말, 길
166. 지방05 (地方)	구어	지방+자치+단체, 자치, 사회, 대학, 정부
	문어	지방+자치+단체, 선거, 자치, 의회, 정부, 자치제, 법원, 자치+단체장, 도시, 은행
167. 직업 (職業)	구어	직업+목록, 정보, 훈련, 준비, 보도
	문어	직업+훈련, 교육, 군인, 선택, 훈련원, 군, 란, 정신, 외교관, 집단
168. 직원03 (職員)	구어	직원+복, 실, 수, 노조
	문어	직원+수, 지대, 조회, 일동, 교육, 노조, 가족, 채용, 식당, 숙소
169. 직장05 (職場)	구어	직장+폐쇄, 협의회, 생활, 조합, 협의회+총+연합
	문어	직장+생활, 폐쇄, 여성, 동료, 일, 상사, 탁아소, 협의회, 문화, 조합
170. 질문 (質問)	구어	질문+순서, 사항, 시간, 내용, 반응
	문어	질문+공세, 내용, 시간, 사항, 지법, 의문문, 요지, 방식, 항목, 과정
171. 차06/07 (車)	구어	자동차+산업; 차+위원장님, 대표, 위원장; 자동차+대금
	문어	차+안; 자동차+산업, 회사; 차+문; 자동차+보험, 업체, 시장, 부품; 차+소리; 전차+길
172. 차례02 (次例)	구어	차례+단위+표지; 단위; 구성단위; 구성+성분
	문어	차례+상, 이상
173. 책01 (冊)	구어	책+무의식, 음지; 별책+부록; 책+이름, 장사
	문어	책+읽기, 더미, 속, 표지, 보따리, 판, 이름, 장사, 제목, 상자
174. 책상01 (冊床)	구어	책상+밑
	문어	책상+위, 서랍, 앞, 밑, 정리, 유리, 반, 높이
175. 청년 (青年)	구어	청년+백서, 해방+일보, 집단, 실업, 진
	문어	청년시절, 문화, 학생, 운동, 동맹, 단체, 학도, 회관, 회원, 장교

176. 청-소년 (靑少年)	구어	청소년+문제, 업무, 보호, 보호+위원회, 비행
	문어	청소년+회관, 문화, 드라마, 대표, 보호+위원회, 보호+법, 음악회, 단체, 대표+팀, 문제
177. 최고02 (最高)	구어	최고+위원, 경영자, 의원, 세율, 속도
	문어	최고+위원, 경영자, 회의, 위원+회의, 인민+회의, 기록, 수준, 책임자, 사령관, 지도자
178. 최근 (最近)	구어	X
	문어	최근+시, 거리, 인사, 사, 일, 연구비, 상황, 보도, 변화, 동향
179. 축구04 (蹴球)	구어	축구+대회, 선수, 시합, 경기, 협회
	문어	축구+협회, 대회, 팬, 대표/NNG+팀, 경기, 선수, 시합, 연맹, 스타, 황제
180. 층01/01/02 (層)	구어	계층+의식, 구조; 상층+신분; 하층+부분, 양반
	문어	고층+건물; 층+석탑, 하층+계급; 고층+아파트; 심층+구조; 층+집; 고층+빌딩; 심층+취재, 면접; 층+탑
181. 치료 (治療)	구어	치료+약, 학, 시간, 약물, 원칙
	문어	치료+방법, 약, 효과, 기간, 과정, 시기, 소, 행위, 후, 기관
182. 친구02 (親舊)	구어	친구+관계, 집, 지간, 사이, 이름
	문어	친구+집, 사이, 관계, 지간, 애, 문제
183. 침대02 (寢臺)	구어	X
	문어	침대+위, 머리, 시트, 방, 밑
184. 태도03 (態度)	구어	태도+변화
	문어	태도+변화, 표명, 실업, 여하, 표시, 변용, 면
185. 특별 (特別)	구어	특별+위원회, 대우, 소비세, 조치법, 회계
	문어	특별+검사, 사찰, 검사제, 위원회, 전형, 감사, 활동, 소비세, 기획, 회계
186. 평소 (平素)	구어	평소+때
	문어	평소+때, 점수, 실력
187. 필요 (必要)	구어	필요+한, 불가분, 하
	문어	필요+불가결, 이상, 경비, 노동+시간, 충분, 사항, 인력, 자금, 인원, 요건

188. 학교 (學校)	구어	학교+교육, 현장, 폭력, 운영, 운영+위원회
	문어	학교+교육, 법인, 당국, 수업, 운영+위원회, 폭력, 운영, 시설, 발전+기금, 도서관
189. 학년 (學年)	구어	학년+때, 부장, 기, 정도
	문어	학년+때, 이상, 주임, 부, 반, 말
190. 학생 (學生)	구어	학생+수, 회장, 운동, 회비, 회관
	문어	학생+운동, 수, 회장, 회관, 운동권, 시위, 시절, 대표, 지도, 선발
191. 해외 (海外)	구어	해외+시장, 도피, 유학, 투자, 진출
	문어	해외+시장, 진출, 투자, 건설, 연수, 출장, 동포, 파병, 매각, 유학
192. 행동 (行動)	구어	행동+과학+연구소, 면, 양식, 안,변화
	문어	행동+양식, 방식, 강령, 대원, 계획, 규범, 지침, 규율, 대장, 통일
193. 행사01 (行事)	구어	행사+담당, 때, 운영, 요구, 진행
	문어	행사+기간, 때, 준비, 계획, 내용, 일정, 종목, 계획표, 참여자, 진행
194. 현재02 (現在)	구어	현재+화자, 분사, 기술+중심적, 진행형, 시제
	문어	현재+진행형, 상황, 상태, 시제, 내용, 의식, 요소, 가치, 액, 완료
195. 형01 (兄)	구어	사형+감; 형+이
	문어	사형+선고; 형+이상적, 이상, 진, 철, 남, 이하, 선고, 일, 외도
196. 환자03 (患者)	구어	환자+숫자, 수, 취급
	문어	환자/NNG+수, 중심적, 치료, 가족, 부담, 트, 진료, 상태, 불편, 중심
197. 회사04 (會社)	구어	회사+운영, 명, 법, 일, 사정
	문어	회사+일, 명, 설립, 이름, 대표, 채권자, 재산, 경영, 돈, 생활
198. 희망 (希望)	구어	희망+사항, 퇴직, 학생, 교과
	문어	희망+사항, 업체, 퇴직, 학교, 음악, 요양원, 속, 곡, 학생, 돼지

4.4. 기본 한자어 명사와 결합한 명사구의 논의 및 한국어교육학적 의의

조남호(2003)에 의하면 명사의 숫자가 제일 많고 다음으로 동사, 부사, 형용사 순서로 나타난다. 명사가 동사, 부사, 형용사보다도 훨씬 많은 양을 차지하므로 본 연구에서는 명사구를 대상으로 하였다. 총 198개 기본 한자어 명사 뒤에 결합한 명사구를 말뭉치를 통해 확인하여 표로 제시하고 그 특징을 살펴보았다. 분석은 패턴 형식으로 진행하여 초급 어휘를 A로, 중급 어휘를 B로, 고급 어휘를 C로 각각 표시하였다. 패턴은 주로 두 단어로 된 패턴(NNG+NNG)과 세 단어로 된 패턴(NNG+NNG+NNG)을 등급별로 분석을 진행하였다. 초급 어휘는 'A+A' 초급 어휘 뒤에 결합한 명사도 초급, 'A+B' 초급 어휘 뒤에 결합한 명사가 중급, 'A+C' 초급 어휘 뒤에 결합한 명사가 고급이 있다. 두 단어로 된 패턴과 세 단어로 된 패턴으로 나누어 등급에 따라 분석하였다. 이와 같은 과정을 통해 얻은 결과는 다음과 같다.

첫째, 두 단어로 된 패턴에서 기본 한자어 명사 뒤에 명사의 비율은 다음 <표 50>와 같다.

<표 50> 두 단어로 된 패턴에서 기본 한자어 명사 뒤에 명사의 비율

A	A+A	5.44%	6.25%(논리적인 비율)
	A+B	9.44%	
	A+C	8.93%	
B	B+A	2.94%	
	B+B	7.45%	
	B+C	7.82%	
C	C+A	0.85%	
	C+B	1.75%	
	C+C	1.78%	

<표 50>에서 보듯이 두 단어로 된 패턴에서 논리적인 비율은 모두 6.25%로 제시한다. 초급 명사 뒤에 결합한 명사는 중급이 많이 나타나고 고급이 중급보다 조금 적게 나타나고 중·고급이 다 논리적인 비율보다 많이 나타난 편이다. 그리고 초급이 제일 적게 나타나는 것도 확인할 수 있다. 중급 어휘 뒤에 명사도 마찬가지로 중·고급이 논리적인 비율보다 높고 초급이 논리적인 비율보다 낮고 제일 적게 나타나는 것을 확인할 수 있다. 고급 어휘 뒤에 명사는 초·중급과 비슷해서 뒤에 결합한 명사는 중·고급이 초급보다 많이 나타나는데 초·중·고급이 모두 논리적인 비율보다 낮게 나타나는 것을 알 수 있다. 뒤에 결합한 명사의 특징에 따라 교수-학습한다면 기본 한자어 명사 뒤에 결합한 명사에 대해 중·고급 특히 중급 어휘를 많이 사용하고 초급 어휘를 적게 사용하는 것이 좋다. 예를 들어 '가족01(家族)'은 초급 명사인데 일상대화 할 때 '가족토론', '가족모임', '가족문화', '가족관계'에서 '토론, 모임, 문화, 관계' 등 중급 명사를 많이 사용하는 것이 좋다.

둘째, 세 단어로 된 패턴에서 기본 한자어 명사 뒤에 명사구의 비율은 다음 <표 51>과 같다.

<표 51> 세 단어로 된 패턴에서 기본 한자어 명사 뒤에 명사구의 비율

A	A+A	A+A+A	0.4159%	2.0103%	1.5625%
		A+A+B	0.7972%		
		A+A+C	0.7972%		
	A+B	A+B+A	1.7331%	7.3830%	
		A+B+B	2.7730%		
		A+B+C	2.8769%		
	A+C	A+C+A	1.1785%	4.9220%	
		A+C+B	1.9411%		
		A+C+C	1.8024%		
B	B+A	B+A+A	0.4159%	1.7330%	
		B+A+B	0.5199%		
		B+A+C	0.7972%		

	B+B	B+B+A	2.1490%	8.4575%	
		B+B+B	3.4662%		
		B+B+C	2.8423%		
	B+C	B+C+A	1.1438%	6.1351%	
		B+C+B	2.6343%		
		B+C+C	2.3570%		
C	C+A	C+A+A	0.0347%	0.1040%	
		C+A+B	0.0693%		
		C+A+C	0		
	C+B	C+B+A	0.2426%	1.0745%	
		C+B+B	0.5546%		
		C+B+C	0.2773%		
	C+C	C+C+A	0.0693%	1.0052%	
		C+C+B	0.4853%		
		C+C+C	0.4506%		

위에 <표 51>에서는 세 단어로 된 패턴에서 초급 명사 뒤에 결합한 명사구의 비율을 볼 수 있다. 'A+A' 뒤에 결합한 명사가 총 2.0103%를 차지하고 있고 'A+C' 뒤에 결합한 명사가 총 4.9220%를 차지하고 있다. 'A+B' 뒤에 결합한 명사가 총 7.3830%를 차지하고 있고 'A+A'와 'A+C' 뒤에 결합한 명사의 총비율에 비교해도 높은 비율이 나타남을 확인할 수 있다. 그래서 세 단어로 된 패턴에서 초급 명사 뒤에 명사구는 여전히 중급이 제일 많은 것을 알 수 있다. 이를 통해 초급 한자어 명사 뒤에 두 단어로 된 패턴과 세 단어로 된 패턴은 다 중급이 제일 많이 나타나는 것을 알 수 있다. 그리고 'A+A'와 'A+A' 뒤에 명사는 모두 논리적인 비율보다 낮은 편이고 'A+B'와 'A+B' 뒤에 명사는 모두 논리적인 비율 보다 높은 편이다. 한국어를 교수-학습한다면 초급 한자어 뒤에 결합한 명사구에 대하여 너무 간단한 단어를 적게 결합하고 조금 어려운 단어를 결합해야 한다.

세 단어로 된 패턴에서 중급 명사 뒤에 명사구의 등급 비율도 보일 수 있다. 'B+A' 뒤에 결합한 초·중·고급 명사의 비율은 총 1.7330%로 나타나고 있다. 'B+B' 뒤에 결합한 초·중·고급 명사의 비율은 총 8.4575%로 훨씬 많이 나타나는 것을 볼 수 있다. 다음에 'B+C' 뒤에 결합한 초·중·고급 명사의 비율이 총 6.1351%로 나타나고 있다. 제일 높은 비율은 'B+B+A/ B/C'이다. 그래서 제일 많이 나타나는 것은 중급이고 두 번째 많이 나타나는 것은 고급이고 제일 적게 나타나는 것은 초급이다. 이를 통해 한국어를 교수-학습 시 연구 대상인 198개 기본 한자어 명사 뒤에 명사구를 가르칠 때 '중급 명사+중급 명사'(B+B) 뒤에 결합한 명사가 제일 많이 나타나는 것을 알려줘야 한다. 그리고 앞에 제시하였던 'B+B' 뒤에 결합한 명사가 모두 논리적인 비율보다 훨씬 많이 나타나는 것도 확인할 수 있다. 그런데 중급 한자어 명사는 초급 한자어 명사와 똑같이 뒤에 결합한 초급 명사가 제일 적게 나타난 것도 확인할 수 있다.

또한 세 단어로 된 패턴에서 고급 명사 뒤에 명사구의 등급 비율도 <표 50>을 통해 확인할 수 있다. 고급 명사가 뒤에 결합한 명사에서 초급이 0.1040%로 나타나고 중급이 1.0745%로 나타나고 고급이 1.005%로 나타난다. 제일 많이 나타나는 것은 중급이고 제일 적게 나타나는 것은 초급이다. 그리고 고급 한자어 명사 뒤에 명사구는 모두 논리적인 비율보다 낮게 나타난다고 알 수 있다.

지금까지 본 연구 대상인 198개 기본 한자어 명사 뒤에 결합한 명사구를 모두 분석하였다. 두 단어로 된 패턴과 세 단어로 된 패턴을 나누어 등급별에 따라 분석을 진행하였다. 뒤에 명사구에서 중·고급 특히 중급 명사가 많이 나타나는 것이다. 게다가 뒤에 결합한 명사는 중급 명사이면 모두 논리적인 비율보다 높다는 것을 알 수 있다. 부록에서 198개 기본 한자어 명사 뒤에 결합한 명사구의 빈도수를 모두 제시해서 한국어 교수-학습 시 기본 한자어 명사 뒤에 명사구는 어떤 패턴과 어떤 등급이 많이 나타나는지를 알 수 있을 뿐만 아니라 명사구를 선별할 때도 도움을 줄 것이라고 생각한다.

제5장

결론

본 연구는 SJ-RIKS 코퍼스 확장판(SJ-RIKS Corpus Extension, 약 1억 1천 어절)을 이용하여 한국어 기본 한자어 명사의 목록을 추출하고, 그들의 사용 양상을 구어 8개(강연, 강의, 대화, 독백, 발표, 방송, 상담, 토론) 사용역과 문어 6개(신문, 잡지, 준구어(대본), 책(소설), 책(학술), 책(총서류)) 사용역으로 나누어 비교하고 한국어 학습자들이 기본 한자어를 상황에 맞게 적절히 활용할 수 있도록 하는 데에 목적이 있다.

연구 과정에서 확인된 총 198개 기본 한자어 명사는 구어와 문어의 사용역별 변수에 따라서 민감하게 반응한다는 것을 확인할 수 있었다. 첫 번째 방법으로 고초(2016) "한·중 한자어 비교사전 구축을 위한 기본 연구"를 살펴본 후 총 198개 기본 한자어 명사를 본 연구의 대상으로 제시하였다. 두 번째로는 SJ-RIKS 코퍼스 확장판 중 약 1억 1천 어절의 말뭉치에 관한 사용역을 분류하였다. 언어 자료를 매체, 의사소통 목적, 의사소통 참여자의 특성, 격식성 등에 따라 사용역을 구어 8개와 문어 6개로 분류하여 연구 대상의 사용역과 말뭉치에 관련된 형식이나 구성을 분석하고 기술하였다. 구어는

'강연, 강의, 대화, 독백, 발표, 방송, 상담과 토론'이 있고 문어는 '신문, 잡지, 준구어(대본), 책(소설), 책(학술), 책(총서류)'이 있다. 그리고 세 번째는 말뭉치에 관한 것으로, 'SJ-RIKS 코퍼스 확장판'에 관한 198개 기본 한자어 명사의 실제 출현 빈도를 제시하기 위해 1음절과 2음절 동음이의어에 대한 불필요한 어휘를 삭제하는 작업도 손으로 진행하였다. 그리고 사용역별로 비교할 수 있도록 정규화도 시켰다. 정규화를 시킨 후 198개 기본 한자어 명사에서 고빈도와 사용역별 빈도 차이가 큰 어휘 목록을 살펴볼 수 있고 사용역에서 사용되고 있는 현상을 살펴볼 수 있으므로 교수-학습 시 도움이 된다. 네 번째는 말뭉치를 통해 본 연구 대상의 기본 한자어 명사 뒤에 결합한 명사구에 대한 분석을 진행하였다. 기본 한자어 명사는 사용역의 현황뿐만 아니라 뒤에 결합한 명사구의 사용역 현황도 살펴볼 수 있다. 기본 한자어 명사를 활용할 때 도움을 줄 수 있을 것이다.

제2장에서는 주로 본 연구의 논리적인 이론을 살펴볼 것이다. 말뭉치에 관한 것으로 사용역의 구별은 언어 자료를 매체, 의사소통 목적, 의사소통 참여자의 특성, 격식성 등에 따라 구어 8개와 문어 6개로 분류하였다. 구어는 '강연, 강의, 대화, 독백, 발표, 방송, 상담과 토론'이 있고 문어는 '신문, 잡지, 준구어(대본), 책(소설), 책(학술)과 책(총서류)'이 있다. 그리고 연구 대상의 말뭉치, 즉 SJ-RIKS 코퍼스 확 장판(약 1억 1천 어절)의 구성을 소개한 후 분석하기 위해 재구성도 하였다. 또한 사용역별로 비교할 수 있게 말뭉치의 정규화를 살펴보도록 하였다. 사용역 중 가장 큰 규모를 가지고 있는 '책(소설)'이 3,900천만 어절이므로 중간 3,000만 어절을 기준으로 해서 정규화 작업을 하였다. 마지막으로 사용역별 빈도수를 검색하기 전에 연구 대상 198개 기본 한자어 1음절과 2음절 어휘 중에서 기본 한자어가 아닌 대상(동음이의어)을 삭제하는 과정을 하였다.

제3장은 사용역별 사용 양상에 대한 논의이다. 구어 사용역에서 첫째, 기본

한자어 명사의 유형 빈도는 발표' 사용역에서 제일 많이 나타나고 출현 빈도도 '발표' 사용역에서 많이 나타나는 것을 통해 사용역별 특징에 따라 주제를 정하는 공식적인 정보 전달을 목적으로 하는 사용역에서 많이 쓰인다고 알 수 있다. 둘째, 기본 한자어 명사의 유형 빈도는 '대화' 사용역에서 제일 적게 나타나고 출현 빈도도 '대화'에서 적게 나타나는 것이다. 이를 통해 일상생활에서 일반적으로 의사소통 하는 사용역에서 기본 한자어 명사가 적게 쓰인다는 걸 알 수 있다. 셋째, 기본 한자어 명사가 사용역별 최고-최저 출현 빈도에 따라 차이가 있음을 확인할 수 있었다. 최고 출현 빈도의 어휘를 제시해서, 한국어 교수-학습 시 기본 한자어 명사를 선별할 때 도움을 줄 수 있을 것이다. 넷째, 유형 빈도와 출현 빈도가 어절 수와 상관관계 없이 나타난다는 걸 알 수 있다. 표본 어절에 따라 기본 한자어를 선별할 수 없다는 것이다.

문어 사용역의 경우, 첫째, 기본 한자어 명사의 유형 빈도는 '신문' 사용역에서 제일 많이 나타나고 출현 빈도도 '신문'사용역에서 많이 나타난다. 사용역 특징에 따라 '신문'은 격식적인 정보를 전달하는 사용역이다. 즉, 구어, 문어와 무관 하게, 기본 한자어 명사가 많이 나타나는 사용역은 공식적인 정보를 전달하는 것이 목적인 사용역이다. 둘째, 기본 한자어 명사의 유형 빈도는 '잡지' 사용역에서 제일 적게 나타나고 출현 빈도가 '책(소설)'에서 적게 나타난다. 정보 전달에 초점이 맞추어진 다른 문어들과 달리 '잡지'와 '책(소설)' 사용역은 흥미 위주의 독서를 목적으로 하는 사용역이기 때문이다. 특히, 허구적인 이야기를 위주로 하는 '책(소설)' 사용역은 공식적인 사실을 위주로 하는 '신문' 사용역과 큰 차이를 보인다. 셋째, 문어에서도 기본 한자어 명사의 출현에 사용역별 차이가 있음을 확인할 수 있었다. 넷째, 유형 빈도와 출현 빈도도 어절 수와 무관하게 나타남을 알 수 있었다. 이를 통해 기본 한자어 명사를 활용할 때 특징에 따른 오류를 감소시킬 수 있을 것이다.

제4장에서는 198개 기본 한자어 명사 뒤에 결합한 명사구는 말뭉치를 통

해 표로 제시하고 그 특징을 살펴보았다. 분석은 패턴 형식을 진행하였다. 초급을 A로 표시하고, 중급을 B로 표시하고, 고급을 C로 표시하였다. 패턴은 주로 두 단어로 된 패턴(NNG+NNG)과 세 단어로 된 패턴(NNG+NNG+ NNG)을 등급별로 분석하였다. 초급 어휘를 예로 들면, 'A+A'는 초급어휘 뒤에 결합한 명사가 초급인 경우이고 'A+B'는 초급 어휘 뒤에 결합한 명사가 중급이다. 두 단어로 된 패턴과 세 단어로 된 패턴을 나누어 등급별에 따라 분석을 진행하였다. 이를 통해 얻은 결과는 198개 기본 한자어 명사 뒤에 결합한 명사에서 중·고급 특히 중급 명사가 많이 나타난다. 게다가 뒤에 결합한 명사가 중급 명사이면 대부분이 논리적인 비율보다 높다는 것도 알 수 있다. 어떤 패턴이나 어떤 등급이 제일 많이 나타나는지를 검색하고 앞으로 한국어를 교육할 때도 유용하게 사용될 것이다.

부록에서는 198개 기본 한자어 명사 뒤에 명사구의 빈도수를 함께 제시하였다. 이 결과 자료는 명사구를 선별할 때 도움이 될 것이다.

이상 논의를 통해 기본 한자어 명사가 사용역과도 일정한 상관관계가 있음을 확인할 수 있었다. 기본 한자어 명사는 SJ-RIKS 코퍼스 확장판(약 1.1억 어절)에서 사용역별 빈도 차이가 많이 나타났음을 확인할 수 있다. 이러한 결과는 외국인 한국어 학습자들에게 본 연구의 사용역을 활용한 자료로 교수-학습한다면 학습에 큰 효과가 있을 것이다.

앞서 밝혔듯이 SJ-RIKS 코퍼스 확장판 언어 형식과 형태분석 태그들의 조합을 이용하여 탐색하여 얻은 결과이다. 기본 한자어 명사는 공식적인 정보를 전달하는 '발표'와 '신문' 사용역에서 빈도가 높다는 것을 알게 되었다. 또한 198개 기본 한자어 명사 뒤에 결합된 명사구의 빈도수를 제시해서 명사구를 선별할 때도 도움을 줄 수 있게 한다. 그러나 좀 더 자세하게 제시하지 못한 점, 추출된 기본 한자어 명사 전체의 사용역별 사용 양상을 다루지 못한 점이 아쉬움으로 남으며 이는 후고를 기약하기로 한다.

참고문헌

강현화(2014), “한국어교육용 초급 어휘 선정 연구”, 『문법 교육』, 한국문법교육 학회, 1-26쪽.

강현화(2014), “한국어교육용 중급 어휘 선정에 대한 연구”, 『외국어로서의 한국어 교육』, 연세대학교 언어연구 교육원 한국어학당, 2-49쪽.

강현화(2015), “한국어교육용 고급 어휘 선정에 대한 연구”, 『외국어로서의 한국어 교육』, 연세대학교 언어연구교육원 한국어학당, 1-28쪽.

고초(2016), “한·중 한자어 비교사전 구축을 위한 기초 연구”, 단국대학교 박사학위논문.

구학(2017), “현대 한국 한자어와 중국어 어휘에 대한 대조 연구: 2음절 동형 명사를 중심으로”, 가천대학교 박사학위논문.

기비림(2017), “중·한 한자어 비교 연구: 한국어능력시험 중의 한자어를 중심으로”, 동아대학교 석사학위논문.

김광해(1989), 『고유어와 한자어의 대응 현상』, 서울: 국어학회.

김광해(2003b), “기초어휘의 개념과 중요성”, 『새국어생활』제13권, 제3호, 국립국어연구원, 5-29쪽.

김명(2013), “성인 한국어 학습자를 위한 한자어 교육 연구: 토픽 중급 어휘를 중심으로”, 충북대학교 석사학위논문.

김민국(2011), “파생접사의 사용 양상과 생산성-문어 사용역간의 빈도 비교를 중심으로”, 『형태론』, 제13권, 제1호, 형대론, 53-84쪽.

김인균(2004), “한국어와 영어의 명사 형성 접미사 비교 및 대조”, 『이중언어』, 이중언어학회, 67-85쪽.

김일환·양경용(2015), “세종 현대국어 코퍼스의 재발견: SJ-RIKS 코퍼스 확장판”, 『언어와 정보사회』, 제24권, 제24호, 고려대학교 민족문화연구원, 73-94쪽.

김종학(1995), “국어 기초어휘의 개념에 대하여”, 『어문논집』, 민족어문학회.

김종학(1995), “한국어의 기초어휘 연구”, 중앙대학교 박사논문 (2001, 박이정 출판).

김중섭 외(2016), 『국제 통용 한국어 표준 교육과정 활용 점검 및 보완 연구』, 서울: 국립국어원.

김중섭 외(2017), 『국제 통용 한국어 표준 교육과정 적용 연구』, 서울: 국립국어원.

김지혜(2013), “초등 사회 교과서 텍스트 분석: Halliday의 사용역(Register) 개념을 중심으로", 한국교원대학교 석사학위논문.
김하수 외(2007), 『한국어교육을 위한 한자어 연어사전』, 서울: 커뮤니케이션북스.
『네이버 사전』: http://zhdict.naver.com/
노해임(2011), "한글문헌에 나타난 한자어 사용 양상 연구: 15세기부터 19세기 변천과정을 중심으로", 건국대학교 박사학위논문.
박미경(2016), "한국어 학습자의 정도부사 사용 양상과 교육방안', 남서울대학교 석사학위논문.
방지혜(2017), "연결어미의 사용역 분포 및 서술어와의 공기관계 연구", 단국대학교 석사학위논문.
백진영 ·최정도·김민국, 2013 ㄷ. 『구어 문어 통합 문법 기술 2: 명사와 명사구Ⅱ』, 서울: 박이정.
백진영·최정도·김민국, 2013 ㄴ. 『구어 문어 통합 문법 기술 2: 명사와 명사구Ⅰ』, 서울: 박이정.
백진영·최정도·김민국. 2013ㄱ, 『고유어와 말뭉치 기반 구어 문어 통합 문법기술 1: 어휘 부류』, 서울: 박이정.
법신성(2017), '한·중 "동형이의" 한자어 의미 대조 연구", 계명대학교 박사학위논문.
서상규 외(2000), 『"한국어 교육 기초 어휘 의미 빈도 사전의 개발"사업보고』, 서울: 문화관광부.
서정미(2007), "말뭉치를 활용한 고등학교 국어사전의 편찬을 위한 기초 연구", 경기대학교 박사학위논문.
시아치(2016), "한·중 서술성 명사의 대조 연구: 동일 한자어를 대상으로", 청주대학교 박사학위논문.
심재시 외(2010), 『국어 어휘론 개설』, 서울: 지식과 교양.
심혜령(2006), "한자어 명사의 공기 관계와 중국어와의 비교: 1등급 기초어휘 중 일부 한자어 명사를 중심으로", 『한말연구』, 한말연구학회, 173-201쪽.
심혜령(2007), "중국인 학습자를 위한 기초 한국어 한자어 명사의 '공기 관계'교육 연구", 『中國文學』, 한국중국어문학회, 405-430쪽.
심혜령(2007), "한국어 교육용 기초 한자어 명사의 공기 관계 연구: 한중 대조 연구를 예시로 하여", 연세대학교 박사학위논문.
양호(2013), "중국인 학습자를 위한 한자어 단위 의존명사 연구", 동국대학교 박사 학위논문.
오수진(2005), "비한자권 한국어 학습자의 한자어 교육 연구", 경희대학교 석사학위논문.
오영창(2018), "강호시조의 장르지식 구성 교육 연구-언어사용역(Register)을 중심으로", 서울대학교 석사학위논문.
오은희(2008), "한국어 학습자의 어휘추측전략 분석 연구: 한자권-비한자권 중·고급 학습자를 대상으로", 연세대학교 석사학위논문.
완단단(2014), "고유어 요소와 결합한 한자어 요소 연구", 서울대학교 박사학위논문.
왕지국(2009), "한국어와 중국어의 어휘 비교 연구: 한국어 기초어휘 중 한자어를 중심으로", 경남대학교 석사학위논문.
윤유선(2007), "어휘 학습 전략 훈련을 통한 한국어 학습자의 한자어 학습 효과", 이화여자대학교 석사학위논문.
윤준태·최기선(1999), "KAIST 말뭉치에 대한 고찰", KORTERM-TR-99-02, 한국과학기술원, 언어공학연구센터, 21~28쪽.
이병규 외(2005), 『한국어 교재 분석 연구』, 서울: 국립국어원,
이삼형 외(2017), 『국어 기초 어휘 선정 및 어휘 등급화를 위한 기초 연구』, 서울: 국립국어원.
이선경(2018), "러시아어권 한국어 학습자를 위한 한국어 보조사와 러시아어 양상소사의 사용역 연구", 단국대학교 석사학위논문.
이수희(2011), "다문화 시대 한국어 교육에서의 한자 교육: 교육용 한자 선정과 교재 개발을 중심으로", 단국대학교 석사학위논문.
이연주(2017), "한국어 교육을 위한 부사의 사용역별 사용 양상 연구", 단국대학교 박사학위논문.
이영희(2007), "외국인을 위한 한국어 한자 교육의 현황과 방향", 숙명여자대학교 대학원 석사학위논문.
이충우·주경희 공역(1993), 『언어 과학과 언어 교수』, 서울: 국학자료원.
이한섭(2003), "일본어의 기초어휘 연구", 『새국어생활』제13권, 제3호, 국립국어연구원, 45-72쪽.
이희자(2003), "국어의 기초어휘 및 기본어휘 연구자", 『새국어생활』제13권, 제3호, 국립국어연구원, 119-153쪽.
임지룡(1991), "국어의 기초어휘에 대한 연구", 『국어교육연구』 제23권, 제1호, 국어교육학회, 87-131쪽.
임칠성(2002), "초급 한국어 교육용 어휘 선정 연구", 『국어교육학연구』제14권, 국어교육학회, 355-385쪽.
장석배(2015), "한국어 정형표현 연구- 대규모 말뭉치 분석을 중심으로", 연세대학교 박사학위논문.
정서영(2008), "고급 단계 중국인 한국어 학습자의 한자어 어휘 교수-학습전략", 상명대학교 석사학위논문.
정승혜(1998), "외국인을 위한 국어 한자 교육 연구", 이화여자대학교 석사학위논문. 조남호(2003), 『한국어 학습용 어휘 선정 결과 보고서』, 서울: 국립국어연구원.

차명희·한정한(2018), “피동성 표현 ‘{-지다}’, ‘{-되다}’, ‘{-받다}’, ‘{-당하다}’의 사용역 연구”, 『한국어학』, 한국어학회, 172-212쪽.

최아람(2010), “형태 결합에서의 한국어교육용 기초어휘등급 분포 연구”, 한국외국어대학교 석사학위논문.

최지아(2013), “중국인 중급 한국어 학습자를 위한 한자어 교육 방안 연구”, 전남대학교 석사학위논문.

『표준국어대사전』: http://stdweb2.korean.go.kr/search/Listdic.jsp/_

한정한(2017), “한국어 정보구조와 사용역” 『언어학』, (사)한국언어학회, 63-97쪽.

한희정(2017), “한국어교육을 위한 접속 표현 연구: 언어 사용역에 따른 사용 양상을 중심으로”, 단국대학교 박사학위논문.

허철(2010), “『현대국어사용빈도조사(現代國語使用頻度調査) 1, 2』를 통해 본 한자어(漢字語)의 비중 및 한자(漢字)의 활용도(活用度) 조사”, 『한문교육연구』, 한문교육연구학회, 232-233면.

호신양(2015), “중국인 한국어 학습자의 한자어교육 연구”, 전남대학교 석사학위논문.

홍윤혜(2014), “학술적 문어담화와 구어담화의 장르 비교 분석: 연구 논문과 연구 발표의 수사적 행위 요소를 중심으로”, 연세대학교 박사학위논문.

홍혜란(2016), “한국어교육을 위한 복합 연결 구성 연구: 사용역에 따른 분포 양상과 의미기능을 중심으로” 연세대학교 박사학위논문.

Biber, D. S. Johansson, G. Leech, S. Conrad, & E. Finegan. (1999). The Longman Grammar of Spoken and Written English. London: Longman.

Halliday, M. A. K., Mcintosh. A. & Strevens, P.(1964), The Linguistic Sciences and Language Teaching. The English Language Book Society and Longman Group LTD.

Jin Zhi(2014), “中國人 學習者들을 위한 韓國語能力試驗 漢字語 教育 方案 研究: -韓國語와 中國語의 同形異義語를 中心으로-”, 강원대학교 석사학위논문.

Ma Jinshan(2012), “중국인 한국어 학습자를 위한 한자어 교육 연구”, 서울대학교 박사학위논문.

Nation, I. S. P(1990), Teaching & Learning Vocabulary, Heinle & Heinle Publisher.
SJ-RIKS 코퍼스 확장판

長谷川由起子·李秀炅(2006), 『韓國語初級教材の語彙調査』, 東京: 白帝社.

金東昊(2018), “韓·中 兩語 漢字語 語彙 對照 研究 : 同形異義語를 中心으로”, 한중 언어문화학원 박사학위논문.

梅田博之(1971), 『例文活用基本單語集 韓國語(Ⅰ·Ⅱ)』, 東京: 三中堂.

尹 璐 (2015), “중국 내 한국어 학습자를 위한 한자어 교육 연구”, 충남대학교 석사학위논문.